Familienrecht in Bildern –

Kindesunterhalt

Familienrecht in Bildern – **Kindesunterhalt**

Visualisierte Darstellung des Kindesunterhaltsrechts in der anwaltlichen und sozialen Praxis

von

Dr. Göntje Rosenzweig, Berlin
Olga Schöler-Stambulova, Nordhorn

Bibliografische Information der Deutschen Nationalbibliothek
Die Deutsche Nationalbibliothek verzeichnet diese Publikation in der Deutschen Nationalbibliografie; detaillierte bibliografische Daten sind im Internet über http://dnb.d-nb.de abrufbar.

Reguvis Fachmedien GmbH
Amsterdamer Str. 192
50735 Köln

www.reguvis.de

Beratung und Bestellung:

Tel.: +49 (0) 221 97668-229
Fax: +49 (0) 221 97668-236
E-Mail: familie-betreuung@reguvis.de

ISBN (Print): 978-3-8462-0984-4

ISBN (E-Book): 978-3-8462-0985-1

Herstellung: Günter Fabritius
Lektorat: Uschi Schmitz-Justen
Satz: Cicero Computer GmbH, Bonn
Druck und buchbinderische Verarbeitung: Medienhaus Plump GmbH, Rheinbreitbach

Printed in Germany

Inhalt

Abbildungen

Grafische Umsetzung: Dipl.-Designerin Simone van Nes, Nordhorn (Niedersachen)

Literaturverzeichnis

Bamberger/Roth/Hau/Poseck (Herausgeber), BeckOK BGB, 53. Edition, München, Stand: 1.2.2020

Baumann/Doukoff (Herausgeber), Beck'sche Online-Formulare Prozess, 42. Edition, München 2020

Borth, Berücksichtigung des Tilgungsanteils eines Immobilienkredits bei der unterhaltsrechtlichen Bewertung des Wohnvorteils eines Eigenheims, FamRZ 2019, 160 ff.

Bumiller/Harders/Schwamb, FamFG, München, 12. Auflage 2019

Burschel, Strategien bei der Geltendmachung von Kindesunterhalt für Minderjährige, NZFam 2019, 245

Ebert, Mehrbedarf und Sonderbedarf in der Unterhaltsberechnung, NZFam 2016, 438 ff.

Eickelmann /Haußleiter, FamFG, München, 2. Auflage 2017

Groffmann, Einkommensermittlung beim Unterhalt, NZFam 2016, 643

Gutdeutsch, System der Unterhaltsberechnung, München 2018

Heiß/Born, Unterhaltsrecht, München, 56. Auflage 2019

Heiß/Heiß, Das Mandat im Familienrecht, Heidelberg, 2. Auflage 2009

Herberger/Martinek/Rüßmann/Weth/Würdinger (Herausgeber), JurisPK-BGB, 8. Aufl. 2017, Stand: Dezember 2019

Roßmann, Taktik im familiengerichtlichen Verfahren, München, 5. Auflage 2019

Schramm, Konkreter Bedarf statt Düsseldorfer Tabelle beim Kindesunterhalt, NJW-Spezial 2017, 644 ff.

Schürmann, Sozialrecht für die familienrechtliche Praxis, Bielefeld, 2016

Viefhues, Von der Trennung bis zur Scheidung, Bonn, 2018

Wegener, Die Berechnung des Kindesunterhalts beim Wechselmodell – ein praktikabler Weg de lege lata, FamRZ 2019, 1021 ff.

Wendl/Dose (Herausgeber), Das Unterhaltsrecht in der familienrechtlichen Praxis, München, 10. Auflage 2019

Hahne/Schlögel/Schlünder (Herausgeber), BeckOK FamFG, München, 33. Edition, Stand: 1.1.2020

1. Einleitung

Das Unterhaltsrecht reagiert auf die Veränderungen der Gesellschaft, des Lebens und der Rechtsprechung. Was vor zehn Jahren als ungewöhnlich galt – wie zum Beispiel das Wechselmodell –, ist heute ein Allgemeinbegriff und aus dem Unterhaltsrecht nicht mehr wegzudenken.

Dieses Buch ist gerichtet an Rechtsanwälte*, die ins Kindesunterhaltsrecht einsteigen oder ihren Mandanten das Thema erläutern wollen. Außerdem richtet es sich an Behörden und Beratungsstellen, bei denen Kindesunterhaltsunterhaltsansprüche zu prüfen und durchzusetzen sind. Wir hoffen, mit diesem Buch die Grundsätze und Grundlagen des Kindesunterhaltsrechts verständlich zu machen. Zu diesem Zweck wurden auch die Berechnungsbeispiele konstruiert, die zum Teil an die aktuelle Rechtsprechung angelehnt sind, zum Teil aber auch aus der Praxis der Autorinnen stammen oder frei gestaltet sind.

Dieses Werk ersetzt keinen Kommentar und auch nicht das Studium von Gerichtsentscheidungen. Es wurde nach bestem Wissen und Gewissen erstellt. Dennoch handelt es sich nur um Hinweise. Jeder Einzelfall muss gemäß der aktuellen Rechtslage geprüft werden. In den Fußnoten sind überwiegend die verwendeten Kommentare und Sekundärliteratur angegeben, zum Teil mit Verweis auf die dort zugrunde gelegte Rechtsprechung.

* Hinweis: Im Folgenden wird aus Gründen der besseren Lesbarkeit nur eine Form verwendet. Sie bezieht sich auf Personen jeglichen Geschlechts.

2. Grundlagen

Um einen Unterhaltsanspruch zu ermitteln, muss zunächst die Grundkonstellation geklärt werden.

Sodann sollte man sich mit sechs elementaren Prüfungsschritten beschäftigen. Die Detailfragen und Probleme des zu klärenden Falles sollten dem jeweiligen Prüfungsschritt zugeordnet und dort gelöst werden.

2.1. Grundkonstellation

Klärung der Grundkonstellation

Die Lebensverhältnisse des Kindes bestimmen die Unterhaltsberechnung. Daher sollte man vor der Beschäftigung mit einzelnen Unterhaltsfragen und Prüfungspunkten zunächst die Lebensverhältnisse des Kindes feststellen.

Folgende Grundkonstellationen bestimmen das Vorgehen bei der Unterhaltsermittlung:[1]

- minderjährige Kinder
  - ohne Einkommen
  - mit Einkommen
  - bei den zusammenlebenden Eltern lebend
  - von getrenntlebenden Eltern gleichmäßig betreut lebend (paritätisches Wechselmodell)
  - bei einem Elternteil überwiegend lebend und vom anderen Elternteil überwiegend getrennt lebend (Residenzmodell)
  - von beiden Elternteilen getrennt (auswärtig) lebend
  - in der Schulausbildung
  - nicht (mehr) in der Schulausbildung
- volljährige Kinder
  - verheiratet
  - unverheiratet und bei den Eltern oder einem Elternteil lebend
    - vor Vollendung des 21. Lebensjahres und in der allgemeinen Schulausbildung befindlich = privilegiert im Sinne des § 1603 Abs. 2 BGB[2] (privilegiertes volljähriges Kind)
    - nicht privilegiert im Sinne des § 1603 Abs. 2 BGB
  - unverheiratet und auswärtig lebend

1 Ähnlich: Bildung von Fallgruppen bei Heiß/Heiß, Familienrechtliches Mandat, § 9 Rn. 3.

2 § 1603 BGB (Leistungsfähigkeit):
(1) Unterhaltspflichtig ist nicht, wer bei Berücksichtigung seiner sonstigen Verpflichtungen außerstande ist, ohne Gefährdung seines angemessenen Unterhalts den Unterhalt zu gewähren.
(2) Befinden sich Eltern in dieser Lage, so sind sie ihren minderjährigen Kindern gegenüber verpflichtet, alle verfügbaren Mittel zu ihrem und der Kinder Unterhalt gleichmäßig zu verwenden. Den minderjährigen Kindern stehen volljährige unverheiratete Kinder bis zur Vollendung des 21. Lebensjahres gleich, solange sie im Haushalt der Eltern oder eines Elternteils leben und sich in der allgemeinen Schulausbildung befinden. Diese Verpflichtung tritt nicht ein, wenn ein anderer unterhaltspflichtiger Verwandter vorhanden ist; sie tritt auch nicht ein gegenüber einem Kind, dessen Unterhalt aus dem Stamme seines Vermögens bestritten werden kann.

2.2. Sechs Stufen der Unterhaltsberechnung

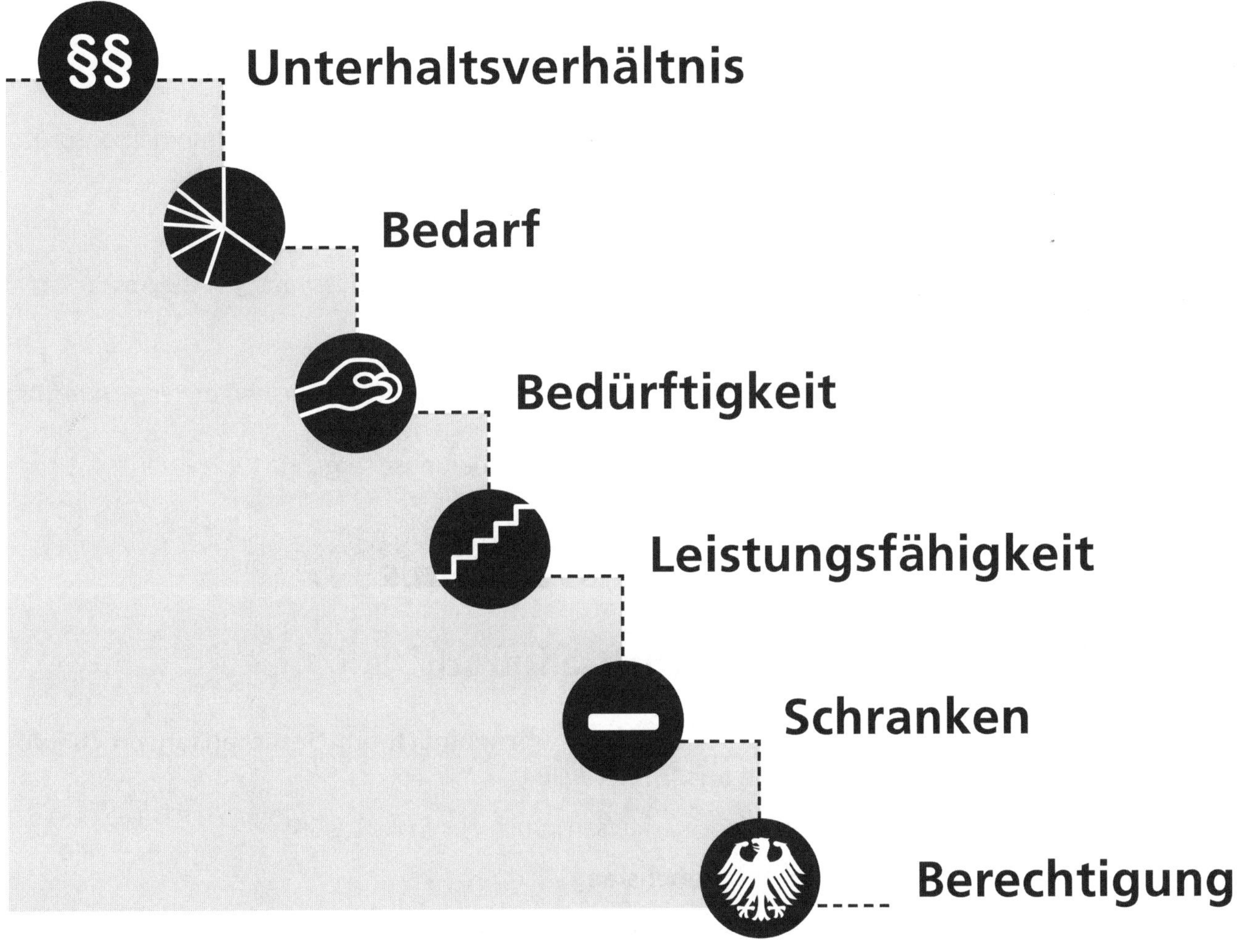

sechs Fragen

Bei der Berechnung eines Unterhaltsanspruchs sind sechs Fragen zu beantworten bzw. **elementare Prüfungsschritte** durchzuführen:[3]

1. Frage — Liegt ein Unterhaltstatbestand nach § 1601 BGB vor, d.h., besteht ein (rechtliches) (Groß-)Eltern-Kind-Verhältnis?
→ Siehe Unterhaltsverhältnis, 3.

2. Frage — Wie hoch ist der Unterhaltsbedarf des Kindes?
→ Siehe Bedarf, 4.

3 In Anlehnung an Viefhues in: JurisPK-BGB, 8. Aufl. 2017, § 1601 BGB Rn. 11: Sieben Schritte einer Unterhaltsprüfung.

3. Frage	Wie hoch ist seine Bedürftigkeit, d.h., hat das Kind eigene Einkünfte und/oder anrechenbares Vermögen? → Siehe Bedürftigkeit, 5.
4. Frage	Ist der in Anspruch genommene Elternteil leistungsfähig? → Siehe Leistungsfähigkeit, 6.
5. Frage	Kommen Befristung, Begrenzung oder Ausschluss des Unterhalts in Betracht? → Siehe Verjährung, 7.1. → Siehe Verwirkung, 7.5. → Siehe Beendigung, 8.
6. Frage	Ist das Kind (noch) Inhaber des Unterhaltsanspruchs und berechtigt, diesen einzufordern? → Siehe Geltendmachung, 12. → Siehe Vertretungsbefugnis, 12.1. → Siehe Verfahrensstandschaft (§ 1629 Abs. 3 Satz 1 BGB), 12.1. → Siehe Obhutswechsel, 12.1. Oder sind die Ansprüche auf einen anderen Berechtigten übergegangen? → Siehe Forderungsübergang, 12.2.

3. Unterhaltsverhältnis

3.1. Unterhaltsanspruch

In diesem Buch geht es **vornehmlich um Unterhaltsansprüche von Kindern aus § 1601 BGB**.

Grundsätze

Der Kindesunterhaltsanspruch aus § 1601 BGB[4]

- besteht **lebenslang**
- richtet sich **gegen beide Eltern**
- ist **weder zeitlich begrenzbar**

  Befristung des Anspruchs bis zur Volljährigkeit oder bis zum Abschluss der Ausbildung ist unzulässig.
- **noch im Umfang begrenzbar**

  Vereinbarung eines Maximalbetrags (zum Beispiel im Rahmen eines vorsorgenden Ehevertrags) ist unzulässig.
- **unverzichtbar**

  Weder kann das Kind noch ein Elternteil (in Vertretung des Kindes) auf die Geltendmachung des Anspruchs verzichten.

4 Vgl. Heiß/Heiß, Familienrechtliches Mandat, § 9 Rn. 27.

3.2. Unterhaltspflicht

Begründung einer Unterhaltsverpflichtung

Unterhaltsverpflichtungen können entstehen durch:

- **Verwandtschaft** in gerader Linie, § 1601 BGB

  Personen, die **in gerader aufsteigender Linie mit dem Kind verwandt** sind:
  - **Vater und Mutter**, § 1589 BGB
    Erforderlich ist eine rechtlich anerkannte Elternschaft, eine nur leibliche Verwandtschaft reicht nicht aus.
  - **Großeltern**
  - Elternschaft durch Annahme (**Adoption**), §§ 1741 ff. BGB

  Vor- und Nachrangigkeit der Inanspruchnahme richtet sich nach dem Verwandtschaftsgrad, §§ 1606 ff. BGB
  (Grundsatz: Vorrangigkeit naher Verwandten gegenüber entfernten Verwandten – also Eltern vor Großeltern).

Vertragliche Begründung

- **Heterologe Insemination**
  Bei einem aus einer heterologen Insemination hervorgegangen Kind kann eine Vereinbarung unter Ehepartnern oder nichtehelichen Lebenspartnern im Hinblick auf die künstliche Befruchtung der Frau eine Unterhaltszusage des (Ehe-)Mannes zugunsten des Kindes beinhalten.[5]
- **Verpflichtungserklärung** bei Familiennachzug von ausländischen Personen nach § 68 AufenthG
- sonstige **vertragliche Unterhaltsverpflichtung**

4. Bedarf

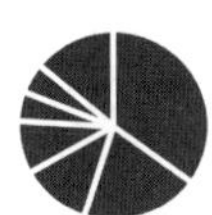

Beim Unterhaltsbedarf geht es um die Frage, was das Kind braucht. Dies erfasst seine **finanziellen Bedürfnisse** im Hinblick auf den nötigen (Kosten-)Aufwand für Essen, Wohnen, Gesundheit, aber auch für Bildung, Hobbies, Freizeit und anderes.

Minderjährige Kinder benötigten darüber hinaus **persönliche Zuwendung, Betreuung und Aufsicht**. Der Elternteil, in dessen Obhut das Kind lebt, kann die mit der Kinderbetreuung verbundenen beruflichen und finanziellen Nachteile nicht im Rahmen des Kindesunterhaltsanspruchs verlangen. Er sollte die Geltendmachung von Betreuungsunterhalt (§§ 1361, 1570 BGB für verheiratete/geschiedene Eltern, § 1615l BGB für unverheiratete Eltern) in Betracht ziehen.

5 BeckOK BGB/Reinken, 53. Ed. 1.2.2020, BGB § 1601 Rn. 3 mit Verweis u. a. auf BGH FamRZ 1995, 861 (Ehe) und BGH FamRZ 2015, 2134 (Lebenspartnerschaft).

Bei **volljährigen Kindern** entfällt dieser Teil des Bedarfs, weil sie als Erwachsene **keine Betreuung** mehr benötigen.

Bedarfsbestimmung

§ 1610 BGB legt das **Maß des Unterhalts** fest – also Höhe und Umfang des Bedarfs. Nach § 1610 Abs. 1 BGB bestimmt sich „das Maß des zu gewährenden Unterhalts (...) nach der Lebensstellung des Bedürftigen (angemessener Unterhalt)"; ferner umfasst der Unterhalt nach § 1610 Abs. 2 BGB „den gesamten Lebensbedarf einschließlich der Kosten einer angemessenen Vorbildung zu einem Beruf, bei einer der Erziehung bedürftigen Person auch die Kosten der Erziehung". Für die Bedarfsbestimmung im Kindesunterhaltsrecht kommt es damit auf die **Lebensstellung des betroffenen Kindes** an.

Weil **minderjährige Kinder** in der Regel keine eigenen Einkünfte haben und auch keinen eigenen Haushalt führen, leiten sie ihre Lebensstellung von den **persönlichen und wirtschaftlichen Verhältnissen ihrer Eltern** ab.[6] Bei **volljährigen Kindern**, die auf dem Weg in die persönliche und wirtschaftliche Selbstständigkeit sind, ist hingegen zu differenzieren. Hier kommt es auf den **Grad ihrer Verselbstständigung** an.

Bei der Bedarfsbestimmung wird zwischen **Elementar-, Mehr- und Sonderbedarf** unterschieden.

4.1. Elementarbedarf

Der Elementarbedarf beinhaltet die erforderlichen Barmittel zur **Deckung des allgemeinen, üblichen Lebensbedarfs** eines Kindes. Davon umfasst sind die Kosten für[7]

- Ernährung
- Kleidung
- Wohnen
- Gesundheitsfürsorge
- Freizeitgestaltung
- Erholung
- Teilnahme am kulturellen Leben
- Taschengeld

6 Allg. Auffassung, vgl. nur Heiß/Heiß, Familienrechtliches Mandat, § 9 Rn. 31.
7 Aufzählung siehe BeckOK BGB/Reinken, 53. Ed. 1.2.2020, BGB § 1610 Rn. 29.

4.1.1. Lebensstellung minderjähriger Kinder

Minderjährige Kinder leiten ihre Lebensstellung von der Lebensstellung ihrer Eltern ab.[8] Das heißt, die Einkünfte der Eltern dienen als Maßstab für die Bedarfsbemessung.

4.1.1.1. Residenzmodell

Der Begriff „Residenzmodell" erfasst die Situation, bei der das Kind bei einem Elternteil lebt und von ihm allein oder zumindest überwiegend betreut wird. Dieser Elternteil erfüllt durch seine Betreuungsleistung gemäß § 1606 Abs. 3 Satz 2 BGB seine (Bar-)Unterhaltspflicht. Der andere Elternteil, bei dem das Kind nicht wohnt, ist demzufolge allein barunterhaltspflichtig. Für die Bemessung des Barunterhaltsbedarfs kommt es demzufolge auf die Einkommensverhältnisse des Barunterhaltspflichtigen an.[9]

Die alleinige Barunterhaltsverpflichtung des getrenntlebenden Elternteils gilt jedoch nur in Bezug auf den Elementarbedarf. Für den Mehr- und Sonderbedarf haften beide Eltern – also auch der betreuende Elternteil – gemäß ihren finanziellen Möglichkeiten.

→ Siehe Mehr- und Sonderbedarf, 4.2.

4.1.1.1.1. Düsseldorfer Tabelle und Unterhaltsleitlinien

pauschalierte Bedarfssätze

Zur **vereinfachten Ermittlung des Elementarbedarfs** werden in der Praxis die Unterhaltstabellen des Oberlandesgerichts Düsseldorf („Düsseldorfer Tabelle") sowie die Unterhaltsleitlinien der Oberlandesgerichte und des Kammergerichts herangezogen. Sowohl die Düsseldorfer Tabelle[10] als auch die Unterhaltsleitlinien sind auf den Webseiten der jeweiligen Oberlandesgerichte bzw. des Kammergerichts abrufbar.

8 Vgl. oben Fn. 6.
9 Vgl. BeckOK BGB/Reinken, 53. Ed. 1.2.2020, BGB § 1610 Rn. 3 ff.
10 https://www.olg-duesseldorf.nrw.de/infos/Duesseldorfer_Tabelle/.

Düsseldorfer Tabelle

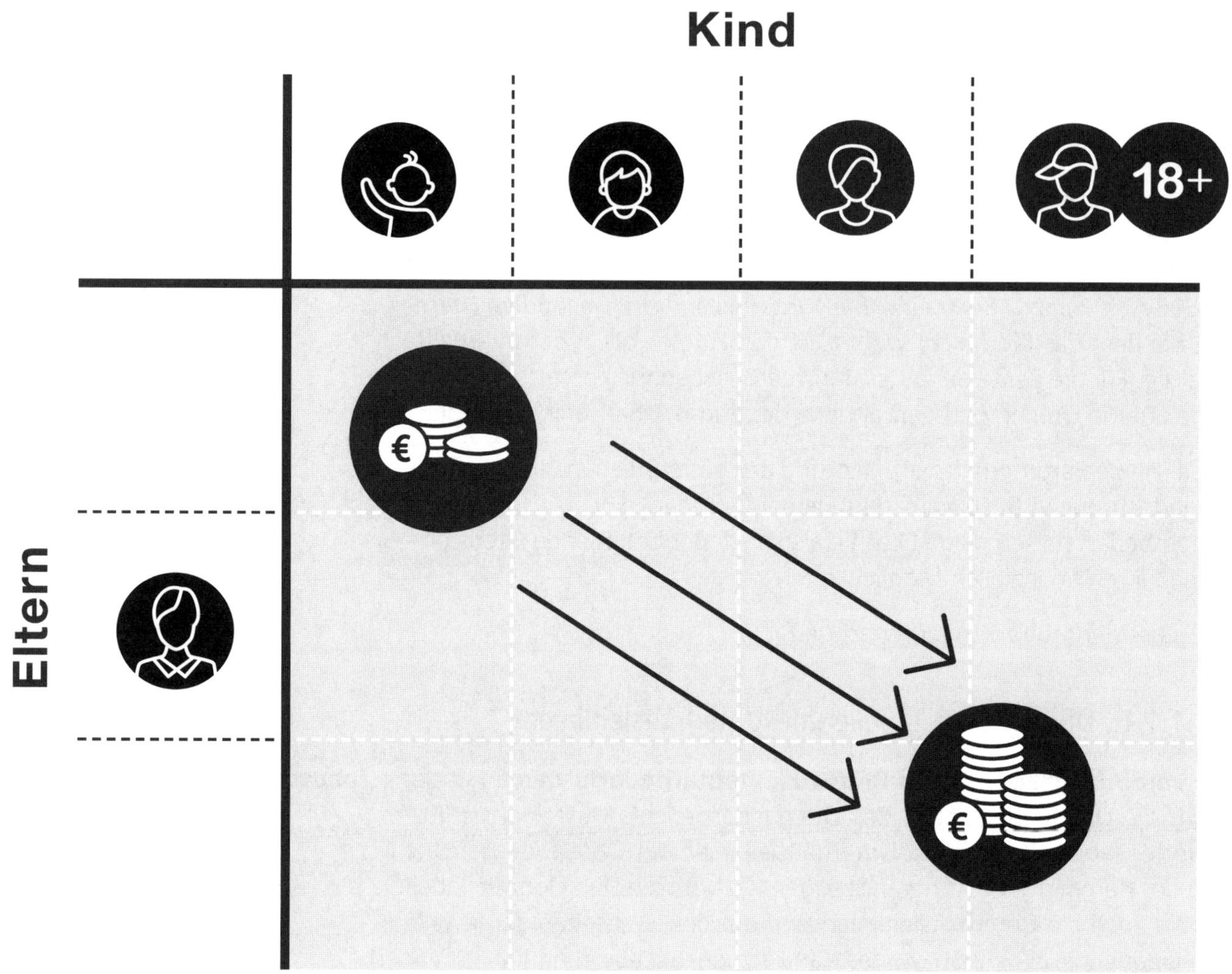

Kind

18+

Eltern

Auswahl der Unterhaltsleitlinie

Es sind die Unterhaltsleitlinien des jeweils zuständigen Gerichtsbezirks auszuwählen.

Beispiel

 *Wenn das minderjährige Kind in Berlin lebt und die unterhaltspflichtige Mutter in Bayern, gelten für den Kindesunterhalt die Unterhaltsleitlinien des Kammergerichts (Berlin).*

Die Düsseldorfer Tabelle gibt den **regelmäßigen, pauschalierten Unterhaltsbedarf** eines Kindes vor. Es werden die üblichen bzw. durchschnittlichen Lebenshaltungskosten erfasst. Der Bedarf steigt mit zunehmendem Alter des Kindes und zunehmendem Einkommen des oder der unterhaltspflichtigen Elternteile. Bei einem minderjährigen Kind ist der Bedarfssatz der Düsseldorfer Tabelle daher **abhängig** von folgenden Faktoren:

- **Einkommen** des getrenntlebenden Elternteils bei einseitiger Haftung oder beider Eltern bei beidseitiger Haftung (**Einkommensgruppe**)
- **Alter** des Kindes (**Altersstufen**)

Anwendung der Düsseldorfer Tabelle und Unterhaltsleitlinien

Bei der Arbeit mit der Düsseldorfer Tabelle ist einerseits darauf zu achten, dass man sie den **Anmerkungen der jeweiligen OLG-Unterhaltsleitlinien entsprechend** anwendet und andererseits ihre **Anwendbarkeit auf den konkreten Fall hin überprüft**. Von der Düsseldorfer Tabelle bzw. den Leitlinien ist abzuweichen, wenn der konkrete Fall nicht den Vorgaben bzw. dem zugrundeliegenden Modell der Leitlinie entspricht.

Beispiel:

Der unterhaltspflichtige Elternteil hat Wohnkosten, die den Wohnkostenanteil in den Selbstbehaltssätzen der Düsseldorfer Tabelle übersteigen. Möglich sind auch besonders hohe Umgangskosten. Hier ist eine Anpassung vorzunehmen.

→ Siehe Anpassung des Selbstbehalts, 6.1.1.

Die Tabellenbeträge und Bedarfssätze bilden den **gesamten Elementarbedarf**, also die gesamten Lebenshaltungskosten ab. Dies schließt auch den Umstand ein, dass es gelegentlich zu höheren Ausgaben im Monat kommt bzw. die monatlichen Ausgaben für das Kind unregelmäßig hoch sind. Der betreuende Elternteil ist gehalten, aus dem Unterhalt Rücklagen zu bilden und diese für absehbare, höhere Aufwendungen bereitzuhalten. Abzugrenzen sind absehbare Mehrausgaben von Mehr- und Sonderbedarf.

→ Siehe Mehrbedarf, 4.2.1.

→ Siehe Sonderbedarf, 4.2.2.

Besondere Ausgaben, die von den Tabellenbeträgen bzw. Bedarfssätzen der Düsseldorfer Tabelle erfasst sind und in der Folge keine höheren Unterhaltsansprüche auslösen, sind zum Beispiel Kosten für Urlaubsreisen, Klassenfahrten, Geschenke, Anschaffung von Technik (Handy, PC).[11] Davon abzugrenzen ist Mehrbedarf, der zusätzlich zu den Tabellenbeträgen zu zahlen ist. Mehrbedarf kann entstehen durch regelmäßig erhöhte Aufwendungen für Nachhilfe oder teure Sportarten wie Reiten oder Golf.

4.1.1.1.2. Altersstufe

Auswahl

Es ist die Altersstufe auszuwählen, die dem Alter des Kindes entspricht. Es kommt dabei auf die **Vollendung des Lebensjahres** an.

Übergang

Beim Übergang in die höhere Altersstufe ist darauf zu achten, dass der dann maßgebliche Unterhaltsbetrag gemäß § 1612a Abs. 3 BGB bereits **ab Beginn des Monats geschuldet** wird, in dem das Kind das betreffende Lebensjahr vollendet.

11 Ähnlich Heiß/Heiß, Familienrechtliches Mandat, § 9 Rn. 36.

Beispiel:

 *Das Kind wird am 28.02.2020 12 Jahre alt. Damit schuldet der unterhaltspflichtige Elternteil bereits ab Februar 2020 Unterhalt gemäß der dritten Altersstufe (12-17).*

Volljährigkeit

Anders ist es, wenn das Kind **volljährig** wird: Der für das minderjährige Kind maßgebliche Unterhaltsbetrag gilt bis zum Tag vor dem 18. Geburtstag und nicht ab dem Monatsersten.[12]

Beispiel:

 *Wenn das Kind am 14.02.2020 18 Jahre alt wird, schuldet der unterhaltspflichtige Elternteil bis einschließlich 13.02.2020 Unterhalt gemäß der dritten Einkommensgruppe (12-17), danach – grundsätzlich gemeinsam mit dem anderen Elternteil anteilig haftend – gemäß der vierten Altersstufe (ab 18) oder dem Regelsatz gemäß A. Anm. 7. Er hat einen Anspruch darauf, den monatlichen Unterhaltsbetrag im Hinblick auf die kürzere Laufzeit anteilig zu kürzen.*

Geburt

Eine weitere Ausnahme besteht für den **Monat, in dem das Kind geboren** wird. Die Unterhaltsverpflichtung beginnt erst ab diesem Tag. Der monatliche Bedarfssatz ist entsprechend umzulegen.

Beispiel:

 *Das Kind ist am 21. April geboren. Der unterhaltspflichtige Vater hat ein bereinigtes Einkommen von monatlich 1.600,00 €. Der Bedarf des Kindes richtet sich dementsprechend nach der ersten Einkommensgruppe. Der monatliche Zahlbetrag (Tabellenbetrag abzüglich hälftigen Kindergeldes) bei dieser Einkommensgruppe beträgt derzeit 267,00 €. Der Vater schuldet Unterhalt in dieser Höhe erst ab Mai. Für den Unterhalt im April muss hingegen der Bedarf für zehn Tage ermittelt werden. Dieser darf aber nicht aus dem monatlichen Zahlbetrag ausgerechnet werden. Dieser Fehler wird in der Praxis, neben dem Fehler, ab dem Monat der Geburt vollen Unterhalt zu fordern, häufig gemacht.*

Der Unterhalt für April wird aus dem Tabellenbetrag ermittelt, hier 369,00 €. Der Anteil für den Zeitraum 21. bis 30. April beträgt 10 zu 30, somit 123,00 €. Darauf ***anzurechnen ist das hälftige Kindergeld****, denn dieses wird in voller Höhe ausgezahlt, selbst wenn das Kind am letzten Tag des Monats geboren wird. Aktuell beträgt das hälftige Kindergeld 102,00 €. Im Ergebnis hat das Kind im April einen ungedeckten Elementarbedarf von 123,00 € – 102,00 € = 21,00 €.*

Es kann daher auch vorkommen, dass das Kind im Monat der Geburt keinen Unterhaltsanspruch hat, weil das anteilige Kindergeld den Bedarf überschreitet.

12 Klinkhammer, in: Wendl/Dose, § 2 Rn. 330.

→ Siehe zur Erstausstattung eines Kindes nach der Geburt: Sonderbedarf, 4.2.2.

4.1.1.1.3. Einkommensgruppe

Die linke Spalte der Düsseldorfer Tabelle enthält Einkommensgruppen, nach denen sich der pauschalierte Barbedarf des Kindes richtet. Die Einkommensgruppen gehen nicht von den steuerlichen Brutto- oder Nettoeinkünften aus, sondern vom jeweils individuell zu ermittelnden **unterhaltsrechtlich relevanten Einkommen** (bereinigtes Einkommen).

→ Siehe Ermittlung des unterhaltsrechtlich relevanten Einkommens, 9.

→ Siehe Beispielrechnungen 5, 6 und 12

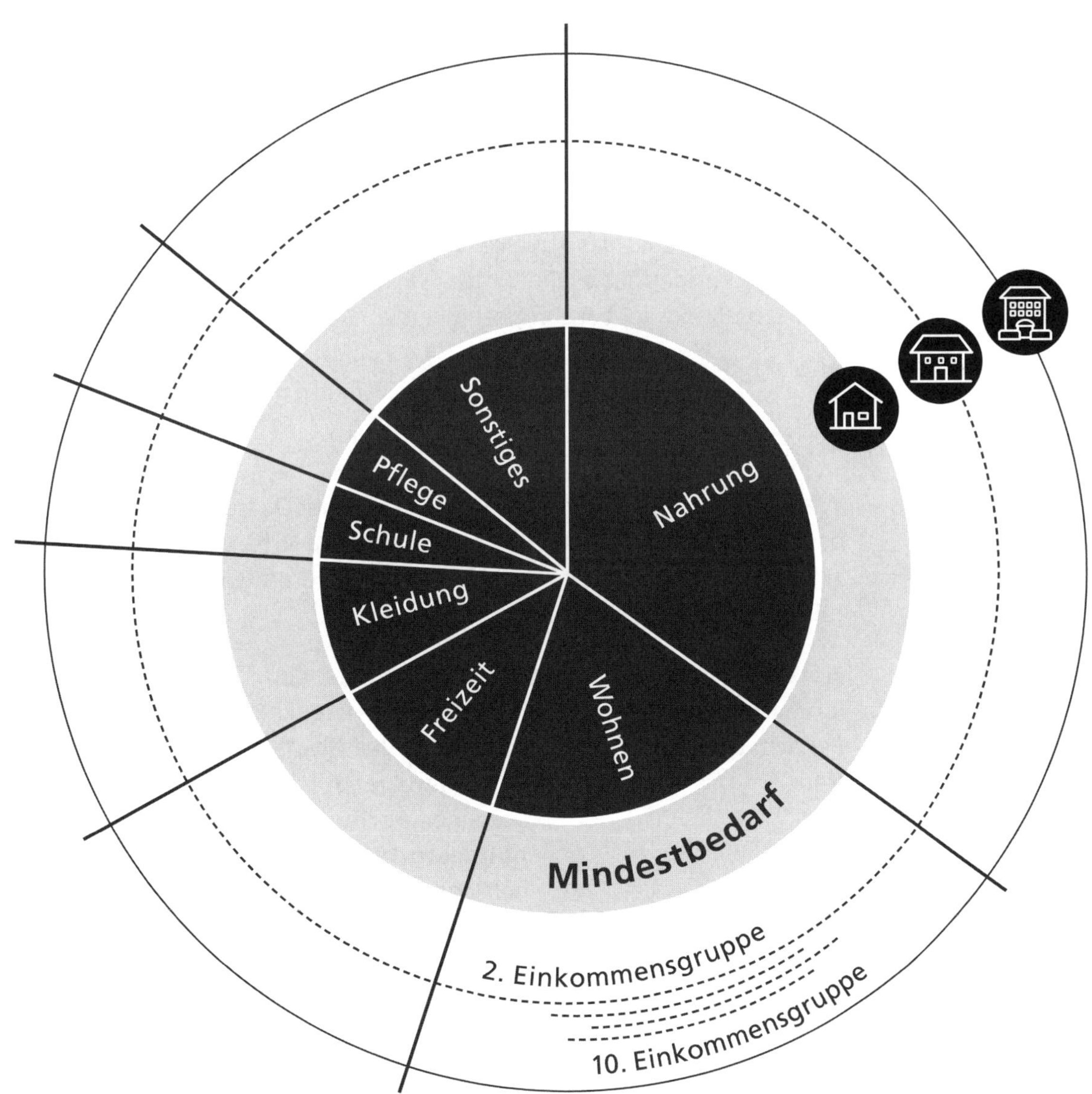

Wenn das unterhaltsrechtliche Einkommen die letzte Einkommensgruppe überschreitet (die gemäß der Düsseldorfer Tabelle 2020 bei 5.500,00 € endet), bestimmt sich der Unterhaltsbedarf nach den Umständen des Einzelfalles. Er ist ggf. konkret zu ermitteln.

→ Siehe konkreter Bedarf, 4.2.3.

4.1.1.1.4. Bedarfskontrollbetrag

Abstufung

Die Düsseldorfer Tabelle führt hinter jeder Einkommensgruppe einen Bedarfskontrollbetrag auf. Der Bedarfskontrollbetrag soll zu einem **angemessenen Verhältnis zwischen dem unterhaltsrechtlichen Einkommen und zu zahlendem Unterhalt** führen. Führt die Zahlung von Unterhalt zur Unterschreitung des Bedarfskontrollbetrags, ist eine Abstufung vorzunehmen und infolgedessen der Unterhaltsbetrag aus der nächst niedrigeren Einkommensgruppe auszuwählen.[13]

Schürmann-Tabelle

Ist der Bedarfskontrollbetrag auch dann nicht gewahrt, ist wiederum die nächst niedrigere Einkommensgruppe anzuwenden. Für diese – in der Praxis sehr häufige Korrektur – kann die Schürmann-Tabelle[14] eine Hilfe sein. Die Tabelle zeigt, welche Einkünfte gemäß der Anzahl der Kinder erforderlich sind, um den jeweiligen Bedarf zu decken, auch unter Berücksichtigung des Bedarfskontrollbetrags.

Eine Abstufung (Auswahl der nächst niedrigeren Einkommensgruppe) kann bereits im Rahmen der Bedarfsprüfung erfolgen, wenn von vornherein feststeht, dass das Kind keine Einkünfte hat. Ist das Kind hingegen vermögend oder hat es Einkünfte, ist die Korrektur gegebenenfalls erst bei Feststellung der Leistungsfähigkeit vorzunehmen.

→ Siehe Beispielrechnungen 1, 7 und 14

4.1.1.1.5. Höher- und Herabstufung

Während der Bedarfskontrollbetrag das von der Düsseldorfer Tabelle vorgesehene Korrektiv darstellt, kommen **weitere Kriterien** in Betracht, die zur Abweichung von dem nach Alter und Einkommen ermittelten Betrag führen können.

Höherstufung (unter Wahrung des Bedarfskontrollbetrags)

- Die derzeit geltenden Tabellen und unterhaltsrechtlichen Leitlinien gehen davon aus, dass der unterhaltspflichtige Elternteil **zwei Unterhaltsverpflichtungen** nachkommt. Bei einer **geringeren Anzahl von Unterhaltsberechtigten** kann der Tabellenunterhalt der nächsthöheren Einkommensgruppe in Betracht kommen.[15]

13 Ausführlich und mit Beispielrechnung: Heiß/Born, Unterhaltsrecht, Rn. 77.

14 Einsehbar zum Beispiel (28.01.2020): https://www.rechtsportal.de/Familienrecht/Arbeitshilfen/Unterhaltstabellen-und-leitlinien/Schuermann-Tabelle/Schuermann-Tabelle/Schuermann-Tabelle.

15 Anm. 1 der Düsseldorfer Tabelle.

Herabstufung

- Bei einer **höheren Anzahl von Unterhaltsberechtigten** kommt der Tabellenunterhalt einer niedrigeren Einkommensgruppe in Betracht.[16] Dies wird in der Regel bereits im Rahmen der Prüfung des Bedarfskontrollbetrags vorgenommen.
- Als weitere Möglichkeit der Herabstufung kommen **Umgangskosten** in Betracht, wenn erweiterter Umgang stattfindet, der sich einem paritätischen Wechselmodell annähert.[17]

Hinweis:

Es ist auch möglich und vertretbar, die erhöhten Umgangskosten bereits bei der Einkommensermittlung, bei Bemessung des Selbstbehalts bzw. als Mehrbedarf des Kindes zur berücksichtigen. Diese Problematik wird aktuell thematisiert.

→ Siehe Ermittlung des unterhaltsrechtlich relevanten Einkommens, 9.
→ Siehe Selbstbehalt, 6.1.
→ Siehe Mehrbedarf, 4.2.1.

4.1.1.1.6. Anpassung

Bedarfsdeckung

Die Anpassung der Tabellenbeträge bzw. Bedarfssätze kann in folgenden Fällen in Betracht kommen:

Kürzung

- **Naturalleistungen** des barunterhaltspflichtigen Elternteils
  Naturalleistungen – etwa bei erweitertem Umgang – können im Einzelfall zur Kürzung des Tabellenbetrags in Höhe der ersparten Aufwendungen führen.[18]
- **Wohnvorteil** des Kindes
  Wenn das Kind mietkostenfrei im Alleineigentum oder im (Mit-)Eigentum des Unterhaltspflichtigen wohnt oder wenn der Barunterhaltspflichtige die Kosten der Wohnung trägt, in der der betreuende Elternteil mit dem Kind lebt, wird der Wohnbedarf des Kindes durch Naturalunterhalt gedeckt.[19]

16 Anm. 1 der Düsseldorfer Tabelle.
17 BeckOK BGB/Reinken, 53. Ed. 1.2.2020, BGB § 1610 Rn. 9.
18 BeckOK BGB/Reinken, 53. Ed. 1.2.2020, BGB § 1610 Rn. 12 mit Verweis auf Rechtsprechung.
19 Klinkhammer, in: Wendl/Dose, § 2.

Der Tabellenbetrag kann um bis zu 20 Prozent gekürzt werden.[20] Alternativ kann der ersparte Wohnkostenanteil der gültigen Fassung der Mindestunterhaltsverordnung entnommen werden. Der Betrag ist altersstufenunabhängig gleichbleibend.

Erhöhung

- **private Kranken- und Pflegeversicherung** des Kindes
  Die Tabellenbeträge enthalten keine Kosten für Kranken- und Pflegeversicherung, da von der Mitversicherung des Kindes bei den Eltern ausgegangen wird.

Anpassung

- Wenn der **Unterhaltspflichtige im Ausland** lebt, können Lebensstandards- und Kaufkraftunterschiede eine Anpassung der Bedarfssätze erforderlich machen.[21]

4.1.1.2. Wechselmodell

Anders ist die Bestimmung des Barbedarfs eines Kindes im Falle eines Wechselmodells. Beim Wechselmodell wechseln sich die Eltern bei der Betreuung des Kindes ab. Die **Betreuungsanteile sind (nahezu) gleich**.

Eine Aufteilung zwischen einem getrenntlebenden, barunterhaltspflichtigen Elternteil und einem betreuenden, nicht barunterhaltspflichtigen Elternteil wie beim Residenzmodell kommt hier nicht in Betracht. Im Wechselmodell betreut kein Elternteil überwiegend das Kind. Vielmehr schuldet jeder Elternteil dem Kind Barunterhalt für die anteilige Zeit des Getrenntlebens. Eltern im Wechselmodell haften demnach beidseitig und anteilig für den Barbedarf des Kindes.

→ Siehe Unterhalt im Wechselmodell, 10.2.

4.1.1.3. Nestmodell

Der Unterschied zum Wechselmodell liegt darin, dass nicht die Kinder von einem Elternteil zum anderen Elternteil wechseln, sondern die Eltern nacheinander bzw. abwechselnd die Betreuungsleistung in der vormals gemeinsamen Wohnung erbringen, während die Kinder in der gewohnten Umgebung bleiben. Diese Fälle stellen noch eine Seltenheit dar bzw. werden nur übergangsweise praktiziert. Viele Fälle werden selten aktenkundig, weil die Gestaltung in der Regel einvernehmlich verläuft und kein Klärungsbedarf durch Gerichte besteht. In so einer Fallkonstellation sind verschiedene Lösungsmodelle möglich. Die zusätzlichen Wohnkosten können sowohl den Selbstbehalt der Eltern erhöhen als auch als Mehrbedarf des Kindes behandelt werden.

---

20 Vgl. BeckOK BGB/Reinken, 53. Ed. 1.2.2020, BGB § 1610 Rn. 13 mit Verweis auf Rechtsprechung.

21 Eingehend und weiterführend Guhling, in: Wendl/Dose, Unterhaltsrecht, § 9 Rn. 31 ff.

4.1.1.4. Kind lebt nicht bei den Eltern

private Unterbringung

Wird das Kind nicht von den Eltern betreut, weil es bei **Verwandten,** im **Internat** oder anderweitig **privat** untergebracht ist, sind beide Eltern barunterhaltspflichtig. Sie haften für den Unterhalt anteilig im Verhältnis ihrer Einkommens- und Vermögensverhältnisse gemäß § 1606 Abs. 3 Satz 1 BGB. Der Bedarf des Kindes richtet sich in diesen Fällen nach dem zusammengerechneten Einkommen seiner Eltern, ggf. fallen zusätzlich Kosten für Unterbringung und Betreuung als Mehrbedarf an.

Unterbringung im Rahmen einer SGB VIII-Maßnahme

Ist das Kind im Rahmen einer **Jugendhilfemaßnahme** gemäß den §§ 27 ff. SGB VIII untergebracht, entfällt ein Unterhaltsbedarf. Sein Bedarf wird über die Jugendhilfemaßnahme gedeckt. In Betracht kommt die Heranziehung der Eltern zur Kostentragung gemäß den §§ 91 ff. SGB VIII; (darüber hinausgehende) Unterhaltsansprüche des Kindes scheiden in der Regel aus.

4.1.2. Lebensstellung volljähriger Kinder

Die Lebensstellung eines volljährigen Kindes leitet sich bis zu seiner Verselbstständigung von der seiner Eltern ab.[22] Allerdings ist es gehalten, wirtschaftlich unabhängig zu werden. Für volljährige Kinder gilt der Grundsatz der Selbstverantwortung uneingeschränkt; eine Ausnahme besteht nur für die privilegiert volljährigen[23] oder in der Berufsausbildung befindlichen volljährigen Kinder.

22 BeckOK BGB/Reinken, 53. Ed. 1.2.2020, BGB § 1610 Rn. 7 mit Nachweisen.

23 Privilegiert volljährige Kinder sind gemäß § 1603 Abs. 2 Satz 2 BGB volljährige, unverheiratete Kinder bis zur Vollendung des 21. Lebensjahres, die im Haushalt der Eltern oder eines Elternteils leben und sich in der allgemeinen Schulausbildung befinden.

Besonderheiten beim Unterhalt minderjähriger und volljähriger Kinder

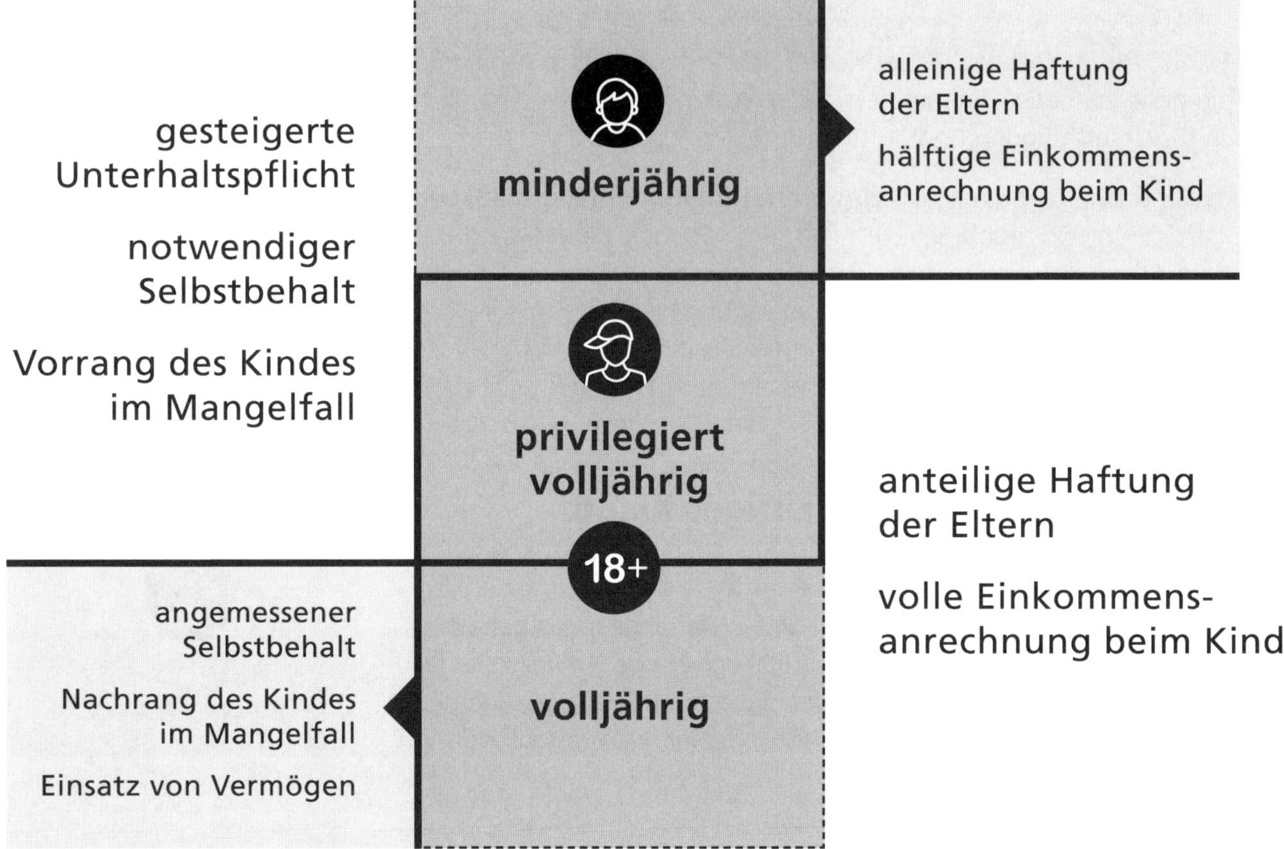

Die wirtschaftliche **Verselbstständigung** eines Kindes tritt spätestens mit Aufnahme der Berufstätigkeit ein, d. h. nach Abschluss von Schul- und Berufsausbildung.[24] Die Grenzen bis dahin sind fließend: Als Richtlinie kann gelten, dass das privilegiert volljährige Kind an der Lebensstellung seiner Eltern teilnimmt. Danach nimmt die Teilhabe sukzessive ab, auch wenn das volljährige, in der Ausbildung befindliche Kind (weiterhin) bei einem Elternteil lebt. Sobald das Kind einen eigenen Haushalt begründet – also auszieht –, wird seine Verselbstständigung äußerlich sichtbar. Die Düsseldorfer Tabelle sieht hierfür andere Bedarfssätze vor als bei volljährigen Kindern, die noch im Haushalt der Eltern wohnen.

Probleme bei der Bedarfsfeststellung und der Frage, inwieweit die **Lebensverhältnisse der Eltern** hierfür maßgeblich sind, können bei sehr guten wirtschaftlichen Verhältnissen der Eltern relevant werden. Während das minderjährige Kind an der gehobenen Lebensstellung seiner Eltern teilnimmt, hat das volljährige Kind hierauf keinen Anspruch – Unterhalt soll seinen Bedarf decken, nicht aber gehobene oder luxuriöse Bedürfnisse.[25] Gleichzeitig können die wirtschaftlich guten Verhältnisse der

24 BeckOK BGB/Reinken, 53. Ed. 1.2.2020, BGB § 1610 Rn. 7.
25 Vgl. Klinkhammer, in Wendl/Dose, § 2 Rn. 230: „Unterhaltsgewährung bedeutet auch bei Volljährigen Befriedigung des gesamten Lebensbedarfs, nicht aber Teilhabe am Luxus."

Eltern dazu führen, dass das Kind einen höheren Unterhaltsbedarf hat – aufgrund des Gegenseitigkeitsprinzips[26] etwa auch eher Anspruch auf kostenträchtige Studiengänge, Privatschulkosten etc. – als ein Kind, dessen Eltern unvermögend sind. Im Einzelfall ist eine konkrete Bedarfsbemessung vorzunehmen.[27]

→ Siehe Ausbildungsunterhalt, 10.1.

→ Siehe Mehrbedarf, 4.2.1.

→ Siehe Konkreter Bedarf, 4.2.3.

Erwerbsunfähigkeit infolge Schwangerschaft und Kinderbetreuung

Schwangerschaft, **Kinderbetreuung** und damit verbundene Erwerbsunfähigkeit können einen Bedarf des volljährigen Kindes begründen. Allerdings lösen diese Umstände auf Seiten des (bis dahin unterhaltsberechtigten) Kindes **eigene, unter anderem öffentliche-rechtliche Ansprüche** aus,[28] durch die im Ergebnis die Unterhaltsverpflichtung entfällt.

→ Siehe Bedürftigkeit, 5.

Wenn das Kind infolge von Schwangerschaft, Geburt und Kinderbetreuung die Ausbildung unterbrochen hat und später fortsetzt, können die Unterhaltspflichten der Eltern hingegen erneut entstehen.

erneute Unterhaltsbedürftigkeit

Sollte das **selbstständig gewordene Kind erneut unterhaltsbedürftig** werden (etwa aufgrund wegfallender Einkünfte infolge von Berufsunfähigkeit), kommt es bei der Bedarfsfeststellung auf die **Lebensstellung des Kindes** an, nicht auf die der Eltern.[29] Zur Bedarfsermittlung kann in diesem Fall gegebenenfalls auf Pauschalsätze zurückgegriffen werden, insbesondere auf den Bedarfssatz Alleinstehender nach der Düsseldorfer Tabelle/den Unterhaltsleitlinien. Hinzuzusetzen ist unter Umständen (konkret darzulegender) erforderlicher Mehrbedarf; dieser kann vor allem bei Behinderung des Kindes eine Rolle spielen und seinen Bedarf erhöhen.[30]

Im Falle erneuter Unterhaltsbedürftigkeit eines volljährigen Kindes kann auf Seiten der Eltern ein **höherer Selbstbehaltssatz** (Familienselbstbehalt) als Leistungsfähigkeitsgrenze in Betracht kommen.

---

26 Das Gegenseitigkeitsprinzip besagt, dass Eltern und Kinder Rücksicht aufeinander nehmen (vgl. § 1618a BGB) – die Eltern auf die finanziellen und ausbildungsbedingten Bedürfnisse ihrer Kinder, die Kinder auf die finanziellen Belange der Eltern und deren Bedürfnis nach einer Befreiung von Unterhaltspflichten.

27 Zur Bedarfsbemessung bei besonders hohen Einkommens- und Vermögensverhältnissen, die von der Düsseldorfer Tabelle nicht abgebildet werden, siehe im Einzelnen Klinkhammer, in Wendl/Dose, § 2 Rn. 226 ff. (bezugnehmend auf volljährige Kinder insbesondere Rn. 228 ff.) sowie Rn. 514.

28 Schürmann, Sozialrecht, Rn. 392. Zu den verschiedenen Ansprüchen wie zum Beispiel Elterngeld, Mutterschaftsgeld siehe Rn. 396 ff.

29 BeckOK BGB/Reinken, 53. Ed. 1.2.2020, BGB § 1610 Rn. 7.

30 BeckOK BGB/Reinken, 53. Ed. 1.2.2020, BGB § 1610 Rn. 7 mit Verweis auf OLG Koblenz FamRZ 2015, 1811 betr. einen 41 Jahre alten Menschen mit Behinderung; OLG Hamm FamRZ 2004, 1061 betr. ein 34 Jahre altes Kind mit Behinderung.

4.2. Mehr- und Sonderbedarf

Unter Elementarbedarf versteht man die üblichen und notwendigen Lebenshaltungskosten. Von Mehr- und Sonderbedarf spricht man, wenn es sich um **zusätzliche Positionen** handelt, die vom Elementarbedarf nicht umfasst sind, oder wenn bestimmte Komponenten des Elementarbedarfs besonders hoch sind und den vorgesehenen Anteil übersteigen.

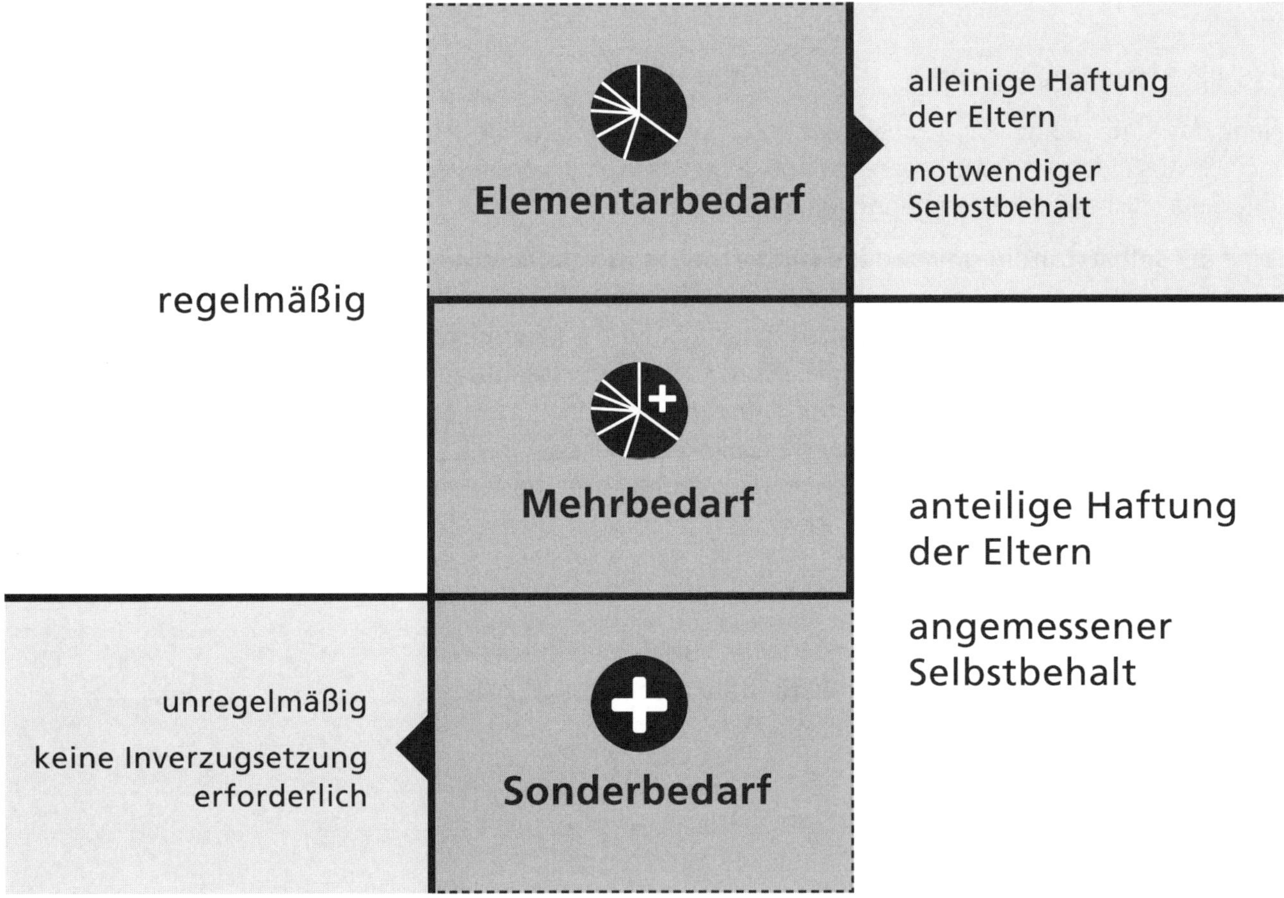

4.2.1. Mehrbedarf

> Mehrbedarf ist finanzieller Aufwand, der über längere Zeit hinweg regelmäßig anfällt, die üblichen Kosten übersteigt und von den Bedarfssätzen der Düsseldorfer Tabelle nicht erfasst wird.[31]

Bei Mehrbedarf hat das Kind einen **zusätzlichen Zahlungsanspruch**. Für die Deckung des Mehrbedarfs haften die Eltern **grundsätzlich an-**

31 Heiß/Heiß, Familienrechtliches Mandat, § 9 Rn. 38.

teilig. Mehrbedarf ist wie laufender Unterhalt gemäß § 1613 Abs. 1 BGB im Voraus geltend zu machen.

Mehrbedarf und Sonderbedarf haben gemeinsam, dass sie Mehrkosten des Kindes darstellen. Inhaltlich und prozessual gibt es jedoch wichtige Unterschiede.

4.2.1.1. Inhalt und Umfang

Voraussetzungen

Mehrbedarf muss folgende Kriterien erfüllen:[32]

Der **Mehraufwand**

- entspricht einem **berechtigten und angemessenen Bedürfnis** des Kindes
  Bei der Prüfung der Angemessenheit sind auch die wirtschaftlichen Verhältnisse der Eltern zu berücksichtigen.
- ist **absehbar**
- fällt **regelmäßig** an.

Fallgruppen

Zum Mehrbedarf zählen **Mehraufwendungen infolge**[33]

- Krankheit oder Behinderung[34]
- Psychotherapie[35]
- Besuch einer Privatschule[36]
- Besuch eines Internats[37]
- Nachhilfe- oder Förderunterricht[38]
- Studiengebühren[39]
  nicht: Semesterbeiträge
- studien- oder ausbildungsbedingter Auslandsaufenthalt[40]
- Kindergarten, Kindertagesstätte und Hort[41]

Die Betreuungskosten werden um einen etwa enthaltenen Verpflegungsanteil gekürzt. Die Verpflegung des Kindes gehört zum Elementarbedarf,

32 In Anlehnung an BeckOK BGB/Reinken, 53. Ed. 1.2.2020, BGB § 1610 Rn. 30.
33 Zur Aufzählung und zur zitierten Rechtsprechung siehe BeckOK BGB/Reinken, 53. Ed. 1.2.2020, BGB § 1610 Rn. 30, ferner Klinkhammer, in: Wendl/Dose, Unterhaltsrecht, § 2 Rn. 232 ff. Sehr instruktiv und übersichtlich ist außerdem eine Tabelle mit vielen Beispielen (jeweils mit Hinweisen zur Rechtsprechung) bei Ebert, Mehrbedarf und Sonderbedarf, NZFam 2016, 438 ff.
34 SächsOVG FamRZ 2016, 1939 in Bezug auf die Kosten eines Schulbegleiters für ein behindertes Kind.
35 OLG Düsseldorf FamRZ 2001, 444.
36 OLG Oldenburg BeckRS 2018, 25943; OLG Düsseldorf FamRZ 1991, 806.
37 BGH NJW 1983, 393 = FamRZ 1983, 48.
38 Heiß/Heiß, Familienrechtliches Mandat, § 9 Rn. 38 zum Nachhilfeunterricht; zum Förderunterricht bei einem privaten Institut zur Behebung einer Lese-Rechtschreib-Schwäche BGH NJW 2013, 2900.
39 OLG Brandenburg BeckRS 2013, 22385; OLG Düsseldorf FamRZ 2012, 1654; OLG Düsseldorf FamRZ 2014, 564.
40 KG FamRZ 2013, 1407; OLG Hamm FamRZ 2014, 563.
41 Klinkhammer, in: Wendl/Dose, Unterhaltsrecht, § 2 Rn. 400 mit Verweis auf die neuere BGH-Rechtsprechung, u.a. BGH, FamRZ 2008, 133 ff. und BGH, Beschluss vom 4.10.2017, FamRZ 2018, 23. Siehe auch AG Pforzheim, Beschluss vom 22.2.2019 – 3 F 160/18, FamRZ 2019, 883 ff. mit Anmerkung.

weshalb der Kostenanteil hierfür von den Tabellenbeträgen erfasst wird.[42]

Bei den Hortkosten ist zu unterscheiden, ob der Hortbesuch pädagogischen Bedürfnissen des Kindes entspricht oder die Berufstätigkeit des betreuenden Elternteils ermöglicht. Im letzten Fall sind die Hortkosten kein Mehrbedarf, sondern berufsbedingter Aufwand des Elternteils.[43]

4.2.1.2. Anteilige Haftung

Die Eltern haften für die Deckung des Mehrbedarfs grundsätzlich anteilig, § 1606 Abs. 3 Satz 1 BGB.

Haftung im Residenzmodell

Dies gilt **auch im Residenzmodell**, das eine alleinige Barunterhaltsverpflichtung des getrenntlebenden Elternteils bezogen auf den Elementarunterhalt auslöst. Hier haften also

- sowohl der **getrenntlebende** Elternteil (der bereits barunterhaltspflichtig für die Deckung des Elementarunterhalts ist)
- **als auch** der **betreuende** Elternteil (der nicht barunterhaltspflichtig für die Deckung des Elementarunterhalts ist).

Berechnung

Die Eltern **haften im Verhältnis ihrer persönlichen und wirtschaftlichen Verhältnisse**. Für die Anteilsberechnung sind daher die **beiderseitigen unterhaltsrechtlich relevanten Einkünfte** maßgebend. Jeder Elternteil hat zudem Anspruch darauf, dass ihm der angemessene (und nicht nur notwendige) Selbstbehalt verbleibt.[44]

→ Siehe Ermittlung des unterhaltsrechtlich relevanten Einkommens, 9.

→ Siehe Selbstbehalt, 6.1.

Bei der Prüfung der anteiligen Haftung kommt es darauf an, ob beide Elternteile über Einkommen verfügen oder nicht.[45]

- **Hat ein Elternteil kein Einkommen** und **keine Verpflichtung zur Berufstätigkeit**, deckt der andere Elternteil den Mehrbedarf allein, sofern auch alle weiteren Voraussetzungen gegeben sind (u.a. Leistungsfähigkeit und Wahrung des Bedarfskontrollbetrags).[46]

  Beispiel:

   *Im Residenzmodell deckt der getrenntlebende Elternteil bei Einkommenslosigkeit des betreuenden Elternteils den Mehrbedarf allein und zahlt den Aufwand zusätzlich zum Elementarunterhalt (für den er ohnehin allein haftet).*

---

42 Klinkhammer, in: Wendl/Dose, Unterhaltsrecht, § 2 Rn. 400 mit Verweis auf BGH FamRZ 2009, 962 ff.

43 AG Pforzheim, Beschluss vom 22.2.2019 – 3 F 160/18, FamRZ 2019, 883 ff.

44 Es erfolgt eine Kürzung um den angemessenen Selbstbehalt, siehe BeckOK BGB/Reinken, 53. Ed. 1.2.2020, BGB § 1610 Rn. 32 mit Verweis auf Rechtsprechung.

45 Differenzierung (bezogen auf den betreuenden Elternteil im Residenzmodell) übernommen aus Klinkhammer, in: Wendl/Dose, Unterhaltsrecht, § 2 Rn. 461 f.

46 Klinkhammer, in: Wendl/Dose, Unterhaltsrecht, § 2 Rn. 461 in Bezug auf die Verhältnisse im Residenzmodell.

Wenn ein einkommensloser Elternteil **zur Berufstätigkeit verpflichtet** ist, ist er unter Zurechnung fiktiver Einkünfte als Elternteil **mit Einkommen** zu behandeln.

- **Haben beide Eltern Einkommen**, decken der getrenntlebende und der andere Elternteil den Mehrbedarf in Höhe ihrer Anteile.[47]

Beispiel:

 *Im Residenzmodell deckt der getrenntlebende Elternteil den Elementarbedarf allein und zusätzlich den Mehrbedarf in Höhe seines Anteils.*

Rechenmodell

Bei der **Berechnung der Anteile** beim Mehrbedarf geht man wie folgt vor:[48]

(1) Ermittlung der unterhaltsrechtlich relevanten Einkünfte auf beiden Seiten

(2) Abzug des angemessenen Selbstbehalts auf beiden Seiten, die Differenz ist das jeweilige Vergleichseinkommen

(3) Anteilsberechnung:

Anteil des Vaters = Vergleichseinkommen Vater : (Vergleichseinkommen Vater + Vergleichseinkommen Mutter) x Mehrkosten

Anteil der Mutter = Vergleichseinkommen Mutter : (Vergleichseinkommen Vater + Vergleichseinkommen Mutter) x Mehrkosten

4.2.1.3. Verfahren

Das Vorgehen bei der gerichtlichen Geltendmachung von Mehrbedarf hängt davon ab, ob bereits ein vollstreckbarer Titel zum (Elementar-)Unterhalt vorliegt.

4.2.1.3.1. Leistungsantrag

Bei **noch nicht erfolgter Titulierung von (Elementar-)Unterhalt** ist ein Leistungsantrag (Zahlungsantrag) beim Familiengericht zu stellen.

Zur Vermeidung einer Präklusion in einem späteren Abänderungsverfahren (vgl. § 238 Abs. 2 FamFG)

→ Siehe zur Präklusion (Ausschluss der Geltendmachung bestimmter Rechte): Abänderung von Unterhaltstiteln, 13.7.

sollte der Mehrbedarf als unselbstständiger Teil des Unterhaltsanspruchs

- **bestenfalls zusammen mit dem Elementarunterhalt** beantragt werden[49]

---

47 Klinkhammer, in: Wendl/Dose, Unterhaltsrecht, § 2 Rn. 462 in Bezug auf die Verhältnisse im Residenzmodell.

48 Vgl. Klinkhammer, in: Wendl/Dose, Unterhaltsrecht, § 2 Rn. 462 mit einer Beispielrechnung.

49 Vgl. Ebert, Mehrbedarf und Sonderbedarf, NZFam 2016, 438 ff.

- zumindest aber in der Antragsschrift zum Elementarunterhalt ausdrücklich darauf hingewiesen werden, dass der Antragsteller sich die Forderung von Mehrbedarf vorbehält.[50]

Bei der letzteren Variante muss deutlich werden, dass es sich beim Unterhaltsantrag um einen Teilantrag handelt.

4.2.1.3.2. Abänderungsantrag

Ist (Elementar-)**Unterhalt bereits tituliert (eine vollstreckbare Unterhaltsregelung liegt vor)**, ist Mehrbedarf im Wege eines **Abänderungsverfahrens** geltend zu machen.[51]

→ Siehe Abänderung von Unterhaltstiteln, 13.7.

Die vorstehenden Ausführungen zur Präklusion sind auch hier zu beachten.

4.2.2. Sonderbedarf

Bei Sonderbedarf handelt es sich um einen **nicht vorhersehbar** anfallenden, **besonders hohen** und **nicht alltäglichen** bzw. üblichen finanziellen Aufwand, der demzufolge nicht von den Bedarfssätzen der Düsseldorfer Tabelle erfasst wird.

Die Mehrkosten sind wie im Falle von Mehrbedarf **zusätzlich zum laufenden Bedarf** von den Eltern **grundsätzlich anteilig** aufzubringen. Während die Geltendmachung rückständigen Mehrbedarfs jedoch eine vorherige Inverzugsetzung erfordert – Mehrbedarf ist wie laufender Unterhalt gemäß § 1613 Abs. 1 BGB im Voraus geltend zu machen –, kann Sonderbedarf für die Vergangenheit gemäß § 1613 Abs. 2 Ziff. 1 BGB auch **ohne vorherige Inverzugsetzung** verlangt werden.

4.2.2.1. Inhalt und Umfang

Voraussetzungen

Sonderbedarf muss folgende Kriterien erfüllen:[52]

Der **Mehraufwand**

- ist **außergewöhnlich hoch**, weshalb er von der pauschalen Bemessung des laufenden Bedarfs nicht erfasst wird und nicht aus dem laufenden Unterhalt bezahlt werden kann.

  Wenn die Kosten das Übliche bzw. Alltägliche übersteigen, ist es dem Kind nicht zuzumuten, sie aus dem laufenden Unterhalt bzw. aus Rücklagen zu bestreiten.[53] Sonderbedarf hat **Ausnahmecharakter**; in der Konsequenz kann ein Anspruch auf Sonderbedarf nur **ausnahmsweise** in Betracht kommen.[54]

---

50 Vgl. Ebert, Mehrbedarf und Sonderbedarf, NZFam 2016, 438 ff.
51 Vgl. Ebert, Mehrbedarf und Sonderbedarf, NZFam 2016, 438 ff.
52 Vgl. Ebert, Mehrbedarf und Sonderbedarf, NZFam 2016, 438 ff. und BeckOK BGB/Reinken, 53. Ed. 1.2.2020, BGB § 1613 Rn. 36 mit Verweisen zur Rechtsprechung.
53 Ähnlich vgl. Heiß/Heiß, Familienrechtliches Mandat, § 9 Rn. 42; BeckOK BGB/Reinken, 53. Ed. 1.2.2020, BGB § 1613 Rn. 36.
54 Ebert, Mehrbedarf und Sonderbedarf, NZFam 2016, 438 ff.

Ob die als Sonderbedarf geltend gemachten Kosten als „außergewöhnlich hoch" zu betrachten sind, bedarf einer **Abwägung**. Die geltend gemachten Kosten sind ins Verhältnis zu setzen mit den folgenden Faktoren:[55]

- Höhe des laufenden Unterhalts
- sonstige Einkünfte des Bedürftigen
- Lebensverhältnisse („Lebenszuschnitt") der Beteiligten

  Hier spielt auch die Frage der Zumutbarkeit der Kostentragung eine Rolle. Unter Umständen kann es dem Unterhaltspflichtigen nur zugemutet werden, lediglich einen Teil der Kosten zu tragen.[56]
- Anlass und Umfang der Kosten

- fällt **unregelmäßig** an

  Wenn die Kosten regelmäßig anfallen, kann es sich um Mehrbedarf handeln.
- ist **unvorhersehbar**, weshalb er bei der Bemessung der laufenden Unterhaltsrente nicht berücksichtigt werden konnte.[57]

  Dies rechtfertigt, dass Zahlung von Sonderbedarf gemäß § 1613 Abs. 2 Ziff. 1 BGB auch ohne vorherige Inverzugsetzung verlangt werden kann; es handelt sich dann um einen Erstattungsanspruch.

  Sind die zusätzlichen Kosten vorhersehbar, handelt es sich ggf. um Mehrbedarf und bedarf einer Inverzugsetzung.[58]

  → Siehe Mehrbedarf, 4.2.1.

Fallgruppen

Sonderbedarf liegt vor bei:[59]

- unvorhergesehenem Krankenbedarf

  Beispiel:

   *Kieferorthopädische Behandlungskosten (Zahnspange)*[60]

- von Krankenversicherung und Beihilfe nicht abgedeckten Behandlungskosten[61]

---

55 Vgl. Ebert, Mehrbedarf und Sonderbedarf, NZFam 2016, 438 ff. und BeckOK BGB/Reinken, 53. Ed. 1.2.2020, BGB § 1613 Rn. 36, jeweils mit Verweisen zur Rechtsprechung.

56 Ebert, Mehrbedarf und Sonderbedarf, NZFam 2016, 438 ff.

57 Vgl. Ebert, Mehrbedarf und Sonderbedarf, NZFam 2016, 438 ff.

58 Vgl. Ebert, Mehrbedarf und Sonderbedarf, NZFam 2016, 438 ff.

59 Vgl. die Aufzählung mit Hinweisen zur Rechtsprechung bei BeckOK BGB/Reinken, 53. Ed. 1.2.2020, BGB § 1613 Rn. 36; instruktiv auch die Tabelle zur Kasuistik mit weiteren Beispielen (jeweils mit Hinweisen zur Rechtsprechung) bei Ebert, Mehrbedarf und Sonderbedarf, NZFam 2016, 438 ff.

60 BGH FamRZ 1983, 29; OLG Schleswig FamRZ 2012, 990; OLG Celle NJW-RR 2008, 378.

61 OLG Hamm FamRZ 2018, 189.

- Erstausstattung eines Säuglings[62]
- Umzugskosten[63]

4.2.2.2. Anteilige Haftung

Wie beim Mehrbedarf haften die Eltern für die Deckung des Sonderbedarfs anteilig; für die Zahlungsansprüche des Kindes sind die beiderseitigen Einkommensverhältnisse ins Verhältnis zu setzen.

Bei der Leistungsfähigkeit ist zu beachten, dass dem Unterhaltspflichtigen bei minderjährigen und privilegiert volljährigen Kindern der notwendige Selbstbehalt verbleiben muss, in den übrigen Fällen zumindest der angemessene Selbstbehalt.[64]

4.2.2.3. Leistungsantrag

Sonderbedarf ist als selbstständiger Bestandteil des Unterhaltsanspruchs als Leistungsantrag bei Gericht geltend zu machen,[65] ggf. zusätzlich zum Antrag auf Elementar- und/oder Mehrbedarf.

4.2.3. Konkreter Bedarf

Bei Einkünften, die trotz Bereinigung die Einkommensgruppen der Düsseldorfer Tabelle übersteigen, kann es unter Umständen zur Überschreitung der dort ausgewiesenen Tabellenbeträge kommen.[66]

Bei der Geltendmachung von Unterhaltsansprüchen, die die Tabellenbeträge übersteigen, sind jedoch immer zwei Seiten zu beachten. Einerseits können gute wirtschaftliche Verhältnisse der Eltern dazu führen, dass das Kind einen höheren Unterhaltsbedarf hat. Andererseits soll Unterhalt Bedarf decken, nicht aber gehobene oder luxuriöse Bedürfnisse erfüllen.[67]

Möglichkeiten der Bedarfsbestimmung

Die prozessualen Anforderungen an die Geltendmachung konkreten Bedarfs sind höher als bei dem einfachen Verweis auf den einschlägigen Tabellenbetrag. Folgende Möglichkeiten bieten sich an:

- Im Rahmen einer Auflistung wird der **gesamte Lebensbedarf des Kindes mit dem entsprechenden Kostenaufwand** bezeichnet und belegt.[68]

---

62 BVerfG FamRZ 1999, 1342 u.a.

63 Ebert, Mehrbedarf und Sonderbedarf, NZFam 2016, 438 ff. mit Verweis auf Rechtsprechung.

64 Vgl. Ebert, Mehrbedarf und Sonderbedarf, NZFam 2016, 438 ff.

65 Vgl. Ebert, Mehrbedarf und Sonderbedarf, NZFam 2016, 438 ff.

66 Zur Bedarfsbemessung bei besonders hohen Einkommens- und Vermögensverhältnissen, die von der Düsseldorfer Tabelle nicht abgebildet werden, siehe im Einzelnen Klinkhammer, in Wendl/Dose, § 2 Rn. 226 ff.; zur praktischen Umsetzung siehe Schramm, Konkreter Bedarf statt Düsseldorfer Tabelle, NJW-Spezial 2017, 644 ff.

67 Heiß/Heiß, Familienrechtliches Mandat, § 9 Rn. 37; Klinkhammer, in Wendl/Dose, § 2 Rn. 230: „Unterhaltsgewährung bedeutet auch bei Volljährigen Befriedigung des gesamten Lebensbedarfs, nicht aber Teilhabe am Luxus."; KG, Beschluss vom 26.6.2019 – 13 UF 89/13.

68 Ein Muster für einen Unterhaltsantrag, dem eine konkrete Bedarfsberechnung zugrunde liegt (allerdings im Hinblick auf eherechtlichen Trennungsunterhalt), befindet sich bei Beck'sche Online-Formulare Prozess (Hamm), 7.4.3.

Dabei ist zu beachten: Sollten einzelne Positionen unterhaltsrechtlichen Mehrbedarf abbilden, kann der in Anspruch genommene Elternteil die anteilige Haftung des anderen Elternteils für deren Deckung einfordern. Eine alleinige Barunterhaltsverpflichtung besteht nur im Hinblick auf die Positionen, die sich auf die Deckung des Elementarbedarfs beziehen.

→ Siehe Mehrbedarf, 4.2.1.

Weniger aufwendig sind in der Regel die folgenden Möglichkeiten:

- Es werden der **höchste Tabellenbetrag** und im Hinblick auf besonders hohen Kostenaufwand für Freizeit, Bildung etc. **zusätzlich Mehrbedarf** geltend gemacht.

  Bei diesem Vorgehen ist zu berücksichtigen, dass sich der betreuende (und den Unterhalt in Vertretung des Kindes geltend machende) Elternteil an der Deckung des Mehrbedarfs grundsätzlich beteiligen muss.

  → Siehe Mehrbedarf, 4.2.1.

  Es wird Elementarunterhalt gemäß der höchsten Einkommensgruppe geltend gemacht und zusätzlich (anteilig) Privatschulkosten, Vereinsmitgliedschaften, Sprachreisen.

- Es werden der **höchste Tabellenbetrag** und **dessen Anpassung** im Hinblick auf besonders kostenintensive Bedürfnisse des Kindes, die den Elementarbedarf betreffen, geltend gemacht.[69]

Beispiel:

 *Es wird Elementarunterhalt gemäß der höchsten Einkommensgruppe geltend gemacht und Erhöhung des Wohnkostenanteils gefordert, da die konkreten Wohnkosten des Kindes höher ausfallen.*

5. Bedürftigkeit

Steht der Unterhaltsbedarf fest, ist zu prüfen, ob insoweit auch Bedürftigkeit vorliegt. Dies setzt voraus, dass der Bedarf nicht anteilig oder vollständig durch Eigeneinkommen des Kindes oder anrechenbare Leistungen gedeckt wird. Denn gemäß § 1602 Abs. 1 BGB ist ein Kind nur dann unterhaltsberechtigt, wenn es zur Eigenversorgung nicht in der Lage ist.

5.1. Eigenverantwortung

Es gilt der Grundsatz der Eigenverantwortung: Grundsätzlich ist das Kind im Rahmen seiner Möglichkeiten gehalten, seinen finanziellen Bedarf si-

69 Ähnlich Heiß/Heiß, Familienrechtliches Mandat, § 9 Rn. 37 mit Verweis auf Rechtsprechung; zur Umsetzung: Schramm, Konkreter Bedarf statt Düsseldorfer Tabelle, NJW-Spezial 2017, 644 ff.

cherzustellen und selbst zu decken. Nur soweit es dies nicht kann, besteht Unterhaltsbedürftigkeit.

5.2. Einkünfte und bedarfsdeckende Leistungen

Einkünfte des Kindes und anderweitige, bedarfsdeckende Leistungen mindern den Unterhaltsbedarf. Im Rahmen der Bedürftigkeit kommt es daher auf das **unterhaltsrelevante Einkommen auf Seiten des Kindes** an. Dies wird im Wesentlichen nach den Grundsätzen ermittelt, die bei der Einkommensermittlung im Rahmen der Bedarfs- und Leistungsfähigkeitsfeststellung gelten.

→ Siehe Ermittlung des unterhaltsrelevanten Einkommens, 9.

Bei minderjährigen und volljährigen Kindern wird bei der Anrechnung eigener Einkünfte und unterhaltsrelevanter Leistungen unterschiedlich vorgegangen. Einkünfte des **volljährigen Kindes** werden **in vollem Umfang bedarfsmindernd** angerechnet, Einkünfte des **minderjährigen Kindes** in der Regel nur **zur Hälfte**. Bei ihnen kommt es nur dann zur vollen Anrechnung, wenn beide Eltern barunterhaltspflichtig sind. Dies ist dann der Fall, wenn kein Elternteil das Kind betreut und die Eltern anteilig gemäß § 1606 Abs. 3 Satz 1 BGB haften.[70]

→ Siehe Beispielrechnungen 1 und 7

Wenn **mögliche Einkünfte nicht erzielt** bzw. **Einkommensvorteile nicht wahrgenommen** werden, stellt sich die Frage nach der **Anrechnung fiktiver Einkünfte**.

Erwerbsobliegenheit

Die Erwerbsobliegenheit trifft **minderjährige und volljährige Kinder gleichermaßen**:

Wenn ein minderjähriges Kind nicht mehr schulpflichtig ist und sich auch nicht in Ausbildung befindet, ist es zur Aufnahme einer Erwerbtätigkeit verpflichtet. Die Arbeitsaufnahme muss mit dem Jugendarbeitsschutzgesetz vereinbar sein; ferner dürfen keine gesundheitlichen Gründe entgegenstehen.[71]

Bei volljährigen Kindern ist zu differenzieren, ob die Tätigkeit überobligatorisch ist. Grundsätzlich besteht während eines Ausbildungsverhältnisses keine Verpflichtung zum Nebenverdienst. Die Ausbildungsvergütung wird angerechnet. Problematisch ist die sog. Karenzzeit[72] (zum Beispiel die Zeit zwischen Abitur und Studium, zwischen Abitur und Bundeswehr, zwischen Abbruch der Ausbildung und Aufnahme einer neuen Ausbildung).

→ Siehe Ausbildungsunterhalt, 10.1.

→ Siehe fiktive Einkünfte, 9.5.

70 Klinkhammer in: Wendl/Dose, Unterhaltsrecht, § 2 Rn. 118.
71 OLG Karlsruhe, Beschluss vom 21.1.2019 – 2 WF 2/19, FamRZ 2019, 965 ff.
72 Unter Karenzzeit versteht man eine Übergangszeit, in der der Betreffende – hier der Unterhaltsgläubiger – einem Schutz unterliegt.

5.2.1. Anrechenbare Leistungen und Einkünfte

Bei der Bedürftigkeitsprüfung ist vor allem an folgende **öffentlich-rechtliche Leistungen** zu denken, welche die Bedürftigkeit des Kindes mindern:

- **Kindergeld**[73]

  Kindergeld steht dem bezugsberechtigten Elternteil zu. Es wird gemäß § 1612b BGB zur Deckung des Barbedarfs verwendet. Die Düsseldorfer Tabelle und einige Unterhaltsleitlinien führen auf ihren jeweils hinteren Seiten Tabellen mit den sog. Zahlbeträgen; hierbei handelt es sich um die Unterhaltsbeträge aus der Bedarfstabelle, die bereits um den jeweils anzurechnenden Kindergeldanteil gekürzt wurden – bei minderjährigen Kindern zur Hälfte und bei volljährigen Kindern voll.

- **Kinderzulage** nach Art. 67 Abs. 1 lit. b des Statuts der Beamten der Europäischen Gemeinschaften[74]

- **Halbwaisenrente** der gesetzlichen Rentenversicherung nach § 48 Abs. 1 SGB VI[75]

  Hinweis:

   *Wenn ein Kind adoptiert wird, behält es seinen Anspruch auf (Halb-)Waisenrente, wenn seine leiblichen Eltern (ein Elternteil) verstorben sind. Wenn die Adoptiveltern getrennt leben bzw. das volljährig gewordene Kind gegen seine Adoptiveltern Ausbildungsunterhalt geltend macht, ist die (Halb-)Waisenrente anzurechnen.*

- **BAföG-Leistungen**

  BAföG-Leistungen werden grundsätzlich nicht subsidiär[76] gewährt und sind daher auf Seiten des Kindes anrechenbares Einkommen. Dies gilt auch für Schüler-BAföG-Leistungen. Anders ist es bei Vorausleistungen gemäß §§ 36, 37 BAföG.[77] Vorausleistungen sind nicht anrechenbar; vielmehr geht bei Leistungsgewährung der Unterhaltsanspruch des Kindes gegen die Eltern auf das BAföG-Amt über (ähnlich wie bei Leistung von Unterhaltsvorschuss).

- **Berufsausbildungsbeihilfe** nach den §§ 56 ff. SGB III

- **Kinderzuschlag** nach § 6a BKGG

  Hier ist zu differenzieren: Wurde in der Vergangenheit Kinderzuschlag gezahlt, weil der Unterhaltsanspruch noch nicht realisiert wurde, wird er als bedarfsdeckendes Einkommen berücksichtigt. Für die Zukunft ist der Unterhalt ohne Zahlung des Kinderzuschlags zu berechnen,

---

73 Heiß/Heiß, Familienrechtliches Mandat, § 9 Rn. 53.
74 Vgl. PK-Juris § 1602 BGB Rn. 82 Fn. 73
75 Heiß/Heiß, Familienrechtliches Mandat, § 9 Rn. 59 mit Verweis auf Rechtsprechung.
76 Subsidiäre Leistungen sind solche, die unterstützend und nachrangig gewährt werden – das heißt nur und soweit keine (Unterhalts-)Ansprüche bestehen.
77 Heiß/Heiß, Familienrechtliches Mandat, § 9 Rn. 58.

weil die Höhe des Zuschlags von der noch durchzusetzenden Unterhaltsleistung abhängt.[78]

Keine anrechenbaren öffentlich-rechtlichen Leistungen sind

- **Unterhaltsvorschussleistungen** im Verhältnis zum barunterhaltspflichtigen Elternteil (anders ggf. bei Großeltern)
- Leistungen nach dem **SGB II**

Schwangerschaft und Mutterschaft

Bei Schwangerschaft und Mutterschaft des Kindes hat dieses **Ansprüche auf Leistungen der gesetzlichen Krankenkassen, Mutterschaftsgeld, Elterngeld** und ggf. auch auf **Wohngeld**. Decken diese Leistungen seinen Bedarf nicht, hat es außerdem **Anspruch auf SGB II-Leistungen**. Dieser Anspruch entsteht ab der Schwangerschaft. Die Eltern der werdenden Mutter können nicht mehr dazu verpflichtet werden, für den Unterhalt aufzukommen; das Kind kann losgelöst von Unterhaltsansprüchen auf die Hilfe des Staates zugreifen. Nach § 9 Abs. 3 SGB II ist die Zurechnung von Einkommen und Vermögen der Eltern ausgeschlossen bei einem Kind, das schwanger ist oder ein eigenes Kind bis zum Alter von sechs Jahren betreut. Die Vorschrift korrespondiert mit § 33 Abs. 2 Satz 1 Ziff. 3 SGB II und hat eine Entsprechung in §§ 19 Abs. 4, 94 Abs. 1 Satz 4 SGB II.[79]

Einkünfte des Kindes **aus Erwerbstätigkeit** können zur Bedarfsdeckung herangezogen werden. Hierzu gehören insbesondere Einkünfte aus einer Ausbildungsvergütung, wenn das Kind eine Ausbildung macht.

Zugunsten des Kindes können unter Umständen ausbildungsbedingte Aufwendungen (ähnlich den berufsbedingten Aufwendungen, die das Erwerbseinkommen vermindern) abgezogen werden. Die Unterhaltsleitlinien regeln dies bzw. enthalten Pauschalbeträge.

→ Siehe Ausbildungsunterhalt, 10.1.

Erwerbseinkünfte eines Schülers stellen grundsätzlich kein anrechenbares Einkommen dar, zumal Schülerarbeit als unzumutbar gilt.[80]

5.2.2. Geldwerte Vorteile

Empfängt das Kind bedarfsdeckende Leistungen von dritter Seite – etwa kostenloses Wohnen oder Versorgung –, ist im Einzelfall zu prüfen, ob diese Leistungen bedarfsmindernd anzurechnen sind. Hier gilt die Zweckgebundenheit der Zuwendung: Maßgeblich ist, ob der Dritte durch seine Leistung den Unterhaltspflichtigen entlasten möchte oder ob es sich ausschließlich um eine Zuwendung an das Kind handelt. Bei letzterem wäre der Zweck der Zuwendung verfehlt, wenn dadurch der Unterhaltspflichtige entlastet wäre; es erfolgt in diesem Fall keine Anrechnung.

78 Schürmann, Sozialrecht, Rn. 992 bis 994; Dose, in: Wendl/Dose, Unterhaltsrecht, § 1 Rn. 687.
79 Dazu ausführlich Schürmann, Sozialrecht, Rn. 904.
80 Heiß/Heiß, Familienrechtliches Mandat, § 9 Rn. 56.

Beispiel:

Ein Studierender wird von seiner Patentante dadurch unterstützt, dass er kostenfrei ihr Appartement nutzen darf. Diese Leistung darf nicht bedarfsmindernd berücksichtigt werden, weil dies nicht im Sinne des Zuwendenden ist. Anders wäre es, wenn die Eltern des Unterhaltsverpflichteten (Großeltern) dem Studierenden eine Wohnung zur Verfügung stellen. Diese Leistung darf durchaus dahingehend bewertet werden, dass die Zuwendenden auch das eigene Kind entlasten möchten oder sogar dessen Unterhaltspflicht erfüllen.

5.2.3. Vermögen

In der Regel ist auf Seiten des Kindes kein Vermögen vorhanden. Allerdings gibt es Fälle, in denen das Kind über Vermögen verfügt, zum Beispiel bei Halbwaisen, denen eine Lebensversicherung ausgezahlt wird, oder wenn das Kind beerbt wird. Häufig legen auch Großeltern Sparvermögen für das Enkelkind an.

Wenn das Kind vermögend ist, stellt sich die Frage, inwieweit es das Vermögen **zur Deckung des Unterhaltsbedarfs einsetzen** muss.

Erträge, die das Kind aus seinem Vermögen erzielt, stellen unterhaltsrechtliches Einkommen dar und werden bedarfsmindernd angerechnet. Ob das Kind darüber hinaus die Substanz des Vermögens – den Vermögensstamm – einsetzen und infolgedessen verwerten (verkaufen) muss, ist im Einzelfall zu prüfen. Dabei ist zu unterscheiden, ob der Unterhalt eines minderjährigen oder volljährigen Kindes betroffen ist und ob es um einen Unterhaltsanspruch gegen die Eltern oder weitere Verwandte geht.

5.2.3.1. Minderjährige und privilegierte volljährige Kinder

Frage der Vermögensverwertung

Hier gilt § 1649 BGB, wonach das minderjährige Kind Vermögenseinkünfte zur Bedarfsdeckung einsetzen muss. Dies gilt jedoch nicht für den Vermögensstamm. Das Kind muss das Vermögen selbst daher grundsätzlich nicht verwerten.[81]

Gemäß § 1603 Abs. 2 Satz 3 BGB besteht eine Ausnahme, wenn ein Fall der gesteigerten Unterhaltsverpflichtung vorliegt, weil sich der auf Unterhalt in Anspruch genommene Elternteil auf Leistungsunfähigkeit beruft. Aufgrund der finanziell eingeschränkten Situation des in Anspruch genommenen Elternteils muss das minderjährige Kind Vermögen verwerten, bevor es (erneut) Unterhalt einfordert. Gleiches gilt für ein privilegiertes volljähriges Kind im Sinne von § 1603 Abs. 2 Satz 2 BGB.[82]

→ Siehe Gesteigerte Unterhaltspflicht, 6.1.3.

81 BeckOK BGB/Reinken, 53. Ed. 1.2.2020, BGB § 1602 Rn. 120a.

82 Siehe unten zum Schonvermögen bei minderjährigen Kindern, § 12 Abs. 1 Ziff. 1a SGB II (derzeit mindestens 3.100,00 €).

5.2.3.2. Volljährige Kinder

Die nicht privilegierten volljährigen Kinder unterliegen uneingeschränkt dem **Grundsatz der Vermögensverwertung** und sind daher verpflichtet, verfügbares Vermögen zur Bedarfsdeckung (ggf. sukzessive) einzusetzen. Erst wenn dieses verbraucht und das Kind mittellos ist, kann es seine Eltern in Anspruch nehmen.[83]

Vom Grundsatz der Vermögensverwertung nicht erfasst ist das sog. **Schonvermögen**. Dessen Höhe ist in Anlehnung an die Bestimmung des Schonvermögens im Sozialhilferecht zu bestimmen (§ 12 Abs. 2 Nr. 1 SGB II).[84] Denkbar sind auch andere Kriterien für die Bemessung des Schonvermögens. Zum Beispiel könnte ein Studierender sich auf den Freistellungsbetrag gemäß § 29 Abs. 1 Ziff. 1 BAföG in Höhe von 7.500,00 € berufen.[85]

Die Obliegenheit, vorhandenes Vermögen (sukzessive) einzusetzen, gilt unabhängig vom Grund des Erwerbs und des mit ihm verbundenen Anliegens (z.B. des Zuwendungsempfängers).[86] Ist es verfügbar, muss das Kind es verbrauchen.

Beispiel:

Das studierende Kind schafft sich einen PC an, den es im Studium benötigt.[87] Eine solche Aufwendung ist sinnvoll und kann dem Kind nicht als mutwillige Ausgabe vorgeworfen werden.

Führt das Kind seine Unterhaltsbedürftigkeit mutwillig herbei, indem es Vermögen für andere Zwecke als die Deckung seines Unterhaltsbedarfs verwendet, kommt die Anrechnung fiktiven Vermögens in Betracht. In der Folge würde das Kind so gestellt, als ob es das Vermögen nicht zweckwidrig eingesetzt hätte; das Vorhandensein des ausgegebenen Vermögens würde fingiert.[88]

Beispiel:

Die Eltern schließen eine Ausbildungsversicherung ab, die zum Zeitpunkt des Abiturs ein Guthaben von 10.000,00 € ausweist. Das volljährig gewordene Kind gibt das Geld jedoch für eine Reise aus. Macht es danach Ausbildungsunterhalt geltend, muss es sich fiktiv so behandeln lassen, als wäre das Geld noch vorhanden. Es erfolgt auch kein Abzug von Schonvermögen, weil der mit der Ansparung verfolgte Zweck die Finanzierung einer Ausbildung war und keine Bildung von Sparvermögen. Anders bei Vermögen, das aus einer

83 Vgl. BeckOK BGB/Reinken, BGB § 1610 Rn. 52.
84 BeckOK BGB/Reinken, BGB § 1610 Rn. 52 mit Verweis auf BGH FamRZ 1998, 367. Das Schonvermögen beträgt derzeit mindestens 3.100,00 €.
85 BeckOK BGB/Reinken, BGB § 1610 Rn. 52 mit Verweis auf OLG Jena NJW-RR 2016, 973.
86 Vgl. BeckOK BGB/Reinken, 53. Ed. 1.2.2020, BGB § 1610 Rn. 52.
87 Ähnlich BeckOK BGB/Reinken, 53. Ed. 1.2.2020, BGB § 1610 Rn. 52.
88 BeckOK BGB/Reinken, 53. Ed. 1.2.2020, BGB § 1610 Rn. 52 mit Nachweisen.

Erbschaft stammt. Hier ist dem Berechtigten ein Schonvermögen auch fiktiv zu belassen.

→ Siehe fiktive Einkünfte, 9.5.

Bei Verschwendung von Vermögen, das für Unterhaltszwecke hätte eingesetzt werden können, kommt außerdem die Verwirkung des Unterhaltsanspruchs nach § 1611 BGB in Betracht wegen verschuldeter Herbeiführung der Bedürftigkeit.[89]

→ Siehe Verwirkung, 7.5.

6. Leistungsfähigkeit

Liegt Unterhaltsbedürftigkeit auf Seiten des Kindes vor, ist im nächsten Schritt die Leistungsfähigkeit des Unterhaltspflichtigen zu prüfen. Gemäß § 1603 Abs. 1 BGB ist nicht leistungsfähig, „wer bei Berücksichtigung seiner sonstigen Verpflichtungen außerstande ist, ohne Gefährdung seines angemessenen Unterhalts den Unterhalt zu gewähren". Unterhalt ist also nur zu leisten, wenn die **eigene Versorgung nicht gefährdet** wird.

Grenzen

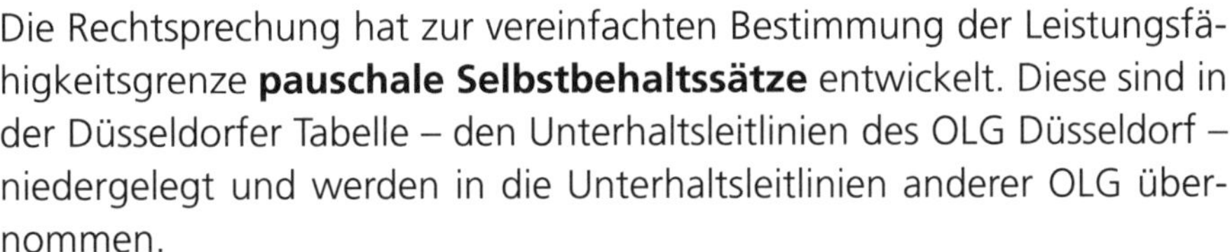

Die Rechtsprechung hat zur vereinfachten Bestimmung der Leistungsfähigkeitsgrenze **pauschale Selbstbehaltssätze** entwickelt. Diese sind in der Düsseldorfer Tabelle – den Unterhaltsleitlinien des OLG Düsseldorf – niedergelegt und werden in die Unterhaltsleitlinien anderer OLG übernommen.

→ Siehe Düsseldorfer Tabelle und Unterhaltsleitlinien, 4.1.1.1.1.

eingeschränkte Leistungsfähigkeit

Reicht das Einkommen des Unterhaltspflichtigen für die Erfüllung des geltend gemachten Unterhalts nicht aus, liegt ein **Mangelfall** vor.[90]

→ Siehe Mangelfall, 6.1.2.

Ermittlung

Für die Feststellung der Leistungsfähigkeit werden das unterhaltsrechtlich relevante Einkommen (in der Regel bereits zuvor im Rahmen der Bedarfsprüfung ermittelt) und die persönliche Leistungsfähigkeitsgrenze (Selbstbehalt) gegenübergestellt.

→ Siehe Ermittlung des unterhaltsrechtlich relevanten Einkommens, 9.

---

89 BeckOK BGB/Reinken, 53. Ed. 1.2.2020, BGB § 1610 Rn. 52.
90 Viefhues in: JurisPK-BGB, 8. Aufl. 2017, § 1603 BGB Rn. 21.

6.1. Selbstbehalt

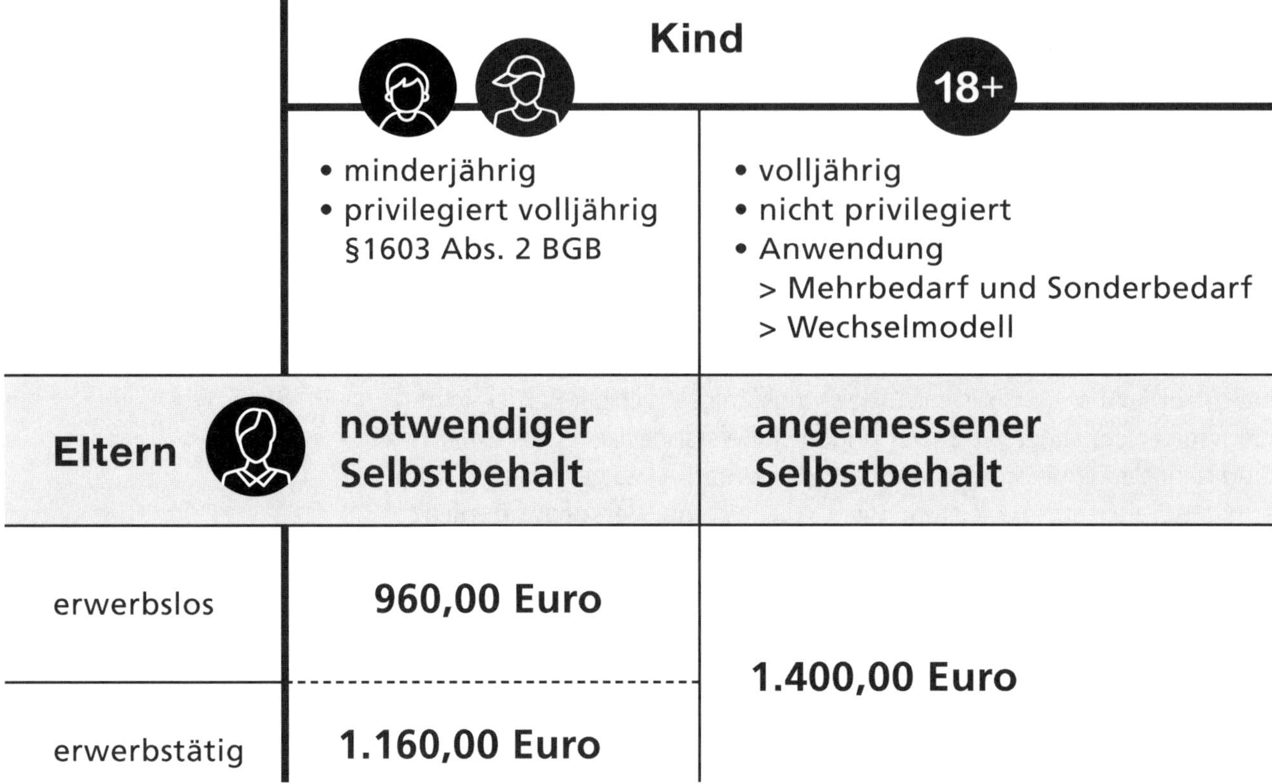

Für die **Feststellung der persönlichen Leistungsfähigkeitsgrenze** kommt es grundsätzlich auf den nach der Düsseldorfer Tabelle maßgeblichen Selbstbehaltssatz an. Die Düsseldorfer Tabelle unterscheidet zum einen im Hinblick auf die beruflichen Verhältnisse des in Anspruch genommenen Elternteils (Erwerbstätigkeit/keine Erwerbstätigkeit). Zum anderen hängt der Selbstbehaltssatz von den persönlichen Verhältnissen des Kindes ab (minderjährig/privilegiert volljährig/volljährig/mit oder ohne eigenen Hausstand). Zu differenzieren ist außerdem, ob es um Elementarunterhalt, Mehrbedarf oder Sonderbedarf geht.

6.1.1. Anpassung

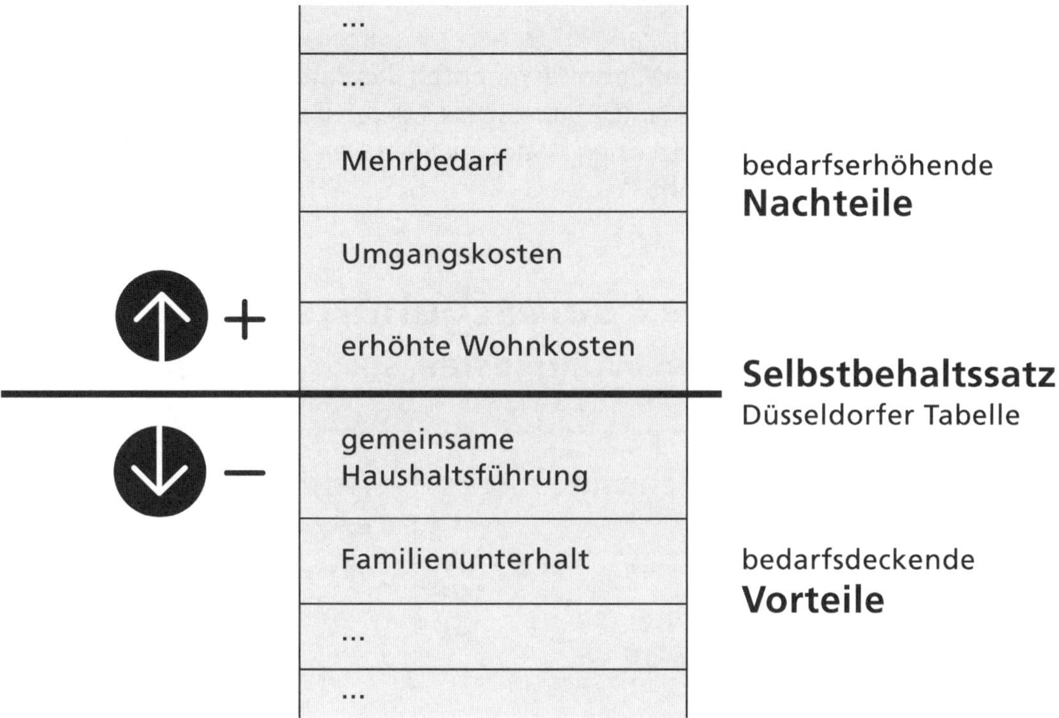

Bedarf

Die **Selbstbehaltssätze** der Düsseldorfer Tabelle sind im Zuge der vorzunehmenden individuellen Betrachtung **differenziert anzuwenden.** Sie stellen eine Richtlinie dar, die auf als üblich angesehenen bzw. pauschalisierten Verhältnissen basiert. Wenn im zu prüfenden Fall die persönlichen und wirtschaftlichen Verhältnisse des Unterhaltspflichtigen von den Vorgaben der Düsseldorfer Tabelle abweichen, sind die Selbstbehaltssätze anzupassen.

→ Beispielrechnung 11

Darlegungs- und Beweislast

Beruft sich der Unterhaltsschuldner auf eine Erhöhung des Selbstbehalts, trägt er dafür die Darlegungs- und Beweislast. Dies gilt auch umgekehrt: Der Unterhaltsberechtigte trägt die Darlegungs- und Beweislast für Umstände, die eine Kürzung des Selbstbehalts rechtfertigen.

Prüfungsschritte

Die Feststellung der persönlichen **Leistungsfähigkeitsgrenze** führt zu folgender Prüfungsreihenfolge[91]

(1) Feststellung des Selbstbehalts gemäß Düsseldorfer Tabelle
(2) Prüfung, ob Umstände vorliegen, die zur Anpassung – Herabsetzung oder Erhöhung – des Selbstbehalts führen

Wohnkosten

Eine Anpassung kann in Betracht kommen, wenn die tatsächlichen Wohnkosten den **Wohnkostenanteil des Selbstbehalts übersteigen**. Der Wohnkostenanteil umfasst die Miete einschließlich umlagefähiger Neben- und Heizkosten (Warmmiete).[92] Der Selbstbehalt wird um die **Differenz erhöht.**[93]

Anpassung des Selbstbehalts
bei erhöhten Wohnkosten

Regel
Warm- bzw. Kaltmiete zzgl. Wohnnebenkosten
- bis zu 430,00 € beim notwendigen Selbstbehalt
- bis zu 550,00 € beim angemessenen Selbstbehalt

Abweichung
erhöhte Wohnkosten
(bei niedrigeren Wohnkosten in der Regel keine Anpassung)

Anpassung
Erhöhung des Selbstbehalts um Differenzbetrag

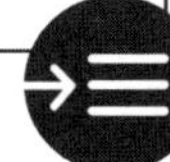

Zusammenleben mit einem Partner

Auch **Ersparnisse** können zur Anpassung des Selbstbehalts führen. So fallen bei **gemeinsamer Haushaltsführung** die Lebenshaltungskosten in der Regel niedriger aus, weshalb es bei Zusammenleben mit einem Partner regelmäßig zu einer **Herabsetzung des Selbstbehalts um bis zu 10 %** kommt.[94] Von Ersparnissen auf Seiten des Pflichtigen ist aber nur auszugehen, wenn der Partner selbst über ein ausreichendes Eigeneinkommen verfügt, also **leistungsfähig** ist.[95]

→ Beispielrechnung 9

91 Vgl. Viefhues in: JurisPK-BGB, 8. Aufl. 2017, § 1603 BGB Rn. 311 ff.
92 Vgl. Guhling, in: Wendl/Dose, Unterhaltsrecht, § 5 Rn. 24.
93 Gutdeutsch, System der Unterhaltsberechnung, Seite 28.
94 Vgl. die Unterhaltsleitlinien des Kammergerichts und anderer Oberlandesgerichte jeweils in den Anm. 21.5; Guhling, in: Wendl/Dose, Unterhaltsrecht, § 5 Rn. 20 mit Verweis auf Rechtsprechung.
95 Vgl. die Unterhaltsleitlinien des Kammergerichts und anderer Oberlandesgerichte jeweils in den Anm. 21.5; Guhling, in: Wendl/Dose, Unterhaltsrecht, § 5 Rn. 20 mit Verweis auf Rechtsprechung.

Anpassung des Selbstbehalts
Zusammenleben mit einem Partner

Regel
alleinige Haushaltsführung des Unterhaltspflichtigen

Abweichung
Ersparnisse aus gemeinsamer Haushaltsführung

Anpassung
Herabsetzung des Selbstbehalts um bis zu 10%

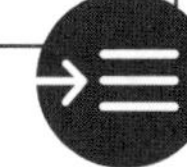

Familienunterhalt

Bei **Zusammenleben mit einem Ehepartner** ist außerdem an die Anpassung des Selbstbehalts infolge seines Anteils am Familienunterhalt zu denken. Dieser wird analog dem Trennungsunterhalt als Ehegattenquote, allerdings ohne Erwerbstätigenbonus, berechnet.[96] Eine Anpassung wegen eines Familienunterhaltsanspruchs kommt insbesondere in Fällen in Betracht, in denen ein minderjähriges Kind Unterhalt von einem früher barunterhaltspflichtigen Elternteil verlangt, der in seiner neuen Ehe die Haushaltsführung übernommen hat.[97] Dies hat zur Folge, dass der Eigenbedarf des Pflichtigen durch den Familienunterhalt (den der Ehepartner ihm leistet) gedeckt wird. Soweit der Pflichtige über Nebeneinkünfte verfügt, können diese vollständig für die Deckung des Unterhaltsanspruchs verwendet werden. Der Familienunterhaltsanspruch wirkt sich also nicht einkommenserhöhend aus, sondern hebt den Selbstbehalt in Höhe des gedeckten Bedarfs auf. Dies kann ggf. auch nur die Wohnkosten betreffen; der Selbstbehalt ist dann um den Wohnkostenanteil zu kürzen.[98]

Anpassung des Selbstbehalts
bei intakter Ehe

Regel
Eigenverantwortung des Unterhaltspflichtigen

Abweichung
Bedarf bzw. ein Teil davon wird durch Familienunterhaltsleistungen gedeckt

Anpassung
Kürzung des Selbstbehalts in Höhe der bedarfsdeckenden Leistungen

96 Guhling, in: Wendl/Dose, Unterhaltsrecht, § 5 Rn. 21 mit Verweis auf Rechtsprechung.
97 Vgl. Guhling, in: Wendl/Dose, Unterhaltsrecht, § 5 Rn. 21.
98 Guhling, in: Wendl/Dose, Unterhaltsrecht, § 5 Rn. 21 und 23, jeweils mit Verweis auf Rechtsprechung.

Beispiel:

Der Pflichtige hat ein Kind aus erster Ehe, von dem er getrennt lebt. Er betreut in einer neuen Ehe ein weiteres Kind. Aus einer geringfügigen Tätigkeit hat er Nettoeinkünfte von circa 300,00 €; sein Ehepartner verfügt allerdings über Nettoeinkünfte von 5.000,00 €. Auch wenn der Selbstbehaltssatz der Düsseldorfer Tabelle unterschritten wird, ist der Pflichtige gegenüber dem ersten Kind leistungsfähig in Höhe seiner (ungekürzten) Nettoeinkünfte. Der Bedarf des Kindes richtet sich nach der ersten Einkommensgruppe; das hohe Einkommen des Ehepartners ist für das Kind aus der ersten Ehe ohne Belang. Der Selbstbehalt des Pflichtigen wird auf Null gesetzt, da sein Ehepartner verpflichtet ist, seinen Bedarf voll zu decken.

Hat der neue Ehepartner niedrigere Einkünfte, ist im Einzelnen zu berechnen, wie hoch der Anteil des Pflichtigen am Familienunterhalt ist. In Betracht kommt auch, dass der Selbstbehalt nur um den Wohnkostenanteil gekürzt wird, wenn der Ehepartner den Pflichtigen zwar nicht voll unterhält, jedoch dessen Wohnbedarf deckt.

Umgangskosten

Hat der Unterhaltspflichtige erhebliche **Umgangskosten** und kann er diese aus den nach Abzug des Selbstbehalts verbleibenden Mitteln nicht decken, ist der Selbstbehalt angemessen zu erhöhen.[99]

→ Beispielrechnung 2

Hinweis:

Denkbar ist auch, Umgangskosten als Abzugsposten bei der Ermittlung des unterhaltsrelevanten Einkommens des Pflichtigen oder als Mehrbedarf des Kindes zu berücksichtigen.

→ Siehe Ermittlung des unterhaltsrechtlich relevanten Einkommens, 9.

→ Siehe Mehrbedarf, 4.2.1.

unterschiedliches Preisniveau

Der Selbstbehalt umfasst die Mittel, die der Pflichtige zur angemessenen Bedarfsdeckung an seinem Aufenthaltsort benötigt. Lebt der Unterhaltspflichtige im **Ausland**, können Lebensstandards- und Kaufkraftunterschiede zur Anpassung des Selbstbehalts führen.[100] Der auf die wirtschaftlichen Verhältnisse im Bundesgebiet zugeschnittene Selbstbehalt ist dahingehend anzupassen, dass dem Unterhaltspflichtigen der im Ausland benötigte Mindestbedarf verbleibt.[101]

Zu beachten ist, dass abweichende wirtschaftliche Verhältnisse bereits zuvor bei der Bedarfsbestimmung relevant werden; sie wirken sich in der Regel auf das unterhaltsrechtlich relevante Einkommen aus.

99 Guhling, in: Wendl/Dose, Unterhaltsrecht, § 5 Rn. 29 mit Verweis auf Rechtsprechung.
100 Weitergehend Guhling, in: Wendl/Dose, Unterhaltsrecht, § 5 Rn. 28 und § 9, Rn. 31 ff. (zur Bedarfsermittlung).
101 Viefhues in: JurisPK-BGB, 8. Aufl. 2017, § 1603 BGB Rn. 356 mit Nachweisen aus der Rechtsprechung.

Beispiele für eine erforderliche bzw. nicht erforderliche Kaufpreisbereinigung:[102]

- Niederlande und Belgien

  keine Veränderung des Selbstbehalts wegen nur geringfügiger Kaufkraftunterschiede[103]

- London

  Reduzierung des Nettoeinkommens um 33,4%[104]

- Türkei

  Herabsetzung des Selbstbehalts um 1/3[105]

6.1.2. Mangelfall

Der Unterhaltspflichtige ist **nicht oder eingeschränkt leistungsfähig**, wenn sein Selbstbehalt nach Abzug aller unterhaltsrechtlich anzuerkennenden Verpflichtungen unterschritten wird.

Im Rahmen einer Mangelfallberechnung

→ Siehe Rangordnung, 6.1.3.5.

ist festzustellen, welche Teile seines Einkommens für Unterhaltszwecke einzusetzen sind und – wenn es mehrere unterhaltsberechtigte Personen gibt – wie das verfügbare Einkommen auf die Unterhaltsansprüche aufzuteilen ist. Dabei sind unter anderem die Rangverhältnisse aus § 1609 BGB zu beachten.

→ Siehe Beispielrechnungen 1, 2, 3, 6, 7, 8, 9, 10, 11 und 12 mit ausführlichen Darstellungen und Hinweisen zum Vorgehen bei eingeschränkter Leistungsfähigkeit

6.1.3. Gesteigerte Unterhaltspflicht

Gemäß § 1603 Abs. 2 Satz 1 BGB unterliegen Eltern einer gesteigerten Unterhaltspflicht im Verhältnis zu ihren minderjährigen Kindern und privilegierten volljährigen Kindern.

Die gesteigerte Unterhaltspflicht wirkt sich in zweifacher Hinsicht aus. Sie wirkt sich zum einen bei der **Einkommensbemessung** aus und führt zum anderen zu **höheren Anforderungen an Art und Umfang der Erwerbstätigkeit**.

102 Aufzählung nach Viefhues in: JurisPK-BGB, 8. Aufl. 2017, § 1603 BGB Rn. 358 ff., jeweils mit Nachweisen aus der Rechtsprechung.
103 Vgl. BGH v. 3.7.2013 – XII ZB 220/12 – FamRZ 2013, 1375 (Niederlande); OLG Hamm v. 21.8.2006 – 6 WF 221/06 – FamRZ 2007, 152 (Belgien).
104 AG Frankfurt v. 4.2.2004 – 55, 35 F 4185/03 – FamRZ 2005, 1924.
105 OLG Hamm v. 24.5.2005 – 2 UF 509/04 – FamRZ 2006, 124.

Die gesteigerte Unterhaltspflicht tritt gemäß § 1603 Abs. 2 Satz 3 BGB in folgenden Fällen **nicht** ein:

- Vorhandensein eines anderen unterhaltspflichtigen Verwandten
- Kind verfügt über bedarfsdeckendes Vermögen

6.1.3.1. Personenkreis

Die gesteigerte Unterhaltspflicht besteht gegenüber minderjährigen und privilegiert volljährigen Kindern. Privilegiert volljährige Kinder sind gemäß § 1603 Abs. 2 Satz 2 BGB volljährige, unverheiratete Kinder bis zur Vollendung des 21. Lebensjahres, die im Haushalt der Eltern oder eines Elternteils leben und sich in der allgemeinen Schulausbildung befinden.

- **unverheiratet** – weder verheiratet noch geschieden
- im **elterlichen Haushalt lebend** – Lebensmittelpunkt im Haushalt der Eltern oder eines Elternteils[106]

  Hinweis:

   *Unterbringung bei anderen Familienangehörigen, wie zum Beispiel den Großeltern, reicht nicht aus.*[107]

- in **allgemeiner Schulausbildung** – **Schulausbildung** mit dem **Ziel eines Abschlusses**[108]

  Hinweis:

   *Auslegungshilfe: Begriff der allgemeinen Schulausbildung aus § 2 Abs. 1 Nr. 1 BAföG und dessen Auslegung durch die Rechtsprechung.*[109]

- Kasuistik[110]
  - Besuch von Hauptschule, Gesamtschule, Realschule, Gymnasium und Fachoberschule
  - Rechtsform und Trägerschaft der Schule unerheblich
  - doppelt qualifizierende Ausbildung ausreichend

106 BeckOK BGB/Reinken, 53. Ed. 1.2.2020, BGB § 1603 Rn. 69.
107 BeckOK BGB/Reinken, 53. Ed. 1.2.2020, BGB § 1603 Rn. 69.
108 BeckOK BGB/Reinken, 53. Ed. 1.2.2020, BGB § 1603 Rn. 70.
109 BeckOK BGB/Reinken, 53. Ed. 1.2.2020, BGB § 1603 Rn. 70.
110 Übernommen aus BeckOK BGB/Reinken, 53. Ed. 1.2.2020, BGB § 1603 Rn. 70 ff. mit Verweisen zur Rechtsprechung.

Beispiel:

Kaufmännische Assistentin mit Fachrichtung Fremdsprachen kombiniert mit Erwerb der Fachhochschulreife.

- nicht ausreichend:
  - Berufsschulen und Berufsfachschulen
  - Berufsfindungslehrgang, Berufsgrundschuljahr
  - berufsvorbereitende Bildungsmaßnahme, wenn diese nur allgemeiner Verbesserung vorhandener Fähigkeiten dient

- **Anforderungen**

- Schulausbildung muss „Zeit und Arbeitskraft des Kindes voll oder überwiegend in Anspruch nehmen"[111]

Hinweis:

Davon ist auszugehen, wenn der Unterricht 20 Wochenstunden umfasst.[112]

- schulseitig kontrollierte und gewährleistete Regelmäßigkeit der Ausbildung[113]

Hinweis:

Verbindliche Teilnahme, die nicht im Belieben des Schülers steht.[114]

- zulässig: Unterbrechungen
  Das Kind muss sich nicht seit Eintritt der Volljährigkeit ununterbrochen in Schulausbildung befinden.[115]

---

111 BeckOK BGB/Reinken, 53. Ed. 1.2.2020, BGB § 1603 Rn. 72.
112 BeckOK BGB/Reinken, 53. Ed. 1.2.2020, BGB § 1603 Rn. 72.
113 BeckOK BGB/Reinken, 53. Ed. 1.2.2020, BGB § 1603 Rn. 72 mit Verweis auf BGH FamRZ 2001, 1068.
114 BeckOK BGB/Reinken, 53. Ed. 1.2.2020, BGB § 1603 Rn. 72 mit Verweis auf BGH FamRZ 2001, 1068.
115 BeckOK BGB/Reinken, 53. Ed. 1.2.2020, BGB § 1603 Rn. 72 mit Verweis auf BGH FamRZ 2001, 1068.

6.1.3.2. Einkommensbemessung

Grundsätzlich wird das für die Leistungsfähigkeit maßgebliche Einkommen **wie das bedarfsbestimmende Einkommen** ermittelt.

→ Siehe Ermittlung des unterhaltsrechtlich relevanten Einkommens, 9.

Einkommensverwertung

Wenn der Unterhaltspflichtige sich jedoch auf **Leistungsunfähigkeit** im Rahmen seiner Inanspruchnahme auf Mindestunterhalt beruft, bleiben infolge von § 1603 Abs. 2 Satz 1 BGB **nicht zwingend erforderliche Aufwendungen unberücksichtigt**.[116] Hierzu zählen in der Regel folgende Aufwendungen:[117]

- **sekundäre Altersvorsorge**
- **Zusatzkrankenversicherung**[118]
- **Schulden**

Hinweis:

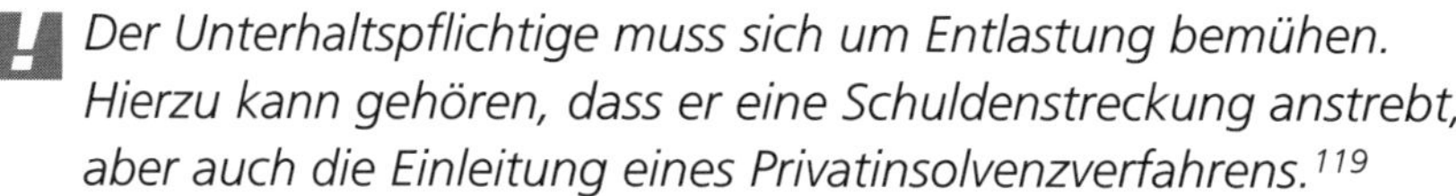

Der Unterhaltspflichtige muss sich um Entlastung bemühen. Hierzu kann gehören, dass er eine Schuldenstreckung anstrebt, aber auch die Einleitung eines Privatinsolvenzverfahrens.[119]

- kein Abzug von Aufwendungen für **Mehrbedarf**, der **für ein anderes Kind** gezahlt wird (zum Beispiel dessen Kindergartenkosten[120]).
- **Kreditverbindlichkeiten** bei der Finanzierung von Wohneigentum

  → Siehe Wohnvorteil, 9.2.3.

  Solange der Mindestunterhalt sichergestellt wird, können in Anlehnung an die Rechtsprechung des BGH zum Elternunterhalt[121] bei der Ermittlung des Wohnvorteils Zins- und Tilgungsleistungen bis zur Höhe des Wohnwertes abgezogen werden. In Bezug auf den Kindesunterhalt gilt dies nach wohl vordringender Auffassung nicht, wenn dadurch der Mindestunterhalt gefährdet wird.[122]

6.1.3.3. Gesteigerte Erwerbsobliegenheit

Im Falle einer gesteigerten Erwerbsobliegenheit muss der barunterhaltspflichtige Elternteil **alle ihm zumutbaren Erwerbsmöglichkeiten ergreifen**. Ansonsten werden ihm erzielbare Einkünfte **fiktiv angerechnet**.

→ Siehe Fiktive Einkünfte, 9.5.

116 BeckOK BGB/Reinken, 49. Ed. 1.2.2019, BGB § 1603 Rn. 75.
117 Aufzählung in Anlehnung an die Ausführungen in BeckOK BGB/Reinken, 49. Ed. 1.2.2019, BGB § 1603 Rn. 75.
118 BGH FamRZ 2013, 616.
119 BeckOK BGB/Reinken, 53. Ed. 1.2.2020, BGB § 1603 Rn. 75.
120 OLG Stuttgart FamRZ 2012, 1573.
121 BGH, Beschluss vom 18.1.2017, FamRZ 2017, 519.
122 Borth, Wohnvorteil, FamRZ 2019, 160, 162.

Die gesteigerte Erwerbspflicht kann zu folgenden **Erfordernissen** führen:[123]

- Orts- oder Berufswechsel
- Aufnahme von Gelegenheits- und Aushilfsarbeiten
- Tätigkeiten in einem nicht erlernten Beruf
- Arbeitszeit von jedenfalls 40 Stunden/Woche
- Aufnahme einer Nebentätigkeit

Hinweis:

Nicht bei gerechtfertigter Verweigerung einer Nebentätigkeitsgenehmigung seitens des Arbeitgebers.

Auch bei Inanspruchnahme einer Erwerbsminderungsrente kann eine Verpflichtung zur Erwerbstätigkeit bestehen.

→ Siehe zur Erwerbminderungsrente und den Zuverdienstgrenzen Beispielrechnung 10

Die höheren Anforderungen müssen dem Unterhaltspflichtigen jedoch im konkreten Fall **zumutbar** sein. Ferner muss die Perspektive bestehen, dass die von ihm geforderte Ausweitung der Berufstätigkeit auch **zur angestrebten Zahlbarkeit des Unterhalts führt**. Würde er bei der geforderten Erwerbstätigkeit immer noch leistungsunfähig sein, bleibt es dabei.

Beispiel:

Der Pflichtige ist erwerbslos und bezieht ALG I in Höhe von 1.150,00 €. Sein Einkommen liegt über dem Selbstbehalt von derzeit 960,00 €.[124] Die Leistungsfähigkeit beträgt 190,00 €. Er lehnt ein Arbeitsangebot ab, bei dem er bereinigt 1.300,00 € würde. Die Annahme des Angebotes würde seine Leistungsfähigkeit auf 140,00 € reduzieren, weil der Selbstbehalt eines Erwerbstätigen derzeit 1.160,00 €[125] beträgt. Ihm ist die Ablehnung dieses Arbeitsangebotes daher nicht vorzuwerfen. Umgekehrt ist ihm aber auch nicht vorzuwerfen, wenn er das Angebot annimmt.

Auch die **Belange des Kindes** sind von Bedeutung. Würde ein Nebenjob den Umgang gefährden, gefährdet dieser das Kindeswohl. Dann kann es geboten sein, von einer Verpflichtung des Pflichtigen zur Ausweitung seiner Berufstätigkeit abzusehen.

Beispiel:

Durch die Aufnahme einer Nebentätigkeit als Zeitungszusteller am Wochenende könnte der Vater nicht mehr wie bisher jedes zweite Wochenende Umgang mit dem dreijährigen Kind ausüben. Eine

123 Siehe BeckOK BGB/Reinken, 53. Ed. 1.2.2020, BGB § 1603 Rn. 76 mit Nachweisen.
124 Düsseldorfer Tabelle 2020.
125 Düsseldorfer Tabelle 2020.

derartige Verpflichtung würde berechtigten Interessen sowohl des Vaters als auch des Kindes widersprechen.

6.1.3.4. Wegfall

6.1.3.4.1. Andere unterhaltspflichtige Verwandte

Die gesteigerte Unterhaltspflicht (nicht die Barunterhaltspflicht als solche) entfällt gemäß § 1603 Abs. 2 Satz 3 BGB, wenn ein „anderer unterhaltspflichtiger Verwandter vorhanden ist". Als anderer Verwandter im Sinne dieser Vorschrift kommt vor allem der betreuende Elternteil in Betracht. Allerdings erfüllt dieser seine Unterhaltsverpflichtung bereits durch die Betreuung gemäß § 1606 Abs. 3 Satz 2 BGB. Daher darf er auch nur ausnahmsweise zusätzlich zur Deckung des Barunterhaltsbedarfs herangezogen werden.

Der **betreuende Elternteil** ist – anteilig oder vollständig – **für den Barunterhalt heranzuziehen**, wenn er
(1) **leistungsfähig** ist, d.h. den Barunterhalt ohne Gefährdung seines eigenen angemessenen Selbstbehalts aufbringen kann, und
(2) **ohne seine Beteiligung** ein **erhebliches finanzielles Ungleichgewicht** zwischen den Eltern entsteht.[126]

Davon ist auszugehen, wenn der betreuende Elternteil **über das Dreifache** der unterhaltsrelevanten Nettoeinkünfte des an sich allein barunterhaltspflichtigen Elternteils verfügt.[127] Die unterhaltsrelevanten Einkünfte der Eltern werden also verglichen. Bei der Beurteilung sind neben den Einkommens- und Vermögensverhältnissen des betreuenden Elternteils auch dessen konkrete Betreuungsleistungen zu berücksichtigen.[128]

→ Siehe Beispielrechnung 2

Beim Vergleich der beiderseitigen Einkünfte gelten folgende Grundsätze:

- Auf Seiten des **primär barunterhaltspflichtigen Elternteils** sind nicht nur dessen **tatsächlichen Einkünfte** einzustellen, sondern auch **erzielbare, fiktive Einkünfte**.[129]
- Auf Seiten des **betreuenden Elternteils** ist zunächst vom tatsächlichen **anrechenbaren Einkommen** auszugehen und sodann zu prüfen, ob sich die **Kinderbetreuung einkommensmindernd** auswirkt. Hier kommen folgende Möglichkeiten in Betracht:
  - **Abzug von** konkret nachgewiesenen, beruflich bedingten und notwendigen **Betreuungskosten**[130]

126 BeckOK BGB/Reinken, 53. Ed. 1.2.2020, BGB § 1603 Rn. 87 mit Verweis auf BGH FamRZ 2011, 1044.
127 BGH FamRZ 2013, 1558.
128 BGH FamRZ 2017, 109.
129 OLG Brandenburg FamRZ 2017, 803; OLG Köln FamRZ 2004, 829.
130 BGH FamRZ 1982, 779.

- **Abzug von Betreuungsleistungen** des Ehepartners oder Lebensgefährten in Höhe eines zu schätzenden Betrags (§ 287 ZPO)[131]
- Einkommen aus **überobligatorischer Erwerbstätigkeit** bleibt ggf. unberücksichtigt.[132]

  Ausgangspunkt bei der Ermittlung des Abzugsbetrags ist die Differenz des tatsächlichen Einkommens im Vergleich zum Einkommen ohne Ausübung der überobligatorischen Tätigkeit.[133]

Im Ergebnis bleibt der primär barunterhaltspflichtige Elternteil daher (weiterhin) barunterhaltspflichtig. Die Anwendung des § 1603 Abs. 2 Satz 3 BGB bewirkt lediglich, dass er nicht gesteigert unterhaltspflichtig ist. Er bleibt unter Wahrung seines Selbstbehalts zahlungspflichtig. Die Unterhaltsbemessung bleibt dem Einzelfall vorbehalten.[134]

→ Siehe Beispielrechnung 2

6.1.3.4.2. Vermögen des Kindes

Die gesteigerte Unterhaltspflicht entfällt, wenn das Kind über Vermögen verfügt und durch dessen Verwertung seinen Unterhaltsbedarf decken kann. Dadurch wird der Grundsatz aus § 1602 Abs. 2 BGB aufgehoben, wonach ein Kind zur Deckung seines Bedarfs den Stamm vorhandenen Vermögens grundsätzlich nicht einsetzen muss. Das Kind muss im Fall der gesteigerten Unterhaltspflicht das eigene Vermögen aber nicht einsetzen, wenn der Einsatz unwirtschaftlich oder unzumutbar wäre.[135]

6.1.3.5. Rangordnung

Bei **eingeschränkter Leistungsfähigkeit** reicht das über dem Selbstbehalt liegende Einkommen nicht zur Erfüllung aller Unterhaltsansprüche aus. § 1609 BGB regelt die Verteilung des verfügbaren Einkommens und bestimmt, welche Unterhaltsansprüche vor- und nachrangig zu erfüllen sind (Mangelfall).

→ Siehe Beispielrechnungen 1, 7, 8 und 13

Rangfolge

Sind mehrere Unterhaltsberechtigte vorhanden und ist der Unterhaltspflichtige außerstande, allen Unterhalt zu gewähren, gilt infolge von § 1609 BGB folgende Rangfolge:

(1) minderjährige Kinder und Kinder im Sinne des § 1603 Abs. 2 Satz 2 BGB

(2) Elternteile, die wegen der Betreuung eines Kindes unterhaltsberechtigt sind oder im Fall einer Scheidung wären, sowie Ehegatten und

131 BGH FamRZ 1986, 790.
132 Siehe zum Streitstand und Umgang mit diesem Thema BeckOK BGB/Reinken, 53. Ed. 1.2.2020, BGB § 1603 Rn. 89 mit Rechtsprechungsnachweisen.
133 Vgl. BeckOK BGB/Reinken, 53. Ed. 1.2.2020, BGB § 1603 Rn. 89.
134 Klinkhammer, in: Wendl/Dose, Unterhaltsrecht, § 2 Rn. 40 mit Beispielen.
135 BeckOK BGB/Reinken, 53. Ed. 1.2.2020, BGB § 1603 Rn. 93 mit Verweis auf MüKo BGB/Born, Rn. 118, wonach eine umfassende Zumutbarkeitsprüfung für erforderlich gehalten wird.

geschiedene Ehegatten bei einer Ehe von langer Dauer; bei der Feststellung einer Ehe von langer Dauer sind auch Nachteile im Sinne des § 1578b Abs. 1 Satz 2 und 3 BGB zu berücksichtigen

(3) Ehegatten und geschiedene Ehegatten, die nicht unter Nummer 2 fallen

(4) Kinder, die nicht unter Nummer 1 fallen

(5) Enkelkinder und weitere Abkömmlinge

(6) Eltern

(7) weitere Verwandte der aufsteigenden Linie; unter ihnen gehen die näheren den entfernteren Verwandten vor.

Diese Reihenfolge ist **nur beim Mangelfall** einzuhalten. Kann der Unterhaltspflichtige alle Unterhaltsansprüche erfüllen, spielt sie keine Rolle.

→ Siehe Beispielrechnungen 1, 7 und 13

Für die **minderjährigen** und die **privilegierten volljährigen Kinder** im Sinne des § 1603 Abs. 2 Satz 2 BGB gilt somit der erste Rang. Ihre Unterhaltsansprüche haben damit Vorrang vor allen anderen Unterhaltsansprüchen. Nach den Ehepartnern und betreuenden Elternteilen aus dem zweiten und dritten Rang kommen im **vierten Rang** die **volljährigen, nicht privilegierten Kinder**.

Hinweis:

Zu den im vierten Rang stehenden Kindern gehören die volljährigen Kinder, die Ausbildungsunterhalt erhalten oder unterhaltsbedürftig sind wegen Krankheit oder Behinderung.

Auch die 18-jährige Schülerin, die bei den Großeltern lebt und das Abitur anstrebt, steht im vierten Rang. Lebt sie bei ihren Eltern, steht sie als privilegiertes volljähriges Kind im ersten Rang.

7. Schranken

7.1. Verjährung

Verjährte Unterhaltsansprüche sind **nicht durchsetzbar**. Bei Verjährung hat der Pflichtige ein **Leistungsverweigerungsrecht** und kann die **Einrede** aus § 214 BGB geltend machen. Die Verjährung von Ansprüchen wird also nicht von Amts wegen berücksichtigt, sondern muss vom Schuldner geltend gemacht werden. Beruft er sich nicht auf Verjährung, ist der Anspruch durchsetzbar („Über Einreden muss man reden"). Die Verjährung tritt nach **Ablauf einer bestimmten Frist** ein, sofern sie **nicht gehemmt** oder **unterbrochen** wurde.

Verjährungsfrist

Unterhaltsansprüche unterliegen der **allgemeinen Verjährung**.

Die regelmäßige Verjährungsfrist beträgt gemäß § 195 BGB drei Jahre und beginnt mit Ablauf des Jahres, in dem der Anspruch entstanden ist,

§ 199 Abs. 1 Ziff. 1 BGB. Bei titulierten (also vollstreckbaren) Ansprüchen beträgt die Verjährungsfrist gemäß § 197 Abs. 1 Ziff. 3 bzw. 4 BGB dreißig Jahre. Bei künftig fällig werdenden, regelmäßig wiederkehrenden Leistungen – wie es bei titulierten laufenden Unterhaltsansprüchen in der Regel der Fall ist – beträgt die Verjährungsfrist gemäß § 197 Abs. 2 BGB i. V. m. § 195 BGB aber nur drei Jahre.

Bei der Prüfung, ob Ansprüche verjährt sind, ist zu unterscheiden: Sind die betroffenen Ansprüche

- tituliert oder nicht?
- durch ein minderjähriges (in Vertretung oder in Prozessstandschaft) oder volljähriges Kind geltend gemacht worden?
- als übergegangene Ansprüche eines Amtes (Unterhaltsvorschuss oder Leistungen nach SGB II z.B.) geltend gemacht worden?

7.1.1. Nicht titulierte Ansprüche

Nicht titulierte Unterhaltsansprüche verjähren nach drei Jahren, §§ 197 Abs. 2, 195 BGB. Dabei beginnt die Verjährungsfrist gemäß § 199 Abs. 1 BGB mit Ende des Jahres, in dem der Anspruch entstanden ist.

Beispiel:

Das volljährige Kind fordert seine Mutter am 21.2.2017 zur Auskunftserteilung auf und setzt sie mit der Zahlung von Unterhalt in Verzug. Danach meldet es sich nicht mehr bei der Mutter. Ansprüche auf rückständigen Unterhalt aus dem Jahr 2017 verjähren mit Ablauf des 31.12.2020 und sind somit am 1.1.2021 verjährt. Unabhängig davon kann man über Verwirkung der Ansprüche diskutieren wegen der fehlenden Geltendmachung bezifferter Unterhaltsansprüche über Jahre hinweg.

7.1.2. Titulierte Ansprüche

Ist der Kindesunterhaltsanspruch tituliert – durch Unterhaltsbeschluss, vollstreckbaren Vergleich oder vollstreckbare Unterhaltsverpflichtungserklärung – ist hinsichtlich der aufgelaufenen **Rückstände** zu differenzieren:

- Bei Rechtskraft des Titels aufgelaufene Unterhaltsrückstände verjähren in dreißig Jahren, § 197 Abs. 1 BGB.
- Zwischen Rechtskraft des Titels und Vollstreckung aufgelaufene Unterhaltsrückstände fallen unter § 197 Abs. 2 BGB. Sie unterliegen der regelmäßigen Verjährungsfrist und verjähren nach drei Jahren.

In beiden Fällen beginnt die Verjährungsfrist gemäß § 201 BGB ab Rechtskraft der Entscheidung bzw. Errichtung des vollstreckbaren Titels; die Verjährung der titulierten **künftig fällig werdenden Ansprüche** ab deren Entstehung.

7.2. Hemmung und Neubeginn der Verjährung

Die Verjährung wird gehemmt bzw. beginnt neu zu laufen, wenn einer der Tatbestände der §§ 203 ff. BGB vorliegt.

7.2.1. Hemmung

Verlängerung der Verjährungsfrist

Der Zeitraum, während dessen die Verjährung gehemmt ist, wird gemäß § 209 BGB in die Verjährungsfrist **nicht eingerechnet**. Bei Hemmung beginnt die Verjährungsfrist also nicht bzw. läuft nicht weiter. Im Ergebnis wird der Zeitraum der Hemmung (Tag des Entstehens des Hemmungsgrundes bis zum Tag seines Wegfalls) der Verjährungsfrist hinzugerechnet.[136] Oder anders ausgedrückt: Die Verjährungsfrist wird um die Dauer der Hemmung verlängert.

Es gibt mehrere Hemmungsgründe, von denen folgende im Kindesunterhaltsrecht besondere praktische Relevanz haben:

- § 207 Abs. 1 Satz 2 Ziff. 2 BGB: Hemmung von Ansprüchen zwischen Kind und seinen Eltern bis zur **Vollendung des 21. Lebensjahres** des Kindes

  Ansprüche des Kindes auf Unterhalt gegen die Eltern fallen unter diese Vorschrift. Im Ergebnis beginnt deren Verjährung erst ab Vollendung des 21. Lebensjahres des Kindes. Der Tag des Fristablaufs ist konkret zu ermitteln (nicht Ende des Jahres des Fristablaufs).

  Hinweis:

  ! *Ist der Unterhaltsanspruch eines minderjährigen Kindes **auf einen Leistungsträger übergegangen**, weil das Kind Leistungen zum Lebensunterhalt erhalten hat (Unterhaltsvorschuss, Grundsicherung, Leistungen nach SGB II), ist der jeweilige Leistungsträger Anspruchsinhaber, sodass die **Vorschriften über die Hemmung** der Verjährung für ein minderjähriges Kind aus § 207 Abs. 1 Satz 2 Nr. 2 BGB **nicht gelten**. Infolgedessen unterliegen die übergegangenen Ansprüche der allgemeinen Verjährung nach § 195 BGB.*

  → Siehe Forderungssübergang, 12.2.

- § 207 Abs. 1 Satz 3 BGB: Hemmung von Ansprüchen des Kindes gegen den Beistand während der Dauer der **Beistandschaft**
- § 204 Abs. 1 BGB: Hemmung durch Rechtsverfolgung insbesondere bei
  - Ziff. 1: **Klageerhebung**
  - Ziff. 2: Zustellung des Antrags im **vereinfachten Verfahren** über den Unterhalt Minderjähriger
  - Ziff. 3: Zustellung eines **Mahnbescheids** im Mahnverfahren

136 HK-BGB/Heinrich Dörner, BGB § 209 Rn. 1.

- Ziff. 9: Zustellung einer **einstweiligen Anordnung** oder – bei fehlender Zustellung – dessen Einreichung bei Zustellung an den Schuldner innerhalb eines Monats ab Verkündung oder Zustellung an den Gläubiger
- Ziff. 14: Veranlassung der Bekanntgabe des erstmaligen Antrags auf Gewährung von **Verfahrenskostenhilfe**; wird die Bekanntgabe demnächst nach der Einreichung des Antrags veranlasst, so tritt die Hemmung der Verjährung bereits mit der Einreichung ein.

In den vorstehenden Fällen endet die Hemmung gemäß § 204 Abs. 2 BGB sechs Monate nach der rechtskräftigen Entscheidung oder anderweitigen Beendigung des eingeleiteten Verfahrens.

Wenn das Verfahren in Stillstand gerät, weil die Beteiligten es nicht betreiben, so tritt an die Stelle der Beendigung des Verfahrens deren letzte Verfahrenshandlung oder die des Gerichts. Die Hemmung beginnt erneut, wenn ein Beteiligter das Verfahren weiter betreibt.

- § 203 BGB: Hemmung für die Dauer von **Verhandlungen**; die Verjährung tritt frühestens drei Monate nach Hemmungsende ein.

Der Begriff „Verhandlungen" erfasst jeden Meinungsaustausch über das Bestehen oder Nichtbestehen eines Anspruchs.[137] Keine Verhandlungen werden hingegen aufgenommen, wenn sofort und eindeutig Erfüllung abgelehnt wird.[138] Aufgenommene Verhandlungen „schweben" solange, wie der Gläubiger davon ausgehen kann, dass der Schuldner die Leistung nicht endgültig verweigert.[139]

Tritt eine Hemmung durch die Aufnahme von Verhandlungen ein, wirkt diese Hemmung auf den Zeitpunkt der Geltendmachung des Anspruchs durch den Gläubiger zurück.[140] Im Falle der Geltendmachung von Kindesunterhalt ist dies der Zeitpunkt, in dem die Zahlungsaufforderung oder die Aufforderung zur unterhaltsrechtlichen Auskunftserteilung dem Unterhaltspflichtigen zugeht.

Die Hemmung endet, sobald eine Seite die Fortsetzung der Verhandlungen verweigert bzw. unmissverständlich klar macht, dass die Verhandlungen abgebrochen werden.[141] Bei Verhandlungen über Kindesunterhalt ist dies der Zeitpunkt, zu dem der Unterhaltspflichtige klar macht, dass er den Kindesunterhalt nicht zahlen wird bzw. eine Auskunftserteilung ablehnt.

---

137 HK-BGB/Heinrich Dörner, BGB § 203 Rn. 1 ff.
138 HK-BGB/Heinrich Dörner, BGB § 203 Rn. 1 ff.
139 HK-BGB/Heinrich Dörner BGB § 203 Rn. 1 ff.
140 HK-BGB/Heinrich Dörner BGB § 203 Rn. 1 ff.
141 HK-BGB/Heinrich Dörner BGB § 203 Rn. 1 ff.

7.2.2. Neubeginn

neuer Fristenlauf

Die **Verjährungsfrist** beginnt gemäß § 212 Abs. 1 BGB **neu zu laufen,** wenn

- Ziff. 1: der Schuldner den Anspruch durch Abschlagszahlung, Zinszahlung, Sicherheitsleistung oder in anderer Weise **anerkennt.**

Hinweis:

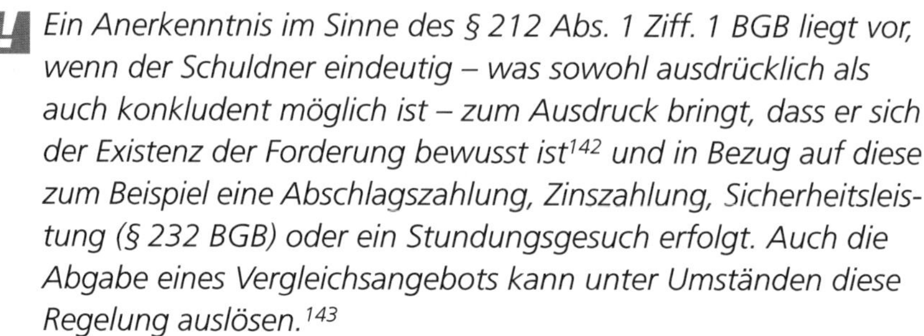

Ein Anerkenntnis im Sinne des § 212 Abs. 1 Ziff. 1 BGB liegt vor, wenn der Schuldner eindeutig – was sowohl ausdrücklich als auch konkludent möglich ist – zum Ausdruck bringt, dass er sich der Existenz der Forderung bewusst ist[142] und in Bezug auf diese zum Beispiel eine Abschlagszahlung, Zinszahlung, Sicherheitsleistung (§ 232 BGB) oder ein Stundungsgesuch erfolgt. Auch die Abgabe eines Vergleichsangebots kann unter Umständen diese Regelung auslösen.[143]

- Ziff. 2: eine **Vollstreckungshandlung** vorgenommen oder beantragt wird.

Zu beachten sind die in § 212 Abs. 2 und 3 BGB geregelten Umstände, bei deren Vorliegen der **Neubeginn rückwirkend wegfällt**, etwa bei Aufhebung oder Rücknahme der Vollstreckungsmaßnahmen.

Der Neubeginn der Frist bewirkt, dass die bis dahin verstrichene Zeit bei der Berechnung außer Betracht gelassen wird.[144]

Im Fall des § 212 Abs. 1 Ziff. 1 beginnt der Fristenlauf von neuem **am Tag nach dem Anerkenntnis bzw. der Vollstreckungshandlung** (vgl. § 187 Abs. 1 BGB). Zu beachten ist, dass diese neue **Frist nach Ablauf der Verjährungsfrist** endet – und nicht erst am Ende des jeweiligen Jahres wie bei § 199 Abs. 1 BGB.[145] Der Tag des Fristablaufs ist hier also konkret festzustellen.

Setzt der Neubeginn während des Bestehens eines Hemmungsgrundes ein – etwa bei Minderjährigkeit des Kindes (Hemmung nach § 207 Abs. 1 Ziff. 7 BGB) –, beginnt der neue Fristenlauf erst ab Ende der Hemmung.[146]

7.3. Verwirkung

7.3.1. Treu und Glauben

Nach § 242 BGB ist der Schuldner verpflichtet, die Leistung so zu bewirken, wie Treu und Glauben mit Rücksicht auf die Verkehrssitte es erfordern. Es handelt sich um einen Auffangtatbestand, der unter anderem

142 HK-BGB/Heinrich Dörner, BGB § 212 Rn. 2.
143 HK-BGB/Heinrich Dörner, BGB § 212 Rn. 2.
144 HK-BGB/Heinrich Dörner, BGB § 212 Rn. 1 bis 4.
145 HK-BGB/Heinrich Dörner, BGB § 212 Rn. 1 bis 4.
146 HK-BGB/Heinrich Dörner, BGB § 212 Rn. 1 bis 4 (nicht zum Beispiel).

zur Verwirkung von Unterhaltsansprüchen in bestimmten Fällen führen kann.

Ansprüche auf rückständigen Unterhalt verwirken gemäß § 242 BGB, wenn der Unterhaltspflichtige sich wegen der Untätigkeit des Berechtigten über einen längeren Zeitraum hinweg darauf **einrichten darf und auch eingerichtet hat**, dass dieser den Unterhalt nicht mehr geltend machen würde. Wenn diese Voraussetzungen – also sowohl ein **Umstands- als auch ein Zeitmoment** – erfüllt sind, verstößt die Geltendmachung gegen Treu und Glauben. Sie wird im Ergebnis als verspätet gewertet.

Hinweis:

Wenn der Beistand des Kindes dessen titulierte Unterhaltsansprüche wegen Leistungsunfähigkeit nicht vollstreckt, aber stets zu erkennen gibt, dass das Kind an seinen Ansprüchen festhält, verwirken die Ansprüche nicht.[147]

Der BGH hat im Hinblick auf die Verwirkung eines nicht geltend gemachten Unterhaltsanspruchs ausgeführt, dass „ein nicht geltend gemachter Unterhaltsanspruch grundsätzlich schon vor Eintritt der Verjährung und auch während der Hemmung nach § 207 Abs. 1 Satz 2 Nr. 2 BGB verwirkt sein" und „das bloße Unterlassen der Geltendmachung des Unterhalts oder der Fortsetzung einer begonnenen Geltendmachung (...) das Umstandsmoment der Verwirkung nicht begründen" kann.[148]

Die Verwirkung kann **bereits vor Verjährung** eintreten. Sie kann titulierte und nicht titulierte Unterhaltsrückstände gleichermaßen betreffen.

7.3.2. Vorwerfbare Bedürftigkeit und Fehlverhalten

Bei erheblichem Fehlverhalten und vorwerfbar herbeigeführter Bedürftigkeit kann das Kind seinen Unterhaltsanspruch verwirken, § 1611 Abs. 1 BGB. Die Folgen können von einer Beschränkung des Unterhaltsanspruchs zum Beispiel in Form einer Kürzung bis zu einer Aufhebung der Verpflichtung reichen. Es handelt sich um eine **eng auszulegende Ausnahmevorschrift**.[149]

Verwirkung infolge persönlichen Fehlverhaltens kommt **nur bei Unterhaltsansprüchen von volljährigen Kindern** in Betracht; gemäß § 1611 Abs. 2 BGB findet die Vorschrift auf die Ansprüche minderjähriger Kinder keine Anwendung.

147 OLG Frankfurt/Main, Beschluss vom 4.3.2019 – 4 WF 170/18, FamRZ 2019, 1423 ff.
148 BGH, Beschluss vom 31.1.2018 – XII ZB 133/17 (Leitsätze).
149 BeckOK BGB/Reinken, 53. Ed. 1.2.2020, BGB, § 1611 Rn. 1.

7.3.2.1. Vorwerfbare Bedürftigkeit

Verwirkung kommt in Betracht, wenn das volljährige Kind seine Unterhaltsbedürftigkeit durch mindestens grobes Verschulden selbst verursacht hat.[150] Nachlässigkeit oder einmaliges Versagen reichen nicht aus.[151] Spiel-, Trunk- und Drogensucht gehören zu den Gründen, die eine Verwirkung von Unterhaltsansprüchen auslösen können.[152]

Schwangerschaft und Kinderbetreuung, die zu Erwerbsunfähigkeit und in der Folge zur Unterhaltsbedürftigkeit führen, sind dem Kind nicht vorwerfbar. Der Unterhaltsanspruch verwirkt daher nicht.[153] Allerdings kann Unterhalt für diesen Zeitraum aus anderen Gründen nicht verlangt werden.

→ Siehe Bedürftigkeit, 5.

7.3.2.2. Fehlverhalten

Der Unterhaltsanspruch verwirkt, wenn das volljährige Kind vorsätzlich und schuldhaft gegen Pflichten oder gegen Rechte des Unterhaltspflichtigen oder seiner nahen Angehörigen verstößt.[154] Die Pflichten und Rechte müssen von Gewicht sein und der Verstoß dementsprechend schwerwiegend. Es muss eine **tiefgreifende Beeinträchtigung** schutzwürdiger wirtschaftlicher Interessen oder persönlicher Belange des Unterhaltspflichtigen vorliegen.[155]

Verwirkung

Beispiele hierfür sind:[156]

- tätliche Angriffe
- ständige grobe Beleidigungen und Bedrohungen, vorsätzliche Kränkungen[157]
- falsche Anschuldigungen und Schädigungen des Unterhaltspflichtigen in seiner beruflichen und wirtschaftlichen Stellung[158]
- Verleumdung und Herbeiführen eines unberechtigten Ermittlungsverfahrens[159]
- Verschweigen von anrechenbaren Einkünften im Unterhaltsverfahren: versuchter Prozessbetrug[160]

---

150 Vgl. BeckOK BGB/Reinken, 53. Ed. 1.2.2020, BGB § 1611 Rn. 2 mit Hinweisen zur Rechtsprechung.
151 BeckOK BGB/Reinken, 53. Ed. 1.2.2020, BGB § 1611 Rn. 2.
152 Aufzählung siehe BeckOK BGB/Reinken, 53. Ed. 1.2.2020, BGB § 1611 Rn. 2 mit Verweis auf Rechtsprechung.
153 BeckOK BGB/Reinken, 53. Ed. 1.2.2020, BGB § 1611 Rn. 2 mit Verweis auf BGH FamRZ 1985, 273.
154 BeckOK BGB/Reinken, 53. Ed. 1.2.2020, BGB § 1611 Rn. 4 mit Verweis auf BGH FamRZ 2010, 1888.
155 BeckOK BGB/Reinken, 53. Ed. 1.2.2020, BGB § 1611 Rn. 4.
156 BeckOK BGB/Reinken, 53. Ed. 1.2.2020, BGB § 1611 Rn. 4, jeweils mit Verweis auf die angegebene Rechtsprechung.
157 OLG Celle FamRZ 1993, 1235 f.; OLG Hamm FamRZ 1993, 468.
158 OLG Celle FamRZ 1993, 1235, 1236; OLG Hamm FamRZ 2006, 1479.
159 OLG Hamm NJW-RR 2006, 509.
160 AG Berlin-Tempelhof FamRZ 2000, 1044.

- unterlassene Benachrichtigung über Schulabbruch und infolgedessen Empfang weiterer, unberechtigter Unterhaltszahlungen[161]
- Verletzung von Auskunftspflichten[162]

Das Fehlverhalten muss dem Kind allerdings auch **vorwerfbar** sein. Dies ist nicht der Fall, wenn es auf einer Erkrankung beruht.

Keine Verwirkungsgründe sind:[163]

keine Verwirkung

- Ablehnung von Kontakt und Verzicht auf Anrede und Höflichkeitsfloskeln in Briefen
- ablehnendes und unangemessenes Verhalten

Ebenso wenig führt die Verletzung der Ausbildungs- oder Erwerbsobliegenheit zur Verwirkung. Stattdessen kommt der Wegfall der Bedürftigkeit oder auch eine Anrechnung fiktiver Einkünfte in Betracht.

→ Siehe Fiktive Einkünfte, 9.5.

8. Beendigung und Wiederaufleben eines Unterhaltsanspruchs

Wegfall

Der Unterhaltsanspruch entfällt, wenn seine Voraussetzungen – Unterhaltsrechtsverhältnis, Bedarf, Bedürftigkeit, Leistungsfähigkeit – nicht (mehr) gegeben sind.

Es gibt **keine zeitliche Beschränkung**. Der Unterhaltsanspruch endet insbesondere nicht automatisch mit Ende der Ausbildung oder mit Vollendung des 18. Lebensjahres. Er endet, sobald seine Voraussetzungen nicht mehr vorliegen, etwa weil das Kind nicht mehr bedürftig ist – sich selbst versorgen kann beziehungsweise hierzu in der Lage ist. Macht das Kind keinen Ausbildungsunterhalt geltend, endet die Unterhaltsverpflichtung grundsätzlich mit Vollendung seines 18. Lebensjahres bzw. mit Vollendung der allgemeinen Schulbildung (privilegierte volljährige Kinder).

Wiederaufleben

Ein bereits beendetes Unterhaltsrechtsverhältnis kann **von neuem entstehen**. Das kann der Fall sein, wenn ein volljähriges, ausgebildetes und damit zunächst selbstständig gewordenes Kind erkrankt und infolgedessen erneut auf die Versorgung durch seine Eltern angewiesen ist. Das Gleiche gilt bei Unterbrechung des Unterhaltsanspruchs infolge von Schwangerschaft und Kinderbetreuung und einer danach aufgenommenen Ausbildung.

→ Siehe Bedürftigkeit, 5.

Erlöschen

Der Unterhaltsanspruch erlischt gemäß § 1615 BGB bei **Tod des Kindes** oder des **Unterhaltspflichtigen**. Bis zum Tod des Unterhaltspflichtigen aufgelaufene Unterhaltsrückstände fallen jedoch nicht rückwirkend weg;

161 OLG Köln FamRZ 2005, 301.
162 KG FamRZ 2016, 379.
163 Aufzählung siehe BeckOK BGB/Reinken, 53. Ed. 1.2.2020, BGB § 1611 Rn. 4, jeweils mit Verweis auf Rechtsprechung.

es handelt sich bei ihnen um Nachlassverbindlichkeiten, die nunmehr gegen dessen Erben geltend zu machen sind.

9. Ermittlung des unterhaltsrechtlich relevanten Einkommens

Die Höhe des unterhaltsrechtlich relevanten Einkommens erhält man durch die Feststellung, in welcher Höhe Einkünfte für unterhaltsrechtliche Zwecke zur Verfügung stehen. Dies erfolgt in der Regel durch die Ermittlung tatsächlicher und ggf. möglicher Einkünfte und deren Bereinigung um Aufwendungen, die dessen Verfügbarkeit mindern.

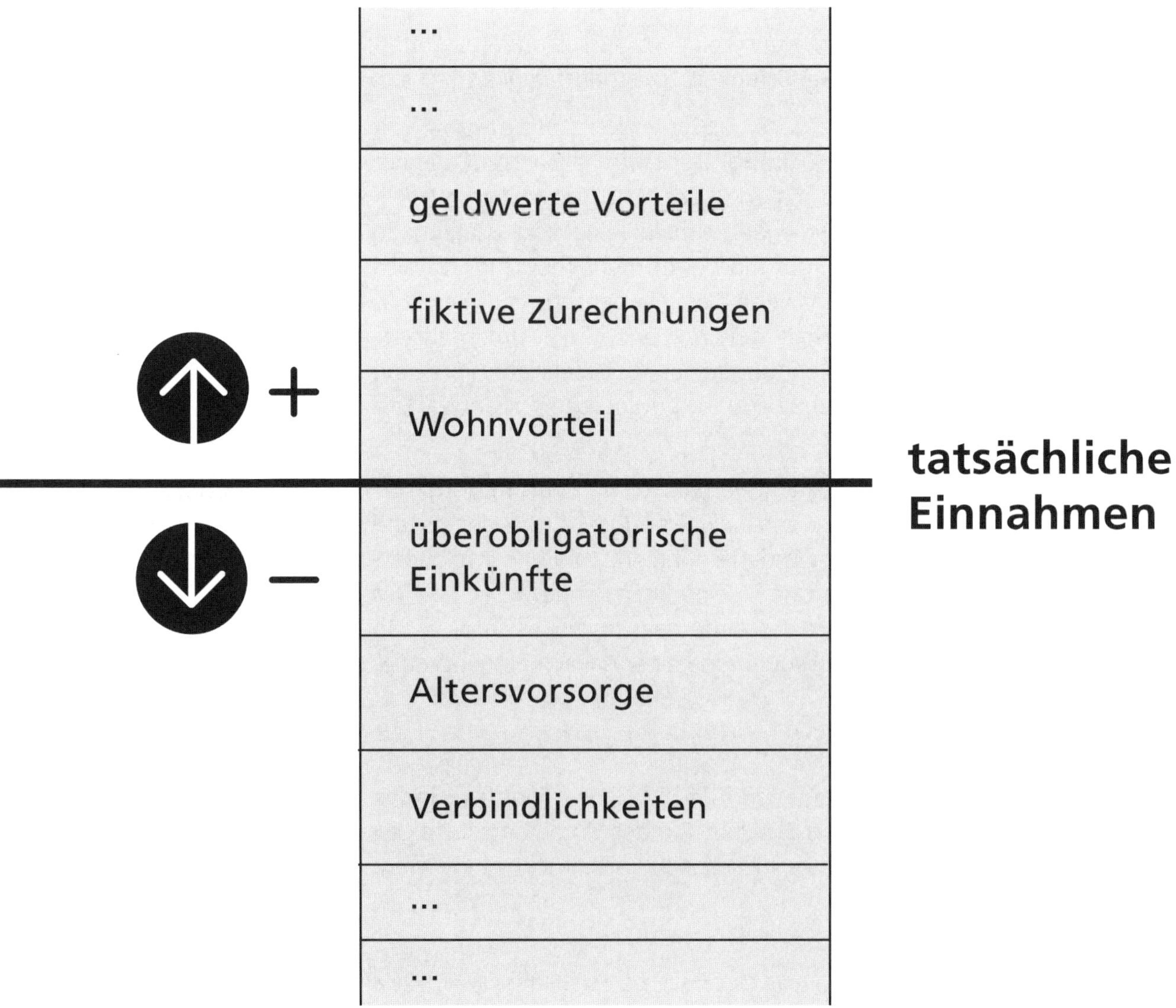

Die Leitlinien des Kammergerichts und der Oberlandesgerichte enthalten sowohl zu den **unterhaltsrechtlich relevanten Einkünften als auch zu deren Bereinigung** wichtige Hinweise. Bei der Einkommensermittlung ist mit den im Gerichtsbezirk jeweils maßgeblichen Leitlinien zu arbeiten.

relevante Einkünfte

Grundsätzlich sind **Einkünfte aller Art** unterhaltsrechtlich relevant. Diese lassen sich wie folgt gliedern:[164]

- Erwerbseinkünfte
- Vermögenseinkünfte
- Erwerbsersatzeinkünfte
- sonstige Einkünfte

rückwirkender und laufender Unterhalt

Bei der Einkommensfeststellung ist zu differenzieren, ob das zu ermittelnde unterhaltsrechtlich relevante Einkommen der Bestimmung künftiger Unterhaltsansprüche dient oder der Feststellung von Unterhaltsrückständen.

Bei der Bestimmung **künftiger Unterhaltsansprüche** geht es um die Erstellung einer Einkommensprognose. Der Prognose werden die Einkommensverhältnisse des unmittelbar zurückliegenden Zeitraums zugrunde gelegt, sofern diese Aussagekraft für die Zukunft haben. Erweist sich die Einkommensprognose im weiteren Verlauf als unzutreffend, ist diese abzuändern (ggf. im Wege eines Abänderungsverfahrens).

Geht es um die Ermittlung von **Unterhaltsrückständen**, kommt es auf die Einkommensverhältnisse im Rückstandszeitraum an.

→ Siehe Ermittlung des unterhaltsrechtlich relevanten Einkommens, Rückwärtige Zeiträume, 9.8.

Einkommensermittlung

Vergangenheit
rückwärtiger
Unterhalt

zeitabschnittsweise Betrachtung
> rückwärtige
Einkommensverhältnisse

Gegenwart und Zukunft
künftiger und
laufender Unterhalt

Einkommensprognose
> fortbestehende
> vorhersehbare
Einkommensverhältnisse

164 Dose, in: Wendl/Dose, § 1 Rn. 54 ff.

9.1. Erwerbseinkünfte

Erwerbseinkünfte sind alle Einkünfte, denen der Einsatz persönlicher Arbeits- und Leistungskraft zugrunde liegt.[165]

Zu den Erwerbseinkünften zählen:[166]

- Einkünfte aus **abhängiger Arbeit**
- Einkünfte von **Freiberuflern**, sonstigen **Selbstständigen** und **Gewerbetreibenden**, die weder buchführungspflichtig sind noch freiwillig Bücher führen
- Einkünfte von **Vollkaufleuten**, **Gewerbetreibenden** und sonstigen **Selbstständigen**, die ihren Gewinn nach § 5 EStG durch Betriebsvermögensvergleich ermitteln

  Bei diesen Einkünften handelt es sich im Grunde genommen um eine Mischung von Erwerbseinkünften und Vermögenseinkünften, da der Gewinn in Form von Zinsen und Mieten auch auf investiertem Kapital beruht (§§ 15, 18 EStG). Sie werden unterhaltsrechtlich als Erwerbseinkünfte betrachtet, wenn der persönliche Leistungseinsatz im Vordergrund steht.
- Einkünfte aus **Land- und Forstwirtschaft**

  Die vorstehenden Ausführungen gelten auch insoweit, auch hier handelt es sich grundsätzlich um Mischeinkünfte aus Erwerbs- und Vermögenseinkünften.

9.1.1. Abhängige Beschäftigung

Zu den Einkünften aus abhängiger Beschäftigung bzw. nichtselbstständiger Tätigkeit zählen alle Einnahmen, die ein **Arbeitnehmer aus dem Arbeitsverhältnis**[167]

- laufend, unregelmäßig oder einmalig bezieht
- einschließlich Sonderzuwendungen, Zulagen, Zuschlägen, Zuschüssen, Sachbezügen, sonstigen Nebeneinnahmen
- Steuererstattungen.

Bei der Einkommensermittlung wird vom **Nettoeinkommen** ausgegangen (Bruttoeinkommen abzüglich Lohn- und Kirchensteuer, Solidaritätszuschlag, Rentenversicherungsbeiträge, Pflege, Kranken- und Arbeitslosenversicherung[168]).

Soweit vorhanden, sind von den Einkünften aus angestellter Tätigkeit **berufsbedingte Aufwendungen abzuziehen**. Einige Unterhaltsleitlinien sehen eine 5 %-Abzugspauschale von den Nettoeinkünften, maximal 150,00 €, vor. Darüber hinausgehende Aufwendungen sind **konkret**

---

165 Dose, in: Wendl/Dose, § 1 Rn. 54.
166 Aufzählung und Anmerkungen aus Dose, in: Wendl/Dose, § 1 Rn. 54, 55.
167 Vgl. Groffmann: Einkommensermittlung beim Unterhalt, NZFam 2016, 643 ff.
168 Vgl. Groffmann: Einkommensermittlung beim Unterhalt, NZFam 2016, 643 ff.

darzulegen.[169] Andere Oberlandesgerichte lassen nur den Abzug konkret dargelegter Aufwendungen zu.[170]

künftiger Unterhalt

Für die Bildung einer **Einkommensprognose zur Feststellung künftiger Unterhaltsansprüche** werden zur Feststellung des durchschnittlichen Nettoeinkommens grundsätzlich die Einkünfte der letzten 12 Monate vor der Unterhaltsbemessung herangezogen bzw. die Einkünfte des zurückliegenden Kalenderjahres und zusätzlich die des laufenden Jahres. Auf diese Weise werden auch unregelmäßige jährliche Zahlungen erfasst, zu denen Sonderzahlungen, Überstundenvergütungen, Erfolgsprämien oder auch Weihnachts- und Urlaubsgeld gehören können. Den Einkünften zugerechnet oder abgezogen werden etwaige Steuererstattungen bzw. -nachzahlungen. Diese sind anteilig auf das Jahr umzulegen, d.h. durch 12 Monate zu teilen.

So geht man vor, wenn die Einkünfte der vergangenen Monate Aussagekraft für die kommenden Monate haben. Dies ist dann der Fall, wenn Veränderungen nicht zu erwarten sind. Umgekehrt ist dies nicht der Fall, wenn Veränderungen bereits stattgefunden haben oder voraussehbar sind. Dies kann zum Beispiel bei einem geplanten oder vor kurzem erfolgten Arbeitsplatzwechsel mit dann veränderten Einkünften der Fall sein, aber auch bei einem sicher zu erwartenden Steuerklassenwechsel (zum Beispiel Klasse 1 im Folgejahr der Trennung, wenn der Unterhaltspflichtige bislang Einkünfte nach der Steuerklasse 3 versteuerte und eine Versöhnung der Eheleute ausgeschlossen ist).

Für die Einkommensermittlung sind folgende Unterlagen erforderlich, mit deren Hilfe die Angaben des auf Auskunft in Anspruch genommenen Unterhaltspflichtigen überprüft werden sollten:[171]

- Gehalts- oder Bezüge-Abrechnungen der letzten 12 Monate
- ggf. Spesenabrechnungen
- im Auskunftszeitraum erlassener Einkommessteuerbescheid (inklusive etwaiger Berichtigungsbescheide)

rückwärtiger Unterhalt

Für die **Einkommensermittlung zur Feststellung rückwärtiger Unterhaltsansprüche** kommt es hingegen auf die in diesem Zeitraum konkret bestehenden Einkünfte an. Ein Jahresdurchschnitt darf dann gebildet werden, wenn die Einkünfte über das Jahr verteilt im Wesentlichen gleichgeblieben sind.

→ Siehe Ermittlung des unterhaltsrechtlich relevanten Einkommens, Rückwärtige Zeiträume, 9.8.

→ Siehe Beispielrechnung 10

169 Zum Beispiel Unterhaltsleitlinien des OLG Oldenburg, Anm. 10.2.1.
170 Zum Beispiel Unterhaltsleitlinien des OLG Hamm, Anm. 10.2.1.
171 Vgl. Groffmann: Einkommensermittlung beim Unterhalt, NZFam 2016, 643 ff.; Vgl. BeckOK BGB/Reinken, Ed. 1.5.2019, BGB § 1605 Rn. 21 in Bezug auf Einkünfte aus abhängiger Tätigkeit und aus Renten und Pensionen, außerdem mit Verweis auf Rechtsprechung.

9.1.2. Selbstständige Tätigkeit oder Gewerbebetrieb

Dieser Abschnitt erfasst die Einkünfte von Freiberuflern, Selbstständigen und Gewerbetreibenden sowie von Vollkaufleuten.

künftiger Unterhalt

In der Praxis wird zur Erstellung der **Einkommensprognose** in der Regel auf die Einkünfte aus einem Dreijahreszeitraum zurückgegriffen. Grund hierfür sind die bei diesen Einkommensarten typischerweise schwankenden Einkünfte. Nach Bedarf (etwa bei Einkommensschwankungen über drei Jahre hinweg oder bei Gründung eines Unternehmens im unmittelbar zurückliegenden Zeitraum mit nicht repräsentativen Einkünften in den ersten Kalenderjahren) kann dieser Zeitraum verlängert oder verkürzt werden. Eine Ausdehnung auf einen Zeitraum von bis zu fünf Jahren ist denkbar, wenn starke Gewinnschwankungen und umfangreiche Abschreibungen vorliegen.[172]

Es ist also immer zu prüfen, ob die rückwärtigen Einkünfte eine Aussagekraft für die Zukunft haben bzw. eine Tendenz aufweisen. Dies ist – ähnlich wie bei Einkünften aus nichtselbstständiger Tätigkeit – nicht der Fall, wenn Änderungen bereits erfolgt oder vorhersehbar sind, zum Beispiel weil die selbstständige Tätigkeit aufgegeben bzw. verändert wird oder die Einkünfte daraus tendenziell sinken oder steigen. Ist erkennbar, dass die in einem Jahr erzielten Einkünfte keine Aussagekraft für die Zukunft haben können, ist die Herausnahme dieses „ungewöhnlichen" Jahres bei der Berechnung der durchschnittlichen Einkünfte zu erwägen.

Beispiel:

Der Unterhaltspflichtige betreibt ein Hotel. Wegen eines Wasserschadens blieb das Hotel zur Hauptsaison im Jahr 2018 geschlossen. Die Einnahmen in diesem Jahr fielen erheblich niedriger aus, im Folgejahr konnte der Betrieb nach Renovierung problemlos geführt werden. Das „schlechte" Jahr würde im vorliegenden Fall das Ergebnis der Prognose negativ beeinflussen, wenn man es in die Berechnung aufnimmt. Dabei ist ersichtlich, dass das schlechte Ergebnis nichts mit den schwankenden Einnahmen zu tun hat, sondern aus einem Ereignis stammt, das sich in der Zukunft voraussichtlich nicht wiederholen wird.

Unterhaltsrückstand

Bei der **Ermittlung rückständiger Unterhaltsansprüche** sind hingegen die Einkommensverhältnisse des jeweiligen Kalenderjahres maßgeblich. Dieses ist somit isoliert zu betrachten.

Beispiel

Im obigen Beispiel wäre für die Ermittlung rückständiger Unterhaltsansprüche für 2018 die Einkommenssituation im Jahr 2018 maßgeblich, insoweit hat das „schlechte" Jahr eine Auswirkung.

---

172 Spieker, in Wendl/Dose, Unterhaltsrecht, § 1 Rn. 420 mit Verweis auf Rechtsprechung.

Einkommensermittlung

Bei der **Einkommensermittlung** geht man vom Gewinn des jeweils maßgeblichen Zeitraums aus. Dabei ist zu prüfen, ob der Gewinn durch unterhaltsrechtlich nicht zu berücksichtigende Betriebsausgaben vermindert ist.

Bei bestimmten Betriebsausgaben ist der Betrag dem Gewinn (ggf. anteilig) hinzuzurechnen:[173]

- Abschreibungen, soweit sie keinen tatsächlichen Wertverlust abbilden
- Gebäudeabschreibungen
- Investitionsabzugsbeträge, sofern im Folgejahr nicht aufgelöst

Vom (korrigierten) Gewinn sind Aufwendungen für

- Steuern

und Vorsorgeaufwendungen abzuziehen; zu letzteren gehören insbesondere

- Kranken- und Pflegeversicherung
- Altersvorsorge

Für die Ermittlung des unterhaltsrechtlichen Einkommens auf Basis von Einkünften aus selbstständiger Tätigkeit werden somit in der Regel benötigt:[174]

- Bilanzen mit Gewinn- und Verlustrechnungen bzw. Einnahmen-/Überschussrechnungen der letzten drei abgeschlossenen Kalenderjahre (zur Ermittlung des Gewinns)
- Einkommensteuererklärungen mit allen Anlagen für den gleichen Zeitraum (zur Ermittlung des Gewinns sowie zur vollständigen Erfassung aller Einkünfte und Aufwendungen für Kranken- und Altersvorsorge)
- Sachkontenbelege für den gleichen Zeitraum (zur Prüfung etwaiger nicht unterhaltsrechtlich relevanter Betriebsausgaben)
- Einkommensteuerbescheide der letzten drei Kalenderjahre

Im Rahmen des Auskunfts- und Beleganspruchs aus § 1605 Abs. 1 BGB kann die Vorlage für das letzte Geschäftsjahr ab dem 1.7. des Folgejahres verlangt werden; dass der Unterhaltspflichtige gegenüber dem Finanzamt erst zu einem danach liegenden Zeitpunkt vorlagepflichtig ist, ist im Verhältnis zum Unterhaltsberechtigten unerheblich.

173 Auflistung vgl. Groffmann: Einkommensermittlung beim Unterhalt, NZFam 2016, 643 ff.

174 Auflistung vgl. Groffmann: Einkommensermittlung beim Unterhalt, NZFam 2016, 643 ff; vgl. auch BeckOK BGB/Reinken, 50. Ed. 1.5.2019, BGB § 1605 Rn. 22 mit Verweis auf Rechtsprechung.

9.2. Vermögen

Ist Vermögen oder Kapital vorhanden, kann deren Nutzung bzw. Nutzbarkeit unterhaltsrechtliche Relevanz besitzen.

In der Praxis geht es häufig um folgende Vermögenseinkünfte:[175]

- Einkünfte aus Vermietung und Verpachtung
- Wohnvorteil als Gebrauchsvorteil einer Immobilie
- Einkünfte aus Kapital, etwa Zinsen, Dividenden oder Verwertungserlöse
- zurechenbare Einkünfte aus unterlassener zumutbarer Vermögensverwertung

9.2.1. Vermietung und Verpachtung

Einkommensermittlung

Das unterhaltsrechtlich relevante Einkommen aus Vermietung und Verpachtung ermittelt man aus dem Überschuss. Der Überschuss wird aus den **Bruttoeinkünften abzüglich aufgewandter Werbungskosten** gebildet.

Die Überschüsse werden **um Werbungskosten erhöht**, denen **kein tatsächlicher Wertabzug** entgegensteht, namentlich um[176]

- Abschreibungen für Gebäudeabnutzungen
- Instandsetzungskosten, die keinen notwendigen Erhaltungsaufwand darstellen.

Die fiktive Erhöhung des Überschusses macht eine **fiktive Steuerberechnung** erforderlich. Es ist die Steuerlast bzw. der Steuervorteil auf Basis des fiktiv erhöhten Überschusses zu bestimmen. Eine Belassung der steuerlichen Vorteile aufgrund des der Einkommensteuererklärung zugrunde gelegten Überschusses würde zur Benachteiligung des Unterhaltspflichtigen führen.[177]

Negativeinkünfte

Negativeinkünfte[178] aus Vermietung und Verpachtung sind unterhaltsrechtlich nicht zu berücksichtigen, da sie in der Regel der Vermögensbildung dienen. Der aus den Negativeinkünften folgende Steuervorteil steht dann dem Pflichtigen zu. Auch hier ist eine fiktive Steuerberechnung durchzuführen, die auf den (sonstigen) Einkünften ohne Berücksichtigung der Negativeinkünfte basiert.[179]

Wenn der Unterhaltspflichtige die Vermögensbildung allerdings mit dem Ziel der Altersvorsorge betreibt und der zulässige Betrag für die (sekun-

175 Aufzählung aus Dose, in: Wendl/Dose, § 1 Rn. 56.

176 Auflistung vgl. Groffmann: Einkommensermittlung beim Unterhalt, NZFam 2016, 643 ff.

177 Auflistung vgl. Groffmann: Einkommensermittlung beim Unterhalt, NZFam 2016, 643 ff.

178 Negativeinkünfte (Verluste) können bei der Einkunftsart Vermietung und Verpachtung auch dadurch entstehen, indem ein eigentlich positiver Mietüberschuss durch steuerlich begünstigte Abschreibung zu einem negativen Ergebnis führt.

179 Auflistung vgl. Groffmann: Einkommensermittlung beim Unterhalt, NZFam 2016, 643 ff.

däre) Altersversorgung nicht erreicht ist, ist eine andere Bewertung denkbar. Die Vermögensbildung kann bis zur Höhe der zulässigen Grenze der Altersversorgung abzugsfähig sein. Korrektiv ist immer der Mindestunterhalt. Ergänzende Altersvorsorge darf nicht zu Lasten der Leistungsfähigkeit für den Mindestunterhalt betrieben werden.

→ Siehe Gesteigerte Unterhaltspflicht, 6.1.3.

→ Siehe Berücksichtigungsfähige Aufwendungen, 9.7.1.

Unterhaltsrückstand

Wie bei den Einkünften aus selbstständiger Tätigkeit ist für die Ermittlung des **rückständigen Unterhalts** auf die **tatsächlichen Einkünfte in der Vergangenheit** abzustellen.

künftiger Unterhalt

Für die Ermittlung künftiger Ansprüche ist eine **Prognose** zu bilden, für die ein Zeitraum aus der Vergangenheit – in der Regel aus drei Jahren – herangezogen werden darf. Auch hier ist je nach Einzelfall zu differenzieren. Je größer der Immobilienpool des Unterhaltspflichtigen ist, desto eher handelt es sich um einen Betrieb mit entsprechenden Risiken und Kosten. Handelt es sich um eine einzige Immobilie, die ggf. noch von dem Vermieter selbst verwaltet wird, liegt es nahe, für die Prognose auf den aktuellen Mietvertrag und die aktuellen nicht umlagefähigen Betriebsausgaben abzustellen. Abweichende Zahlen aus den Vorjahren würden das Ergebnis ggf. verfälschen (Mietausfall, hohe Instandsetzungskosten, Rechtsstreit usw.). Handelt es sich um ein Mehrfamilienhaus oder mehrere Objekte, können die schwankenden Einnahmen, Mietausfälle, hohe Verwalterkosten und weitere Positionen in die Prognose gehören.

Für die Ermittlung der Einkünfte aus Vermietung und Verpachtung werden grundsätzlich benötigt:[180]

- Einkommensteuererklärungen mit der Anlage V der letzten drei Kalenderjahre
- Einkommensteuerbescheide für den gleichen Zeitraum

9.2.2. Kapital

Einkommensermittlung

Zu den unterhaltsrechtlich relevanten Einkünften aus Kapital gehören Einnahmen aus[181]

- Zinsen
- Sparguthaben
- Festgeld
- Bausparguthaben
- Einlagen

180 Auflistung vgl. Groffmann: Einkommensermittlung beim Unterhalt, NZFam 2016, 643 ff.

181 Auflistung vgl. Groffmann: Einkommensermittlung beim Unterhalt, NZFam 2016, 643 ff.

- Gewinnanteilen aus Beteiligung
- Dividenden und sonstige Wertpapiere

Von den Einnahmen abzuziehen sind Werbungskosten wie[182]

- Bankspesen
- Depotgebühren
- Versicherungsbeiträge
- Kapitalertragsteuer
- Einkommensteuer

künftiger Unterhalt

Grundsätzlich wird eine **Einkommensprognose** auf Basis der Einkommensverhältnisse (bei schwankenden Einkünften) aus einem Dreijahreszeitraum erstellt.

Unterhaltsrückstand

Für die Feststellung von **Unterhaltsrückständen und rückwärtigen Ansprüchen** kommt es hingegen auf die **Einkommensverhältnisse im betroffenen Zeitraum** an.

- Einkommensermittlung für rückwärtige Zeiträume

Für die Ermittlung der Einkünfte aus Kapital werden daher grundsätzlich benötigt:[183]

- Einkommensteuererklärungen der letzten drei Kalenderjahre
- Einkommensteuerbescheide für den gleichen Zeitraum
- Bankbelege für den gleichen Zeitraum (zur Erfassung von Zinseinkünften)

9.2.3. Wohnvorteil

Unter Wohnwert oder Wohnvorteil versteht man die ersparten Aufwendungen, wenn der Unterhaltspflichtige (oder der -bedürftige) ein Eigenheim bewohnt und für dieses weniger oder keine Wohnkosten aufbringt. Der Wohnwert wird als fiktives Einkommen oder Einkommenssurrogat angesetzt.

Fehlende Wohnkosten werden unterhaltsrechtlich wie Einkünfte behandelt. Zum einen geht man bei Anwendung der Einkommensgruppen, der Bedarfssätze und Bedarfskontrollbeträge davon aus, dass ein Teil des Einkommens für Wohnkosten aufgewendet werden muss. Zum anderen führen fehlende Wohnkosten dazu, dass das Einkommen anderweitig für den Lebensunterhalt aufgewendet werden kann und auf diese Weise der Lebensstandard erhöht wird. Ferner bedeutet der Ansatz eines Wohnvorteils nichts anderes, als dass dem Pflichtigen Mieteinnahmen zugerechnet werden, die er hypothetisch aus seinem Vermögen erzielen könnte.

182 Auflistung vgl. Groffmann: Einkommensermittlung beim Unterhalt, NZFam 2016, 643 ff.

183 Auflistung vgl. Groffmann: Einkommensermittlung beim Unterhalt, NZFam 2016, 643 ff.

Wohnt der Unterhaltspflichtige mietkostenfrei in einer Immobilie, die in seinem Allein- oder Miteigentum steht, werden ihm die **geldwerten Vorteile daraus zugerechnet**. Grundsätzlich wird im Rahmen des Kindesunterhalts als Wohnvorteil eine Vergleichskaltmiete zugrunde gelegt. Hiervon sind etwa bestehende Tilgungs- und Zinsaufwendungen abzuziehen, die im Hinblick auf die Immobilie anfallen. Korrektiv sind die nötige Gewährleistung des Mindestunterhalts und die Höhe des objektiven Mietwertes.

Für die Ermittlung des Wohnvorteils werden benötigt:[184]
- Größe der Immobilie
- Größe der Wohnfläche
- Mitspiegel zur Ermittlung einer Vergleichskaltmiete
- Ausstattungsmerkmale der Immobilie
- Angaben zu den abzugsfähigen Kosten und Nachweise (Kreditverträge, Abzahlungsbestimmungen) zu deren Beleg

Berechnung

Der Wohnvorteil korrigiert das unterhaltsrechtlich relevante Einkommen in der Regel **nach oben**. Der Ansatz ist **einzelfallbezogen** zu prüfen.

(1) Feststellung der Eigentumsverhältnisse.

Gehört die Immobilie einem **Dritten** und überlässt er diese dem Pflichtigen, ist der damit verfolgte Zweck entscheidend. Soll aus Sicht des Zuwendenden die Leistungsfähigkeit des Pflichtigen im Hinblick auf den Kindesunterhalt gesteigert werden, erhöht das kostenlose Wohnen das unterhaltsrechtlich relevante Einkommen. Ist das Ziel der Zuwendung ausschließlich darauf gerichtet, den Pflichtigen zu unterstützen, ist die freiwillige Leistung anrechnungsfrei.[185]

(2) Zeitpunkt

Unmittelbar nach der Trennung der verheirateten Eltern – mindestens für die Dauer des Trennungsjahres, aber durchaus auch länger – wird ein **angemessener Wert** angesetzt. Er richtet sich nach dem Wohnkostenanteil im Selbstbehalt und subjektiven Kriterien des Pflichtigen. Maßgeblich ist, was der Pflichtige seinen Bedürfnissen entsprechend anmieten würde und nicht das, was für das von ihm bewohnte Objekt auf dem Wohnungsmarkt erzielbar wäre.[186]

Der Ansatz eines subjektiven Wohnwertes kann unter Umständen auch nach Ablauf des Trennungsjahres geboten sein, etwa wenn der Verkauf der Immobilie geplant ist und die Immobilie bis dahin allein zur Vermeidung von finanziellen Nachteilen bewohnt wird. Auch wenn die Eheleute sich nicht einigen können, wie sie mit der Immobilie verfahren werden, kann für den Ansatz eines subjektiven Wohnwerts sprechen.[187] Auch unerwartete Ereignisse, die einen geplanten

184 Auflistung vgl. Groffmann: Einkommensermittlung beim Unterhalt, NZFam 2016, 643 ff.
185 Vgl. Unterhaltsleitlinien des OLG Hamm 2020, Anm. 8.
186 Vgl. Unterhaltsleitlinien des OLG Hamm, Anm. 5.2 oder des KG, Anm. 5.
187 OLG Hamm, Beschluss vom 20.10.2017 – 11 OF 64/17, FamRZ 2018, 678.

Auszug verzögern, können zur Fortführung des Ansatzes eines subjektiven Wohnwertes führen.

Nach Scheitern der Ehe oder Vermögensauseinandersetzung gilt ein **objektiver Wohnwert**, gemessen an einer vergleichsweisen, ortsüblichen Miete.

Die vorstehenden Grundsätze gelten entsprechend für unverheiratete Eltern.

Eine differenzierte Betrachtung ist insbesondere bei einem **Obhutswechsel** des Kindes vorzunehmen.

Beispiel:

 *Die Mutter wohnt mit zwei Kindern in einer großen Eigentumswohnung. Die Kinder ziehen zum Vater. Die Mutter wird barunterhaltspflichtig. Sie entscheidet sich nach elf Monaten, die Immobilie zu verlassen und zieht in eine kleinere Mietwohnung. Während dieser Zeit darf ihr kein objektiver Wohnwert zugerechnet werden, sondern nur ein angemessener Wohnwert. Eine andere Sichtweise ist aber genauso vertretbar. Es kommt auf eine angemessene Bewertung der Verhältnisse an.*

(3) Bereinigung

Der Wohnwert ist zu bereinigen um folgende **Abzüge**:

- **verbrauchsunabhängige, nicht umlagefähige Kosten**

Hierbei handelt es sich um Kosten, die auf einen hypothetischen Mieter nicht umgelegt werden können.

Beispiel:

 *Kosten der Hausverwaltung, Hausgeld*

- **Kreditverbindlichkeiten**

Grundsätzlich sind sowohl Zins- als auch Tilgungsleistungen abzugsfähig.[188] Übersteigen die monatlichen Zahlungen auf Zins und Tilgung jedoch den Wohnwert, dürfen die Schulden **nur bis zur Höhe des Wohnwerts abgezogen** werden.

Ausnahmsweise ist die Berücksichtigung eines **negativen Wohnwerts** zulässig. Dies ist denkbar unmittelbar nach der Trennung (siehe hierzu auch vorstehende Ausführungen) oder als zulässige (ergänzende) Altersvorsorgemaßnahme.

188 Vgl. Unterhaltsleitlinie des KG 2020, Anm. 5.

- **Altersvorsorge**

  Steht fest, dass nach Abzug der Verbindlichkeiten der Mindestunterhalt nicht gesichert ist, sind die Tilgungsleistungen nicht zu berücksichtigen. Diese Feststellung findet oft erst am Ende der Unterhaltsberechnung statt; als Folge ist eine Korrektur vorzunehmen.

→ Siehe Beispielrechnungen 5 und 12

9.3. Erwerbsersatzeinkünfte

Als Erwerbsersatzeinkünfte wird das ersatzweise **Einkommen aus einer früheren Erwerbstätigkeit**, die wegen Alters oder Invalidität beendet wurde oder wegen Krankheit oder Arbeitslosigkeit vorübergehend unterbrochen ist, bezeichnet.[189] In Betracht kommen insbesondere Einkünfte aus[190]

- Arbeitslosengeld I
- Krankengeld
- Renten und Pensionen

Art und Höhe von öffentlich-rechtlichen Leistungen gehen aus den ihnen zugrundeliegenden Leistungsbescheiden hervor, die anzufordern bzw. vorzulegen sind. Gleiches gilt für Einkünfte aus Renten und Pensionen; auch hier sind Art und Höhe den jeweiligen Leistungsbescheiden und -abrechnungen zu entnehmen.

Für die Ermittlung von Einkünften, die als Ersatz für eine frühere Erwerbstätigkeit geleistet werden, werden benötigt:[191]
- Leistungsbescheide
- Bezüge-Abrechnungen (etwa bei Betriebsrenten)

9.4. Sonstige Einkünfte

Zu den sonstigen Einkünften mit unterhaltsrechtlicher Relevanz zählen:[192]

- Wohngeld
- BAföG
- Pflege-, Erziehungs- und Elterngeld
- Ausbildungsbeihilfen
- steuerrechtliche Splittingvorteile
- freiwillige unentgeltliche Zuwendungen Dritter bei entsprechender Zweckbestimmung.

189 Dose, in: Wendl/Dose, § 1 Rn. 56.
190 Aufzählung vgl. Dose, in: Wendl/Dose, § 1 Rn. 57.
191 Vgl. BeckOK BGB/Reinken, 53. Ed. 1.2.2020, BGB § 1605 Rn. 21.
192 Aufzählung (ohne Differenzierung bezüglich ihrer unterhaltsrechtlichen Relevanz) vgl. Dose, in: Wendl/Dose, § 1 Rn. 58.

Beispiel:

M und F trennen sich. Beide möchten, dass F wegen der schweren Konflikte so schnell wie möglich auszieht, zumal die Kinder durch den Streit der Eltern bereits sehr belastet sind. Die Eltern von M bieten F daher an, übergangsweise in eine Wohnung von ihnen zu ziehen, die gerade nicht genutzt wird. Miete muss F dafür nicht zahlen, die Eltern machen es für ihren Sohn und die Enkelkinder. Hier erhöhen auf Seiten von F die freiwilligen unentgeltlichen Leistungen der Schwiegereltern das unterhaltsrechtliche Einkommen. Die mit der Überlassung der Wohnung verbundene Zweckbestimmung ist nicht darauf gerichtet, F unterhaltsrechtlich Vorteile zu verschaffen. Würde das Einkommen von F nicht erhöht, würde dies zu unterhaltsrechtlichen Nachteilen sowohl auf Seiten ihres Sohnes M kommen ((höhere) Trennungsunterhaltsansprüche auf Basis nicht erhöhten Einkommens) sowie der Enkelkinder (geringere Unterhaltsansprüche aus gleichem Grund). Dies beabsichtigen die Schwiegereltern gerade nicht.

Anders wäre es, wenn F übergangsweise zu einer Freundin von ihr gezogen wäre. Diese will F helfen und nicht wollen, dass sie wegen der kostenlosen Unterbringung höheren Unterhalt zahlt.

- Zuwendungen eines neuen Partners an den Berechtigten sowie entsprechende fiktive Einkünfte als Gegenleistungen für Haushaltsführung oder sonstige Versorgungsleistungen
- Unterhaltsleistungen.

Zur Einkommensermittlung sind die den Einkünften jeweils zugrunde liegenden Bescheide oder sonstigen Nachweise anzufordern.

9.5. Fiktive Einkünfte

Voraussetzungen für Zurechnung

Basis für das unterhaltsrechtlich relevante Einkommen sind grundsätzlich allein die **tatsächlich vorhandenen Einkünfte**.[193] Jedoch ist sowohl der Unterhaltspflichtige als auch der Unterhaltsberechtigte verpflichtet, (höhere) zumutbare Einkünfte zu erzielen.[194] Vorwerfbar unterlassene Einkünfte können infolgedessen als unterhaltsrechtliches Einkommen gewertet werden.[195] Sie werden als fiktives Einkommen **vorhandenen oder fehlenden Einkünften hinzugerechnet** und im Ergebnis wie vorhandene Erwerbs- oder Vermögenseinkünfte behandelt.

Als Grundsatz gilt: **Je geringer die Leistungsfähigkeit, desto höher ist der Vorwurf an den Unterhaltspflichtigen.** Die Anrechnung fikti-

193 Kleffmann, in: Scholz/Kleffmann/Doering-Striening, Teil G Rn. 118 mit Verweis auf Rechtsprechung.
194 Kleffmann, in: Scholz/Kleffmann/Doering-Striening, Teil G Rn. 118 mit Verweis auf Rechtsprechung.
195 Kleffmann, in: Scholz/Kleffmann/Doering-Striening, Teil G Rn. 118 mit Verweis auf Rechtsprechung.

ver Einkünfte kommt vor allem dann in den Fokus, wenn die Zahlung des Mindestunterhalts in Frage steht.

Beispiel:

 *Ein Rentner bewohnt ein Eigenheim mit Einliegerwohnung, die er nicht vermietet. Das unterhaltsrelevante Einkommen aus Rente zuzüglich Wohnvorteil beträgt 1.000,00 Euro, woraus er keinen Mindestunterhalt sichern kann. Er muss daher die Einliegerwohnung vermieten, um seine Leistungsfähigkeit zu erhöhen. Vermietet er diese nicht, wird ihm die erzielbare Miete als fiktives Einkommen zugerechnet. Hiervon abzuziehen sind jedoch fiktive Einkommensteuern, die bei der hypothetischen Vermietung anfallen würden.*

Zahlt der Unterhaltsverpflichtete **Mindestunterhalt**, kann ihm der **Vorwurf der unterlassenen Vermietung nicht ohne weiteres** gemacht werden.

Beispiel:

 *Der Unterhaltspflichtige vermietete in der Vergangenheit die Einliegerwohnung und hatte mit den Mieteinkünften, Wohnvorteil und Rente ein Einkommen, welches ihm die Zahlung des Unterhalts nach der zweiten Einkommensgruppe ermöglicht hat. Nach dem Auszug des letzten Mieters gibt er die Vermietung auf und beruft sich auf Leistungsfähigkeit lediglich in Höhe des Mindestunterhalts. Als Erklärung für die fehlenden Einkünfte aus Vermietung gibt er an, dass ihm der Verwaltungsaufwand zu hoch und zu teuer und die Mieter im Haus zu stressig seien, außerdem möchte er die Wohnung als Gästewohnung nutzen, wenn seine älteren Kinder mit deren Familien ihn besuchen. Hier sind die Interessen des Pflichtigen durchaus schutzwürdig: Mit der Aufgabe der Einnahmequelle reduziert er seinen Lebensstandard, von dem der Bedarf des Kindes abgeleitet wird. Solange der Mindestunterhalt gezahlt wird und dies der Lebensstellung des Unterhaltsverpflichteten entspricht, kann ihm die Aufgabe der Vermietung nicht vorgeworfen werden; eine Zurechnung fiktiver Einkünfte findet also nicht statt. Es kommt auf eine angemessene Bewertung im Einzelfall an, was auch zu einer anderen Sichtweise führen kann.*

Fallgruppen

Die Zurechnung fiktiver Einkünfte kommt insbesondere in Betracht bei:[196]

- Verletzung von Erwerbsobliegenheiten/Arbeitslosigkeit
- nicht wirtschaftlicher Nutzung von Vermögen/unzureichender Vermögensnutzung
- vorwerfbar unterlassener Erzielung von Steuervorteilen

196 Kleffmann, in: Scholz/Kleffmann/Doering-Striening, Teil G Rn. 118 mit Verweis auf Rechtsprechung.

- unterlassener Inanspruchnahme von öffentlich-rechtlichen Hilfen und Leistungen bzw. Sozialleistungen mit Einkommenscharakter

Beispiel:

 *Hierbei kann es sich um die fehlende Beantragung von ALG I-Leistungen oder Wohngeld handeln.*

- unterlassenem Rechtsbehelf gegen fehlerhafte Bescheide (ALG I, Rentenbescheid etc.)
- ggf. unterlassener Abwehr einer (unberechtigten) Kündigung
- unentgeltlicher Erbringung geldwerter Leistungen
- unterlassener Inanspruchnahme von Steuervorteilen

Zwei-Stufen-Prüfung

Die Zurechnung fiktiver Einkünfte erfolgt anhand einer **Zwei-Stufen-Prüfung**:[197]
1. Stufe: Obliegenheit zur Einkommenserzielung
Welche Einkünfte wären erzielbar, werden jedoch nicht erzielt?
2. Stufe: Zurechnung der Höhe der fiktiven Einkünfte
Welches erzielbare Einkommen kann angerechnet werden? Ab wann und wie lange ist dieses Einkommen erzielbar?

9.5.1. Obliegenheit und Kausalität

Obliegenheitsverletzung

Auf der **ersten Stufe** ist zu klären, ob es ein **vorwerfbares Verhalten** gibt. Hierzu gehört die Feststellung, ob und wenn ja, in welchem Umfang, eine **Obliegenheit besteht, die verletzt** wird.[198]

Anforderungen

Die Anforderungen hängen vom **Einzelfall** ab. Auf Seiten des unterhaltspflichtigen Elternteils bestehen **strenge Anforderungen** im Rahmen der **gesteigerten Unterhaltspflicht nach § 1603 Abs. 2 BGB**, da es hier um die Deckung des Mindestbedarfs von minderjährigen und privilegiert volljährigen Kindern geht. Weniger strenge, sondern **durchschnittliche Anforderungen** bestehen, wenn es um den Unterhalt eines **volljährigen, nicht privilegierten Kindes** geht.[199]

Bei der Prüfung, ob bei ausreichenden Bemühungen eine Beschäftigungsmöglichkeit bestanden hätte, sind objektive Kriterien heranzuziehen. Zu diesen zählen unter anderem:[200]

- Lage auf dem Arbeitsmarkt
- Gesundheitszustand
- Alter

197 Angelehnt an die Vier-Stufen-Prüfung bei Kleffmann, in: Scholz/Kleffmann/Doering-Striening, Teil G Rn. 118 mit Verweis auf Rechtsprechung.
198 Vgl. Viefhues in: JurisPK-BGB, 8. Aufl. 2017, § 1603 BGB Rn. 474.
199 Kleffmann, in: Scholz/Kleffmann/Doering-Striening, Praxishandbuch Familienrecht, Teil G Rn. 118.
200 Vgl. Kleffmann, in: Scholz/Kleffmann/Doering-Striening, Praxishandbuch Familienrecht, Teil G Rn. 118, 119.

- Ausbildung
- Berufserfahrung
- **bestehende Tätigkeit** und deren Anforderungen an Belastbarkeit und zeitliche Verfügbarkeit
- **schützenswerte Belange** wie Wahrnehmung von Umgang.

Kausalität

Auf der **zweiten Stufe** ist zu prüfen, ob es eine **kausale Verletzungshandlung** gibt: Das auf der ersten Stufe festgestellte **vorwerfbare Verhalten** muss **für** die (ggf. nur anteilige) **Leistungsunfähigkeit** bzw. die **fehlenden Einkünfte ursächlich** sein.[201] Daraus folgt, dass unterlassene Bemühungen dann nicht vorwerfbar sind, wenn diese nicht zum Erfolg – also zu ausreichenden Einkünften – geführt hätten.[202]

Prüfungsfolge

Voraussetzung für die Zurechnung fiktiver Einkünfte ist,

(1) dass der Unterhaltspflichtige die ihm **subjektiv zumutbaren Anstrengungen**, eine angemessene Erwerbstätigkeit zu finden, **nicht oder nicht ausreichend unternommen** hat (Verletzung einer Einkommensobliegenheit)
und

(2) feststeht oder zumindest nicht auszuschließen ist, dass bei genügenden Bemühungen eine reale **Beschäftigungschance** bestanden hätte (Kausalität).[203]

(3) Die Wahrnehmung der in Betracht gezogenen Erwerbsmöglichkeit muss **zumutbar** sein sowie **vereinbar mit anderen schützenswerten Belangen**.[204]

9.5.2. Höhe der Zurechnung

Fiktives Einkommen darf nur in einer Höhe zugerechnet werden, die aufgrund der persönlichen Fähigkeiten des Pflichtigen unter Berücksichtigung der Arbeitsmarktlage erzielbar ist. Es kommt auf die reale Einkommenssituation an.[205] Die Höhe der erzielbaren Einkünfte ist gemäß § 287 ZPO zu schätzen.[206]

Übersichten, die Grundlage von Vergleichseinkommen sein können, sind im Internet zu finden:[207]

- www.tarifregister.nrw.de[208] (mit weiterführenden Links)

201 Vgl. Kleffmann, in: Scholz/Kleffmann/Doering-Striening, Praxishandbuch Familienrecht, Teil G Rn. 119.
202 Vgl. Kleffmann, in: Scholz/Kleffmann/Doering-Striening, Praxishandbuch Familienrecht, Teil G Rn. 119.
203 Kleffmann, in: Scholz/Kleffmann/Doering-Striening, Praxishandbuch Familienrecht, Teil G Rn. 119.
204 Ähnlich Kleffmann, in: Scholz/Kleffmann/Doering-Striening, Praxishandbuch Familienrecht, Teil G Rn. 119, mit Hinweisen zur Rechtsprechung.
205 Kleffmann, in: Scholz/Kleffmann/Doering-Striening, Praxishandbuch Familienrecht, Teil G Rn. 118 ff.
206 Kleffmann, in: Scholz/Kleffmann/Doering-Striening, Praxishandbuch Familienrecht, Teil G Rn. 122.
207 Auflistung aus Kleffmann, in: Scholz/Kleffmann/Doering-Striening, Praxishandbuch Familienrecht, Teil G Rn. 122.
208 Stand: März 2020

- www.boeckler.de (WSI Tarifarchiv; Differenzierung nach Ländern)
- oeffentlicher-dienst.info/tvoed/ (Tarifverträge im öffentlichen Dienst)
- www.rechtsrat.ws/tarif/index.htm
- www.berlin.de/sen/arbeit/tarifregister/ (Mindestlöhne, Niedrigentgelte, Tarifinformationen für Berlin und Brandenburg)
- www.lohnspiegel.de

In der Praxis wird häufig auch der **Mindestlohn** in Ansatz gebracht.

Zu beachten ist, dass von den fiktiv ermittelten Einkünften darauf entfallende berufsbedingte (ebenfalls fiktive) Aufwendungen abzuziehen sind; im Rahmen der Leistungsfähigkeit ist außerdem der (höhere) Selbstbehalt bei Erwerbstätigkeit maßgeblich. Dem Unterhaltsschuldner, dem erzielbare Einkünfte zugerechnet werden, müssen in der Konsequenz auch die Abzugsposten und Vorteile zugestanden werden, die er bei Erfüllung der Einkommensobliegenheit hätte.

9.6. Einkünfte aus ALG II und Grundsicherung

Kein unterhaltsrechtliches Einkommen sind sozialstaatliche Leistungen wie insbesondere[209]

- Arbeitslosengeld II
- Leistungen der Grundsicherung

Da der Bezug von Arbeitslosengeld II kein unterhaltsrechtlich relevantes Einkommen darstellt, werden Unterhaltspflichtige, die im Leistungsbezug nach SGB II stehen, in der Regel **fiktiv veranlagt** – der Begriff „arbeitslos" setzt Arbeitsfähigkeit und somit Leistungsfähigkeit voraus.

Beispiel:

Der unterhaltspflichtige M wird arbeitslos. Zuvor hat er netto bereinigt 1.600,00 € verdient. Nach einer Karenzzeit von drei Monaten, in denen lediglich Arbeitslosengeld I als unterhaltsrechtlich relevantes Einkommen angerechnet wird, kann M nicht nachweisen, dass er sich intensiv um eine neue Arbeitsstelle bemüht. Wegen unzureichender Bewerbungsbemühungen muss sich M fiktive Einkünfte ausgehend von seiner letzten Arbeitsstelle zurechnen lassen – sein unterhaltsrechtlich relevantes Einkommen wird daher fiktiv auf sein früheres Nettoeinkommen festgesetzt. Abzuziehen hiervon sind dann allerdings auch fiktive berufsbedingte Aufwendungen und andere fiktive Abzüge, die bei Berufstätigkeit bestanden hätten.

Nach Ablauf des Leistungsbezuges (in der Regel ein Jahr, ggf. auch kürzer, wenn das vorherige versicherungspflichtige Arbeitsverhältnis kürzer als zwei Jahre war) ist M immer noch arbeitslos und bezieht nunmehr ALG II (Leistungen nach SGB II) in Höhe des Regel-

209 Aufzählung (ohne Differenzierung bezüglich ihrer unterhaltsrechtlichen Relevanz) vgl. Dose, in: Wendl/Dose, § 1 Rn. 58.

betrages und Wohnkosten. Insgesamt betragen die Leistungen nach dem SGB II 900,00 €.

Hierbei handelt es sich um kein unterhaltsrechtlich relevantes Einkommen. Wegen nach wie vor unzureichender Erwerbsbemühungen bleibt es bei der fiktiven Einkommensfestsetzung. Zu beachten ist auf Seiten des unterhaltsberechtigten Kindes allerdings, dass ALG II im Gegensatz zu ALG I nicht pfändbar ist. Das hat zur Folge, dass das Kind einen auf Basis der fiktiven Einkünfte titulierten Unterhaltsanspruch nicht vollstrecken kann. Dies wiederum hat zur Folge, dass bestehende Unterhaltsansprüche in praktischer Hinsicht nicht realisiert werden können. In derartigen Fällen ist darauf zu achten, zur Vermeidung von Verjährung und Verwirkung regelmäßige Vollstreckungsversuche zu unternehmen bzw. die Vollstreckung anzudrohen.

→ Siehe Verjährung, 7.1.

→ Siehe Verwirkung, 7.5.

9.7. Bereinigung

Das nach den vorstehenden Kriterien ermittelte Einkommen wird um abzugsfähige Ausgaben bereinigt. Es geht darum, im Wege einer wertenden Betrachtung festzustellen, welche Teile des Einkommens für Unterhaltszwecke zur Verfügung stehen. Eine Bereinigung kann daher nur im Hinblick auf **tatsächliche Aufwendungen** stattfinden – die Möglichkeit der Abzugsfähigkeit allein reicht nicht aus. Das bedeutet, dass zum Beispiel Verbindlichkeiten tatsächlich bedient und ergänzende Altersvorsorge tatsächlich betrieben wird.

Die Unterhaltsleitlinien der Oberlandesgerichte und des Kammergerichts enthalten Hinweise zur Bereinigung des Einkommens.

9.7.1. Berücksichtigungsfähige Aufwendungen

Im Rahmen von Kindesunterhalt kommen vor allem folgende **Abzugsposten** in Betracht:[210]

Verbindlichkeiten

- berücksichtigungswürdige **Verbindlichkeiten**

  Verbindlichkeiten entstehen häufig durch die Aufnahme von Krediten zur Finanzierung von Konsum (Reisen, Einrichtung, Immobilien etc.) und/oder Berufstätigkeit (z. B. Anschaffung eines Kraftfahrzeugs, das für die Fahrt zur Arbeit benötigt wird).

  Bei der Frage der Abzugsfähigkeit einer Verbindlichkeit kommt es zum einen auf den **Zeitpunkt der Begründung** und zum anderen auf ihren **Hintergrund bzw. Zweck** an. Wenn die **Verbindlichkeit in**

210 Vgl. die Auflistung möglicher Abzugsposten bei Gerhardt, in: Wendl/Dose, § 1 Rn. 1007.

Kenntnis der Unterhaltsverpflichtung – also ab Getrenntleben vom Kind – eingegangen wird und/oder vermeidbar gewesen wäre, handelt der Pflichtige leichtfertig – was zur Nichtberücksichtigung führt. Ebenso wenig abzugsfähig sind Verbindlichkeiten, mit denen der Pflichtige einen Gegenwert schafft, also Vermögensbildung betreibt. Verbindlichkeiten mit einer derartigen Zielrichtung bleiben unberücksichtigt, weil eine Vermögensbildung nicht zu Lasten des Kindes und seiner Unterhaltsansprüche betrieben werden darf. Eine Ausnahme besteht bei Vermögensbildung, die dem Aufbau einer angemessenen Altersvorsorge dient.

→ Siehe Beispielrechnungen 3, 5 und 6

Altersvorsorge

- **Altersvorsorge**

Abzugsfähig sind sowohl **primäre als auch sekundäre Altersvorsorgeaufwendungen**, sofern diese **tatsächlich geleistet** werden. Die **sekundäre Altersvorsorge** darf die Leistung von Mindestunterhalt nicht beschneiden; bei fehlender Gewährleistung des Mindestunterhalts ist sie nicht abzugsfähig.

→ Siehe Gesteigerte Unterhaltspflicht, 6.1.3.

Die **primäre Altersvorsorge** wird bei sozialversicherungspflichtig Beschäftigten als Rentenversicherungsbeitrag bereits vom Bruttolohn abgeführt. Beim Selbstständigen gilt in der Regel 18,6 % bis 20 % des Bruttolohnes als abzugsfähig; hier sind die maßgeblichen Unterhaltsleitlinien zu beachten.[211]

Macht der abhängig Beschäftigte **zusätzliche Altersvorsorgeaufwendungen (sekundäre Altersvorsorge)** geltend (Riesterrente, Vermögensbildung), kann er diese in Höhe von bis zu 4 % des Bruttoeinkommens abziehen. Darüber hinaus kann er weitere – leitlinienabhängig – 24 %, 20 % oder 18,6 % zzgl. 4 % des oberhalb der Beitragsbemessungsgrenze (BBG) liegenden Einkommens abziehen.[212] Der Selbstständige darf zusätzlich zur primären Altersvorsorge ebenso sekundäre Altersvorsorge betreiben und insoweit weitere 4 % vom Bruttoeinkommen in Abzug bringen.

Beispiel:

M ist Angestellter und verdient brutto 6.500,00 € und netto 3.600,00 €. Sofern er ergänzende Altersvorsorge betreibt, kann er diese bis zu einem Betrag von 260,00 € (4 % von 6.500,00 €) von seinem Nettoeinkommen in Abzug bringen.

A ist selbstständiger Maler und hat einen durchschnittlichen Gewinn von 4.000,00 €. Sofern er eine primäre Altersvorsorge betreibt, darf er 20 %, mithin 800,00 €, in Abzug bringen. Sofern er den Mindestunterhalt sicherstellen kann, kann er weitere 4 %, mithin 160,00 €, in Abzug bringen.

---

211 Unterhaltsleitlinien, jeweils Anm. 10.

212 Vgl. die Unterhaltsleitlinien des OLG Braunschweig, des OlG Düsseldorf und des OLG Celle, Anm. 10.1.

- **Kinderbetreuungskosten**

  Hortkosten und Kosten für Tagesmutter oder ein Au Pair, die die Berufstätigkeit ermöglichen und damit berufsbedingten Aufwand darstellen.

- **Mehrbedarf** wegen Krankheit, Behinderung oder Alter

> Für die Prüfung, ob vorstehende Aufwendungen zur Kürzung des Einkommens führen, sind in der Regel folgende Angaben und Unterlagen erforderlich:[213]
> - Art und Grund der Aufwendung
> - Zeitpunkt der Entstehung von Verbindlichkeiten
> - bei Verbindlichkeiten: Höhe der Restschuld (zur Feststellung, wie lange die Verbindlichkeit das verfügbare Einkommen bindet)
> - (Kredit-/Abzahlungs-/Versicherungs-/Betreuungs-)Verträge
> - Kontoauszüge

9.7.2. Nicht berücksichtigungsfähige Aufwendungen

Nicht abzugsfähig sind **Lebenshaltungskosten**, die zum Beispiel für Miete, Lebensmittel oder Telefonie und Internet aufgewendet werden. Dem Unterhaltsverpflichteten wird deren Deckung ermöglicht, indem er sich im Rahmen der Leistungsfähigkeit auf seinen Selbstbehalt berufen kann bzw. im Rahmen des Bedarfs auf die Wahrung des für ihn geltenden Bedarfskontrollbetrags.

9.8. Rückwärtige Zeiträume

zeitabschnittsweise Ermittlung

Wenn für **verschiedene Zeiträume** Unterhalt geltend gemacht wird – zum Beispiel für die Zukunft (laufender Unterhalt) und für die Vergangenheit (Unterhaltsrückstand) –, müssen Bedarf, Bedürftigkeit und Leistungsfähigkeit über den gesamten Zeitraum hinweg vorliegen. Wechselnde Einkommensverhältnisse bzw. persönliche Verhältnisse (Hinzutreten oder Wegfall anderweitiger Unterhaltsansprüche) auf Seiten des Pflichtigen können es erforderlich machen, die Leistungsfähigkeit **zeitabschnittsweise** zu ermitteln.

→ Beispielrechnung 14

Bei **rückständigem Unterhalt** bzw. bei **rückwärtigen Unterhaltsansprüchen** kommt es auf die Einkommensverhältnisse im betroffenen Zeitraum an.[214] Dies bedeutet, dass bei der Einkommensermittlung bei Einkünften aus angestellter Tätigkeit die tatsächlich erzielten Einkünfte herangezogen werden. Es wird **nicht auf eine (frühere) Prognose**, gebildet aus den zuvor erzielten Einkünften, zurückgegriffen.

213 Ähnlich Groffmann, Einkommensermittlung beim Unterhalt, NZFam 2016, 643 ff.
214 Vgl. etwa Leitlinien des Kammergerichts 1.5 zu Einkommen aus selbstständiger Tätigkeit.

Auf jahresdurchschnittliche Einkünfte aus angestellter Tätigkeit darf nur bei im Wesentlichen gleichgebliebenen monatlichen Einkünften abgestellt werden.

Auch bei Einkünften aus selbstständiger Tätigkeit ist eine überjährige Durchschnittsbildung aus den vorstehenden Gründen grundsätzlich unzulässig. Maßgeblich sind die Ergebnisse des betreffenden Jahres.[215]

Beispiel:

Die selbstständig tätige, unterhaltspflichtige Mutter hat im Geschäftsjahr 2018 aufgrund langer Krankheit keine Gewinne erzielt, lediglich Krankengeld. Im Jahr zuvor und danach betrugen ihre Gewinne jeweils 70.000,00 €. Der in 2018 rückständige Unterhalt ist auf Basis des in diesem Jahr erhaltenen Krankengeldes zu ermitteln. Die höheren Einkünfte in dem Jahr zuvor und danach sind bei der Ermittlung der in diesen Jahren aufgelaufenen Rückstände maßgeblich.

Bei der Einkommensermittlung für rückwärtige Zeiträume sind die **damals gültigen Bedarfe, Selbstbehaltssätze** und Bedarfskontrollbeträge zugrunde zu legen.[216] Man arbeitet also mit den Unterhaltsleitlinien bzw. der Düsseldorfer Tabelle des betreffenden Jahres.

10. Besondere Konstellationen

10.1. Ausbildungsunterhalt

Unterhalt für Berufsausbildung

Der allgemeinen Schulausbildung folgt in der Regel die **Berufsausbildung** des Kindes. Dies ist für das Kind nicht zwingend, es besteht auch keine Verpflichtung des Kindes, eine Ausbildung zu machen, denn auch ungelernt ist man grundsätzlich in der Lage, zu arbeiten und für einen eigenen Unterhalt zu sorgen. Macht ein Kind nach Beendigung der Schule keine Ausbildung oder bricht es zuvor die Schule ab, ist es in der Regel nicht mehr unterhaltsbedürftig.

Macht ein Kind eine Berufsausbildung, hat dies zur Folge, dass Unterhalt nunmehr die Form des Ausbildungsunterhalts annimmt, und zwar so lange, bis der angestrebte Abschluss erreicht ist und das Kind wirtschaftlich unabhängig ist.

Angemessenheit

Grundsätzlich gilt, dass Eltern dem Kind eine **angemessene Berufsausbildung** schulden. Gleichzeitig müssen **Höhe und Dauer** des Ausbildungsunterhalts den Eltern **zumutbar** sein.[217] Für volljährige Kinder gilt

215 Vgl. etwa Leitlinien des Kammergerichts 1.5 zu Einkommen aus selbstständiger Tätigkeit.
216 Ähnlich Viefhues in: JurisPK-BGB, 8. Aufl. 2017, § 1603 BGB Rn. 14.
217 BeckOK BGB/Reinken, BGB § 1610 Rn. 50 mit Beispielen und Nachweisen aus der Rechtsprechung.

das Gebot zur Rücksichtnahme aus § 1618a BGB gerade auch in unterhaltsrechtlicher Hinsicht. Ein volljähriges Kind muss also einen kostenschonenden Ausbildungsweg wählen, wenn die Eltern in beschränkten finanziellen Verhältnissen leben.

> Als **angemessen** gilt eine Berufsausbildung, die
> (1) der Begabung, Neigungen und Fähigkeiten des Kindes am besten entspricht und
> (2) deren Finanzierung den Eltern wirtschaftlich zumutbar ist.[218]

10.1.1. Zeitraum Schulabschluss – Ausbildung

Nimmt das Kind nicht unmittelbar nach Schulabschluss eine Berufsausbildung auf, stellt sich die Frage, ob Eltern Unterhalt schulden oder aber das Kind zur Eigenversorgung und somit zur vollzeitigen Berufstätigkeit angehalten ist.

Orientierungsphase

Unmittelbar nach dem Schulabschluss wird dem Kind zugestanden, sich eine **gewisse Zeit zu orientieren** und sich mit der Auswahl des weiteren Ausbildungsweges zu beschäftigen. Der Ausbildungsunterhaltsanspruch umfasst auch diesen Zeitraum (Orientierungsphase). Umgekehrt wird vom Kind verlangt, dass es diesen Zeitraum nicht strapaziert, sondern sich seinen Verhältnissen entsprechend (Alter, Entwicklungsstand, Lebensumstände) um die Berufsfindung bemüht und eine Ausbildung sodann unverzüglich aufnimmt. Bei mutwilligen Verzögerungen entfällt der Unterhaltsanspruch. Das Kind hat die Obliegenheit, vollzeitig erwerbstätig zu sein und in diesem Rahmen auch ungelernte Tätigkeiten auszuüben.[219]

verzögerter Beginn der Berufsausbildung

Es gibt keine Altersgrenze im Hinblick auf die Aufnahme oder Beendigung der Ausbildung. Es kommt auf den Einzelfall an und – bei unüblichen Verläufen – vor allem auf die Frage, ob und wie lange den Eltern die Zahlung von Unterhalt zumutbar ist.[220]

Beispiel:

 *Ausbildungsunterhalt auch bei verzögerter Aufnahme der Berufsausbildung, wobei die Verzögerung auf Kinderbetreuung beruht*[221]

sozial orientierte Tätigkeiten

Wendet sich das Kind nach dem Schulabschluss **sozialen Projekten zu, die gleichzeitig geeignet sind, es beruflich zu bilden** bzw. in seinem weiteren Berufsweg zu unterstützen, ist die Unterhaltsverpflichtung fraglich. Um eine Berufsausbildung als solche bzw. um Ausbildungsabschnitte handelt es sich bei diesen Tätigkeiten nämlich gerade nicht – un-

218 Vgl. BeckOK BGB/Reinken, 53. Ed. 1.2.2020, BGB § 1610 Rn. 49 mit Verweis auf Rechtsprechung.
219 BeckOK BGB/Reinken, 53. Ed. 1.2.2020, BGB § 1610 Rn. 54 u.a. mit Verweis auf BGH FamRZ 2017, 799.
220 BeckOK BGB/Reinken, 53. Ed. 1.2.2020, BGB § 1610 Rn. 55 mit Verweis auf BGH NJW FamRZ 2017, 799.
221 BeckOK BGB/Reinken, 53. Ed. 1.2.2020, BGB § 1610 Rn. 55 mit Verweis auf u.a. auf BGH FamRZ 2011.

geachtet ihrer positiven persönlichen und gesellschaftlichen Auswirkungen:

- freiwilliges soziales oder ökologisches Jahr nach §§ 4, 5 JFDG: strittig bzw. vom Einzelfall abhängend[222]
- Bundesfreiwilligendienst: einzelfallabhängig.[223]

10.1.2. Dauer

mehrere Ausbildungsabschnitte

Eine Erstausbildung kann aus **mehreren Ausbildungsschritten oder -abschnitten** bestehen. Ob diese Bestandteile einer Erstausbildung sind, hängt von der **Bewertung im Einzelfall** ab.[224] Es muss ein **zeitlicher und sachlicher Zusammenhang** bestehen.

Während eines Praktikums, das nicht als angemessene Vorbildung zu einem angestrebten Beruf erforderlich ist, hat das Kind zum Beispiel keinen Anspruch auf Ausbildungsunterhalt.[225]

Voraussetzungen für Anerkennung

Zu den **Bewertungskriterien** gehören[226]

- der bisherige **Ausbildungsweg**
- die persönlichen **Verhältnisse** des Kindes
- Einheitlichkeit der Ausbildung: enger sachlicher und zeitlicher **Zusammenhang der Ausbildungsabschnitte**
- **Zumutbarkeit** für die Eltern.

zeitlicher Zusammenhang

Es muss ein **zeitlicher Zusammenhang** zwischen den Ausbildungsabschnitten bestehen. Dabei muss der **Entschluss für den weiteren Ausbildungsabschnitt** – zum Beispiel in Bezug auf die Aufnahme eines Studiums im Anschluss an eine Lehre – nicht schon bei Beginn der Ausbildung feststehen. Er kann sich auch erst während des vorhergehenden Ausbildungsabschnitts ergeben.[227]

sachlicher Zusammenhang

Zwischen Lehrausbildung und (Fach-)Hochschulstudium muss ein **sachlicher Zusammenhang** bestehen. Dieser liegt vor, wenn die Ausbildung und das Studium derselben Berufssparte angehören oder so miteinander zusammenhängen, dass das Studium auf der Lehre inhaltlich und weiterführend aufbaut.[228]

---

222 BeckOK BGB/Reinken, 53. Ed. 1.2.2020, BGB § 1610 Rn. 59 mit Kasuistik und Nachweisen.
223 BeckOK BGB/Reinken, 53. Ed. 1.2.2020, BGB § 1610 Rn. 60 mit Verweis auf Rechtsprechung.
224 BeckOK BGB/Reinken, 53. Ed. 1.2.2020, BGB § 1610 Rn. 61a.
225 OLG Hamm FamRZ 2017, 711.
226 Vgl. BeckOK BGB/Reinken, 53. Ed. 1.2.2020, BGB § 1610 Rn. 61a jeweils mit Verweis auf Rechtsprechung.
227 Zu Abitur-Lehre-Studium-Fällen: BeckOK BGB/Reinken, 53. Ed. 1.2.2020, BGB § 1610 Rn. 67 u.a. mit Verweis auf BGH NZFam 2017, 552.
228 BeckOK BGB/Reinken, 53. Ed. 1.2.2020, BGB § 1610 Rn. 65 mit Verweis u.a. auf BGH FamRZ 2017, 799.

Ein sachlicher Zusammenhang wurde in folgenden Fällen **bejaht**:[229]

- Banklehre und Jurastudium, Studium der Wirtschaftswissenschaften oder Betriebswirtschaftsstudium[230]
- Ausbildung zum IT-Systemkaufmann und Studium der Medieninformatik.[231]

Der erforderliche enge sachliche Zusammenhang wurde **verneint**:[232]

- Lehre zum Industriekaufmann und Medizinstudium[233]
- Ausbildung zur Sozialassistentin und Studium der sozialen Arbeit[234]
- bei der Abfolge Bachelor-Master-Studium: wenn der Bachelor-Studiengang als nötige Vorstufe für den angestrebten Berufsabschluss anzusehen ist, der durch den Masterstudiengang erreicht werden soll.[235]

Beispiel:

Das Ziel, Lehrer an berufsbegleitenden Schulen zu werden, setzt den Abschluss eines Bachelor-Studiums voraus.[236]

Der sachliche (und auch zeitliche) Zusammenhang kann **problematisch** sein:

- bei der Abfolge Realschule-Lehre-Fachoberschule-Fachhochschule

  Hier wurde in einem Fall gefordert, dass das Kind bereits bei Beginn der Lehre die (erkennbare) Absicht hatte, danach die Fachoberschule zu besuchen und anschließend zu studieren.[237]

Kein mehrstufiger, einheitlicher Ausbildungsweg liegt vor, wenn das Kind Ausbildungsmaßnahmen zur Qualifizierung und Weiterbildung betreibt, die sich an eine Berufsausbildung anschließen. Unterhaltsrechtlich geschuldet ist daher zum Beispiel nicht:

- Besuch einer Fachschule für Physiotherapie nach Ausbildung zum Masseur und medizinischen Bademeister[238]
- weiterführende Dolmetscherausbildung nach Ausbildung zur Fremdsprachensekretärin[239]

---

229 Vgl. BeckOK BGB/Reinken, , 53. Ed. 1.2.2020, BGB § 1610 Rn. 65 jeweils mit Verweis auf die nachfolgend angegebene Rechtsprechung.
230 BGH FamRZ 1992, 170, 171.
231 OLG Brandenburg BeckRS 2008, 286.
232 Vgl. BeckOK BGB/Reinken, 53. Ed. 1.2.2020, BGB § 1610 Rn. 65 mit Verweis auf die jeweils angegebene Rechtsprechung.
233 BGH FamRZ 1991, 1044.
234 OLG Koblenz FamRZ 2017, 2018.
235 BeckOK BGB/Reinken, 53. Ed. 1.2.2020, BGB § 1610 Rn. 73 mit Verweis auf Rechtsprechung und Aufzählung von Sachverhalten, in denen auch über den sachlichen Zusammenhang zwischen den Inhalten von Bachelor- und Masterstudiengang in der Rechtsprechung entschieden wurde.
236 BeckOK BGB/Reinken, 53. Ed. 1.2.2020, BGB § 1610 Rn. 73 mit Verweis auf BGH NZFam 2017, 552.
237 BeckOK BGB/Reinken, 53. Ed. 1.2.2020, BGB § 1610 Rn. 70 u.a. mit Verweis auf BGH FamRZ 1995, 416 [417].
238 AG Rosenheim FamRZ 2013, 1407.
239 AG Obernburg BeckRS 2009, 21361.

- Promotion nach Universitätsabschluss:[240] nur wenn im angestrebten Beruf die Promotion üblich ist und der Nichtpromovierte bei Berufsausübung Nachteile hätte.[241]

zeitlicher Zusammenhang

Die Ausbildungsabschnitte müssen in einem **zeitlichen Zusammenhang** stehen, um als einheitlicher Ausbildungsweg angesehen zu werden.

Beispiel:

 *Bei der Abfolge Realschule-Lehre-Fachoberschule besteht kein zeitlicher Zusammenhang, wenn nach Abschluss der Lehre und nachfolgender ein- bis mehrjähriger Berufstätigkeit eine Schule zum Erwerb des Fachabiturs besucht wird.*[242]

Für **Verzögerungen** zwischen zwei Ausbildungsabschnitten muss das Kind nachvollziehbare Gründe haben, um die Einheitlichkeit der Ausbildung zu wahren.[243]

Zumutbarkeit

Die Zumutbarkeit der Inanspruchnahme auf (verlängerten) Ausbildungsunterhalt kann in folgenden Fällen zu **hinterfragen** sein:[244]

- erst **nachträgliche Benachrichtigung** über Fortsetzung der Ausbildung

  Das Kind muss den Unterhaltspflichtigen zwar nicht frühzeitig über weiterführende Ausbildungspläne informieren. Die Inanspruchnahme auf Unterhalt kann aber unzumutbar sein, wenn die Eltern mit der (Fortsetzung der) Ausbildung nicht mehr rechnen mussten.[245]

- **lange Ausbildungsdauer**

  Je länger eine Ausbildung dauert – was in den Abitur-Lehre-Studium-Fällen häufig der Fall ist –, **desto höhere Anforderungen** bestehen an deren Zumutbarkeit für die Eltern. Der Wegfall von steuerlichen Erleichterungen, Kindergeld oder kindbezogenen Gehaltsbestandteilen bei fortgeschrittenem Alter des Kindes kann bei der Bewertung der Zumutbarkeit eine Rolle spielen.

- **persönliche und finanzielle Verhältnisse der Eltern**, deren Interessen mit zunehmendem Alter des Kindes dessen Interesse überwiegen.

Beispiel:

 *Fehlende Zumutbarkeit wurde angenommen in einem Fall, in dem das Kind bei Studienbeginn bereits das 25. Lebensjahr vollendet und den Elternteil nach dem Abitur nicht über seine Ausbildungspläne informiert hatte; das Kind hatte ferner nicht auf ein Schrei-*

240 OLG Hamm FamRZ 1990, 904, 905.
241 OLG Karlsruhe OLGZ 1980, 209.
242 BeckOK BGB/Reinken, 53. Ed. 1.2.2020, BGB § 1610 Rn. 71 mit Nachweisen.
243 BeckOK BGB/Reinken, 53. Ed. 1.2.2020, BGB § 1610 Rn. 71 mit Nachweisen.
244 Vgl. BeckOK BGB/Reinken, 53. Ed. 1.2.2020, BGB § 1610 Rn. 63 bis 69 mit Verweis auf Rechtsprechung.
245 BeckOK BGB/Reinken, 53. Ed. 1.2.2020, BGB § 1610 Rn. 69 mit Verweis auf Rechtsprechung.

ben reagiert, in dem der später auf Unterhalt in Anspruch genommene Elternteil mitteilte, dass er von einem Abschluss der Ausbildung und keiner Notwendigkeit weiterer Unterhaltszahlungen ausgehe.[246]

Hinweis:

Zumutbarkeitserwägungen:

*Je älter ein Kind bei Aufnahme einer (weiteren) Ausbildung ist und je eigenständiger es sein Leben gestaltet, umso mehr tritt **seine Verantwortung in den Vordergrund und die der Eltern in den Hintergrund**.*[247]

*Das Kind sollte die Eltern möglichst früh über (weiterführende) Ausbildungspläne **informieren**, damit diese sich auf die Verlängerung ihrer Unterhaltsverpflichtungen einstellen können.*

Unterbrechung und Wartezeit

Über eine **Unterbrechung** muss sich das Kind **mit den Eltern verständigen** bzw. einen nachvollziehbaren Grund für diese haben, um den Unterhaltsanspruch nicht zu verlieren.[248]

Ansonsten ist das Kind für die Zeit der Unterbrechung zur Erwerbstätigkeit verpflichtet und hat keinen Unterhaltsanspruch. Dies gilt auch, wenn das volljährige Kind eine **Wartezeit** bis zur Aufnahme der Berufsausbildung hinnehmen muss. In der Wartezeit – die sich an die Orientierungsphase, für die eine Unterhaltsverpflichtung besteht – anschließen kann, besteht eine Erwerbsobliegenheit für das volljährige Kind.

Beispiel:

Das Kind möchte studieren, muss aber auf den avisierten Studienplatz warten.[249]

Verzögerungen

Das Kind ist verpflichtet, seine Ausbildung **zielstrebig** zu durchlaufen, um den Interessen der Eltern gerecht zu werden und diese nicht unzumutbar zu belasten. Macht es dies nicht und kommt es zu vorwerfbar erheblichen Verzögerungen, endet der Unterhaltsanspruch.

Beispiel:

Nicht vorwerfbar sind Verzögerungen infolge von Krankheit, leichtem[250] *oder zeitweiligem*[251] *Ausbildungsversagen, das zur Wiederholung einer Prüfung oder eines Semesters führt.*

---

246 BeckOK BGB/Reinken, 53. Ed. 1.2.2020, BGB § 1610 Rn. 69 mit Verweis auf BGH FamRZ 2017, 1132.

247 Ähnlich BeckOK BGB/Reinken, 53. Ed. 1.2.2020, BGB § 1610 Rn. 69.

248 Zu den Gründen eingehend BeckOK BGB/Reinken, 53. Ed. 1.2.2020, BGB § 1610 Rn. 74 mit Nachweisen.

249 BeckOK BGB/Reinken, 53. Ed. 1.2.2020, BGB § 1610 Rn. 74 mit Verweis auf OLG Frankfurt a. M. FamRZ 1990, 789.

250 BGH FamRZ 1998, 671; OLG Hamm FamRZ 1990, 904.

251 BGH FamRZ 1990, 149 f.; OLG Brandenburg NJW-RR 2008, 161.

Abbruch

Dem Kind ist – im gewissen Umfang – ein **Ausbildungswechsel** zuzugestehen, wenn die begonnene Ausbildung **erkennbar nicht seinen Neigungen und Fähigkeiten entspricht**.

Bei der Bewertung kommt es auf die **Zumutbarkeitskriterien** im Einzelfall an: Einerseits ist davon auszugehen, dass fehlende Fähigkeiten von Studierenden sich bereits zu Beginn des Studiums zeigen. Ein Studienwechsel im fortgeschrittenen Studium ist daher grundsätzlich kritisch zu bewerten. Andererseits gibt es Entscheidungen, wonach der Abbruch nach Ablauf der Hälfte der Ausbildungszeit nicht zum Erlöschen des Unterhaltsanspruchs geführt hat.[252]

10.1.3. Bedarf

Für den Elementarbedarf, der die allgemeinen Lebenshaltungskosten erfasst, gelten die Bedarfssätze der Düsseldorfer Tabelle.

Die mit einer Berufsausbildung zusammenhängenden Mehrkosten, wie zum Beispiel Studiengebühren, Aufnahmebeiträge, Kosten der berufsspezifischen Kleidung oder Ausrüstung, gehören zum Unterhaltsbedarf und sind zusätzlich zum Elementarunterhalt als Mehrbedarf bzw. Sonderbedarf zu leisten. Ist das Kind minderjährig, sind Mehr- und Sonderbedarf von den Eltern anteilig – im Verhältnis der beiderseitigen Einkünfte – zu decken. Bei einem volljährigen Kind haften die Eltern ohnehin anteilig für seinen gesamten Unterhaltsbedarf.

→ Siehe Elementarbedarf, 4.1.

→ Siehe Mehrbedarf, 4.2.1.

→ Siehe Beispielrechnung 7

Die Düsseldorfer Tabelle sowie die Leitlinien der OLG und des KG befassen sich insbesondere mit den Studiengebühren. Für im Haushalt der Eltern studierende Kinder gilt, dass Studiengebühren zusätzlich zum Tabellenunterhalt zu leisten sind.[253] Dies gilt für das Kind mit eigenem Haushalt entsprechend. Studiengebühren erhöhen den Regelbedarfssatz.[254]

10.1.4. Bedürftigkeit

anrechenbare Einkünfte

Einkünfte des Kindes mindern die Bedürftigkeit. Als anrechenbare Einkünfte kommen bei Kindern in der Ausbildung insbesondere in Betracht:

- Ausbildungsvergütung
- Zuschüsse während eines Praktikums
- Ausbildungsbeihilfen
- BAföG, auch darlehensweise.

---

252 BeckOK BGB/Reinken, 53. Ed. 1.2.2020, BGB § 1610 Rn. 55 mit Verweis auf OLG Brandenburg BeckRS 2014, 14888.
253 Anm. A. 9 zur Düsseldorfer Tabelle 2019.
254 Anm. A. 9 zur Düsseldorfer Tabelle 2019 sowie u.a. Leitlinien des Kammergerichts 2019, Anm. 13.1.2.

Ausbildungsvergütung

Die Ausbildungsvergütung ist Einkommen des Kindes und grundsätzlich auf den Bedarf anzurechnen. Während sich berufsbedingte Aufwendungen auf Seiten des Unterhaltspflichtigen einkommensmindernd auswirken,

→ Siehe Einkünfte aus abhängiger Beschäftigung, 9.1.1.

ist beim Kind in der Ausbildung zu differenzieren:

- Beim **Kind im Haushalt der Eltern** sehen die Düsseldorfer Tabelle und einige Oberlandesgerichte den Abzug einer Pauschale (derzeit 100,00 €) von der Ausbildungsvergütung vor.[255] Denkbar ist aber auch die Geltendmachung der konkreten ausbildungsbedingten Aufwendungen (Fahrtkosten und sonstiger Ausbildungsaufwand), sofern diese die Pauschale übersteigen.
- Beim **Kind mit eigenem Haushalt** erfolgt demgegenüber in der Regel kein Pauschalabzug, weil dessen Regelbedarfssatz höher ausfällt. Vertretbar wäre aber ein Abzug von 5 % der Ausbildungsvergütung oder die Bereinigung um die konkreten Kosten der ausbildungsbedingten Aufwendungen (wie beim Pflichtigen).[256]

Höhe der Anrechnung

Steht die Höhe des (bereinigten) Einkommens fest, wird es beim volljährigen Kind vollständig und beim minderjährigen Kind im Haushalt der Eltern hälftig auf den Bedarf angerechnet.

→ Siehe Bedürftigkeit, 5.

→ Siehe Beispielrechnungen 1 und 7

Vermögen

Verfügt das Kind über Vermögen – etwa aufgrund einer häufig von Eltern oder Großeltern abgeschlossenen Ausbildungsversicherung oder aus Ersparnissen, die in Ausbildungspausen erwirtschaftet wurden oder auch Erbschaften etc. –, stellt sich ebenfalls die Frage nach der Anrechenbarkeit.[257]

→ Siehe Vermögen, 5.2.3.

staatliche Unterstützungsleistungen

Bei der Geltendmachung von Ausbildungsunterhalt ist außerdem zu prüfen, ob das Kind zur **Inanspruchnahme von staatlichen Unterstützungsleistungen verpflichtet** ist (wenn es diese nicht bereits in Anspruch nimmt). Insbesondere obliegt es dem Kind, in Betracht kommende BAföG-Leistungen zu beantragen.[258] Macht es dies nicht und ist ihm dieses Unterlassen vorzuwerfen, kommt eine fiktive Anrechnung der erreichbaren Leistungen in Betracht.[259]

→ Siehe Fiktive Zurechnung, 9.5.

In diesem Rahmen kann das Kind auch verpflichtet sein, einen neuen Antrag zu stellen, nachdem ein früherer abgelehnt wurde – nämlich immer

255 Anm. 8 zur Düsseldorfer Tabelle 2019: Kürzung um monatlich 100,00 €.
256 Klinkhammer, in: Wendl/Dose, Unterhaltsrecht, § 2 Rn. 116, 117.
257 Bei der Anrechenbarkeit von Vermögen geht es um die Frage, ob und inwieweit das Kind auf vorhandenes Vermögen oder Teile davon zurückgreifen muss, bevor es Unterhalt einfordert.
258 BeckOK BGB/Reinken, 53. Ed. 1.2.2020, BGB § 1610 Rn. 51 mit Verweis auf OLG Hamm FamRZ 2014, 565.
259 BeckOK BGB/Reinken, 53. Ed. 1.2.2020, BGB § 1610 Rn. 51 mit Verweis auf auf OLG Schleswig FamRZ 2006, 571.

dann, wenn (was für das Kind erkennbar sein muss) die Bewilligung von BAföG-Leistungen möglich erscheint.

Beispiel:

Der BAföG-Antrag eines Kindes wird wegen zu hoher Einkünfte der Eltern abgelehnt. Später verschlechtern sich die wirtschaftlichen Verhältnisse der Eltern. Das Kind ist dann verpflichtet, einen neuen Antrag zu stellen, weil eine Inanspruchnahme von BAföG-Leistungen nunmehr möglich erscheint.[260]

Das Kind studiert in Deutschland. Es erhält kein BAföG wegen der guten Einkommensverhältnisse der Eltern. Dann entscheidet sich das Kind für ein Auslandssemester. Jetzt hat es wegen seines gestiegenen Bedarfs (höhere Lebenshaltungskosten im Ausland, Studiengebühren) möglicherweise einen Anspruch auf BAföG-Leistungen für das Auslandssemester und muss einen entsprechenden Antrag stellen.

Das Kind muss jedoch **kein Bildungsdarlehen** in Anspruch nehmen.[261]

10.1.5. Obliegenheiten des Kindes

Pflichten

Der Ausbildungsunterhaltsanspruch bringt nicht nur Rechte, sondern auch Pflichten mit sich. Zu diesen gehören:

- **Fleiß und Zielstrebigkeit**

  Das Kind muss die Ausbildung zielstrebig verfolgen, um sie „innerhalb angemessener und üblicher Dauer zu beenden und sich danach selbst zu unterhalten".[262]

  Macht das Kind dies nicht, verliert es seinen Unterhaltsanspruch.[263]

- **Information über Ausbildungsgang**

  Das Kind muss den unterhaltspflichtigen Elternteil über den Fortgang seiner Ausbildung informieren.

Kommt das Kind diesen Obliegenheiten nicht nach, bestehen Abwehrrechte der Eltern.

Deren Vorgehen hängt davon ab, ob das Kind über einen Unterhaltstitel verfügt oder nicht:

Folgen bei Nichterfüllung

Verfügt das Kind über **keinen Unterhaltstitel** und macht Unterhaltsansprüche außergerichtlich oder gerichtlich im Wege eines Leistungsantrags geltend, kann sich der in Anspruch genommene Elternteil aufgrund

260 Vgl. BeckOK BGB/Reinken, 53. Ed. 1.2.2020, BGB § 1610 Rn. 51 mit Verweis auf OLG Karlsruhe OLGR 2009, 280.

261 BeckOK BGB/Reinken, 53. Ed. 1.2.2020, BGB § 1610 Rn. 51 mit Verweis auf OLG Bremen FamRZ 2013, 1050.

262 BeckOK BGB/Reinken, 53. Ed. 1.2.2020, BGB § 1610 Rn. 56 mit Verweis auf Rechtsprechung.

263 BeckOK BGB/Reinken, 53. Ed. 1.2.2020, BGB § 1610 Rn. 56 mit Verweis auf Rechtsprechung und dem Hinweis, dass die Voraussetzungen des § 1611 Abs. 1 BGB nicht gegeben sein müssen.

der Nichterfüllung des Informationsanspruchs auf ein **Zurückbehaltungsrecht** berufen.

Verfügt das Kind über einen **Unterhaltstitel**, ist zu beachten, dass es, trotz Verletzung seiner Obliegenheiten, bei Einstellung der laufenden Unterhaltszahlungen vollstrecken kann. Das gilt auch dann, wenn die titulierte Höhe mit dem tatsächlich bestehenden Unterhaltsanspruch nicht übereinstimmt. Folgende prozessualen Möglichkeiten kommen für die Eltern in Betracht, wenn das Kind über einen Unterhaltstitel verfügt:

- **Abänderungsantrag** im Hinblick auf den Wegfall der Unterhaltsverpflichtung, **verbunden** mit einem **Antrag auf einstweilige Einstellung der Zwangsvollstreckung**.

  Zuvor sollte das Kind zum Verzicht auf die Rechte aus dem Titel und Vollstreckungsverzicht aufgefordert werden.

  → Siehe Abänderung von Unterhaltstiteln, 13.7.

- Läuft oder droht eine Vollstreckung, kommt zusätzlich ein **Vollstreckungsabwehrantrag** in Betracht. Als Gegenrecht kann ein Zurückbehaltungsrecht geltend gemacht werden im Hinblick darauf, dass das Kind Obliegenheiten nicht erfüllt.

  → Siehe Vollstreckungsabwehr zur Beseitigung von Unterhaltstiteln, 13.8.

10.2. Unterhalt im Wechselmodell

Unter Wechselmodell versteht man die Betreuungssituation, in der das Kind zu gleichen Teilen oder beinahe zu **gleichen Teilen bei beiden Eltern lebt und diese ihre Versorgungs- und Erziehungsaufgaben gleichermaßen wahrnehmen**.[264] Entscheidend sind die tatsächlichen Verhältnisse.

Den zeitlichen Betreuungsanteilen kommt Indizwirkung zu: Lebt das Kind zu gleichen Teilen bei den Eltern, spricht man vom **paritätischen Wechselmodell**. Bei geringfügigen Abweichungen ist umstritten, ob noch ein paritätisches Wechselmodell vorliegt oder erweiterter Umgang auf Seiten des Elternteils, dessen Obhut sich auf weniger als 50 % erstreckt.[265] Bei geringen Abweichungen (52,5 %) wird ein paritätisches Wechselmodell zum Teil bejaht.[266] Bei einer Betreuung des Kindes durch die Eltern im Verhältnis 45 % zu 55 % geht die Rechtsprechung nicht von einem paritätischen Wechselmodell aus,[267] auch nicht bei einem Betreuungsanteil von 57 %.[268]

264 BeckOK BGB/Reinken, 53. Ed. 1.2.2020, BGB § 1606 Rn. 27 mit Verweis auf BGH FamRZ 2014, 917.
265 Bei erweitertem Umgang ist die Anrechnung von Naturalleistungen auf den Barunterhaltsanspruch zu prüfen, siehe hierzu die Anmerkung zu KG, Beschluss vom 15.4.2019 – 13 UF 89/16, FamRZ 2019, 1321 f.
266 OLG Nürnberg FamRZ 2017, 257.
267 KG, Beschluss vom 15.4.2019 – 13 UF 89/16, FamRZ 2019, 1321 f.
268 OLG Köln FUR 2017, 250.

10.2.1. Anspruch und Haftung

Im Wechselmodell hat das Kind **Barunterhaltsansprüche gegen beide Eltern**. Die beiderseitige Haftung entsteht, weil jeder Elternteil das Kind im Wechsel betreut und für diese Zeit von seiner Barunterhaltspflicht befreit wird. Umgekehrt lebt jeder Elternteil im Wechsel getrennt vom Kind und ist in dieser Zeit barunterhaltspflichtig.

Ausgleichs- statt Zahlungsanspruch

Die Unterhaltsberechnung im Rahmen des Wechselmodells ähnelt daher in Teilen der Berechnung des Unterhaltsanspruchs eines volljährigen Kindes, wo die Eltern ebenfalls grundsätzlich anteilig haften. Das Kind kann aber **nicht Zahlung gegen beide Eltern** beanspruchen. Es kann nur **Zahlung nach Verrechnung beider Barunterhaltsansprüche zu Händen des ausgleichsberechtigten Elternteils** geltend machen.[269]

10.2.2. Bedarfsermittlung

Im Wechselmodell ist die Bedarfsermittlung von besonderer Bedeutung. Die Tabellensätze, die vom Residenzmodell ausgehen, reichen für die Bedarfsdeckung eines Kindes im Wechselmodell in der Regel nicht aus. In der Praxis bietet sich an, den **Tabellensatz als Ausgangspunkt** zu nehmen und um **weiteren Bedarf des Kindes zu erhöhen**. In Betracht hierfür kommen durch das Wechselmodell veranlasste zusätzliche Fahrt- und Wohnkosten.

Beispiel:

 *Das Kind benötigt in beiden Haushalten ein vollständig eingerichtetes, eigenes Zimmer.*

Auch Sonder- und Mehrbedarf kann im Wechselmodell doppelt anfallen.

Beispiel:

 *Das Kind spielt Klavier. Es benötigt bei beiden Eltern ein Musikinstrument zum Üben.*

Das Kind benötigt infolge einer Behinderung bestimmtes Mobiliar wie ein Wasserbett und einen Luftbefeuchter. Diese Gegenstände müssen in beiden Haushalten vorhanden sein.

269 BeckOK BGB/Reinken, 53. Ed. 1.2.2020, BGB § 1606 Rn. 36 mit Verweis auf BGH FamRZ 2017, 437.

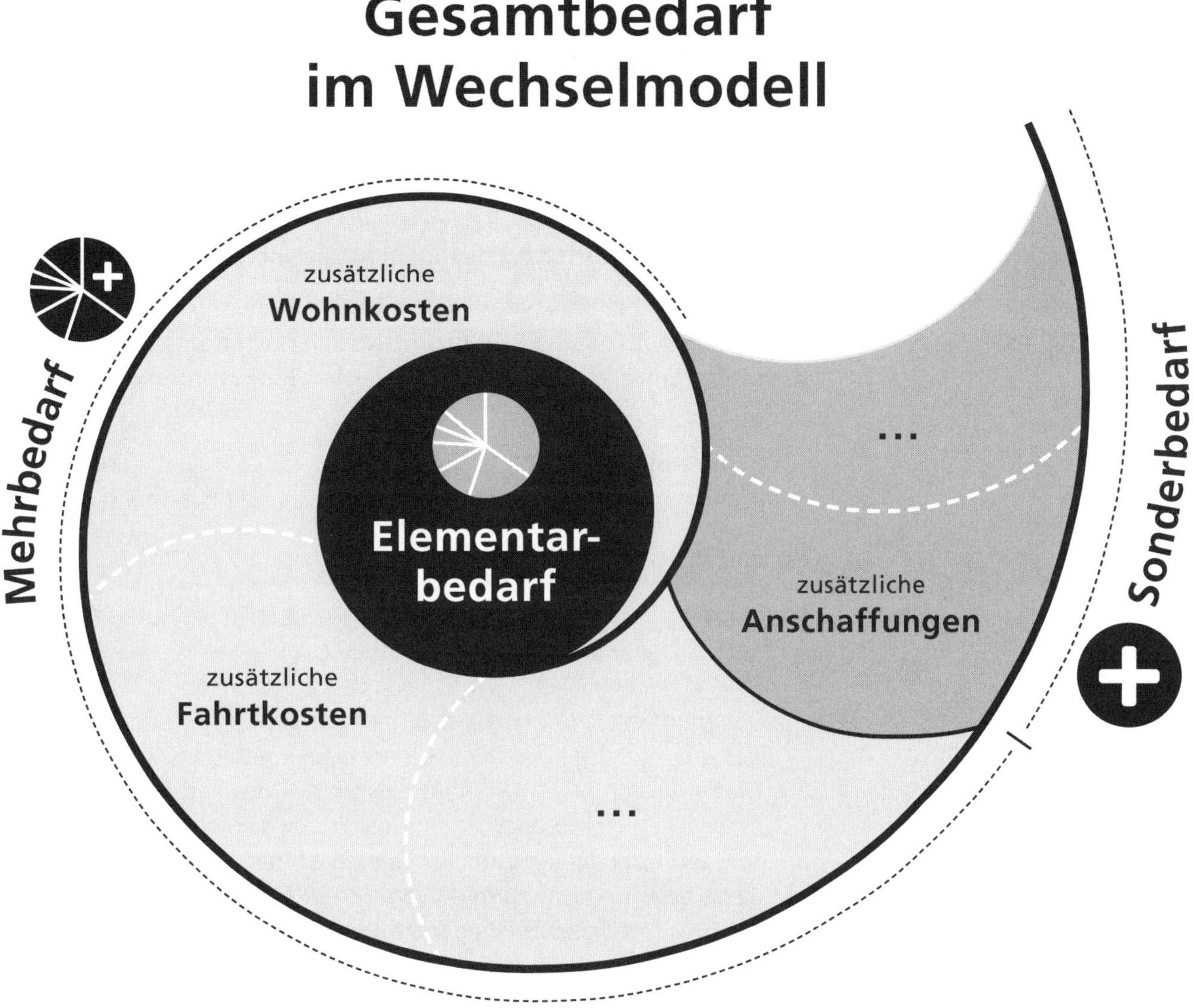

10.2.3. Vertretungsbefugnis

Weil sich das Kind im Wechsel in der Obhut des einen oder des anderen Elternteils befindet, kann keiner von beiden das Kind gemäß § 1629 Abs. 2 Satz 2 und Abs. 3 BGB gesetzlich vertreten. Der Elternteil, der die Geltendmachung von Unterhaltsansprüchen anstrebt, muss daher zunächst für die **ordnungsgemäße Vertretung des Kindes** sorgen. Dazu hat er folgende Möglichkeiten:

- Antrag auf Übertragung der Vertretungsbefugnis (Befugnis zur Geltendmachung des Unterhalts gegen den anderen Elternteil) gemäß § 1628 BGB[270]
- Antrag auf Einrichtung einer Ergänzungspflegschaft gemäß § 1909 BGB.[271]

270 OLG Frankfurt FUR 2017, 217.
271 OLG Celle FamRZ 2019, 40, OLG Nürnberg FamRZ 2017, 257.

10.2.4. Berechnung des (Differenz-) Unterhaltsanspruchs

Es wurden in Rechtsprechung und Literatur Grundsätze zum Kindesunterhalt im Wechselmodell entwickelt, beruhend darauf, dass beide Eltern barunterhaltsverpflichtet sind.[272]

Bedarfsermittlung

Erster Schritt: Ermittlung des Elementar- und Mehrbedarfs

Bei Leistungsfähigkeit beider Eltern wird der Elementarbedarf aufgrund von § 1606 Abs. 3 Satz 1 BGB **grundsätzlich nach dem zusammengerechneten unterhaltsrechtlich relevanten Einkommen** der Eltern ermittelt.

Wenn **nur ein Elternteil leistungsfähig** ist, richtet sich der Bedarf nach dem Einkommen des allein barunterhaltspflichtigen Elternteils.

Beispiel:

Das Kind lebt im paritätischen Wechselmodell. Die Mutter hat ein bereinigtes Einkommen von 4.000,00 €, der Vater ein bereinigtes Einkommen von 1.400,00 €. Nach den zusammengerechneten Einkommen von 5.400,00 € würde sich der Bedarf des Kindes nach der zehnten Stufe der Düsseldorfer Tabelle richten. Da aber nur die Mutter leistungsfähig ist – das Einkommen des Vaters liegt unter dem (im Wechselmodell grundsätzlich maßgeblichen) angemessenen Selbstbehalt –, richtet sich der Bedarf nach ihrem Einkommen. Denn sie kann nicht zu mehr verpflichtet werden, als wenn sie allein barunterhaltspflichtig wäre.

Für die Ermittlung des Elementarbedarfs ist daher allein das Einkommen der Mutter und damit die siebte Einkommensgruppe der Düsseldorfer Tabelle maßgeblich.

Durch die Betreuung des Kindes in zwei getrennten Haushalten entsteht in der Regel **Mehrbedarf**, häufig in Form von – im Vergleich zum Residenzmodell erhöhten – Wohn- und Fahrtkosten. Der Mehrbedarf wird wie folgt ermittelt:

- **erhöhte Wohnkosten** im Hinblick auf den erhöhten Raumbedarf des Kindes

  Erhöhte Wohnkosten liegen vor, wenn sie die im Tabellenbetrag enthaltenen Wohnkosten übersteigen; diese betragen in der Regel 20 % des Tabellenbetrags.[273] Erhöhte **Wohnkosten** können mit einer **Pauschale von 20 %** des Tabellensatzes angesetzt werden oder als **Fest-**

272 Vgl. BeckOK BGB/Reinken, 53. Ed. 1.2.2020, BGB § 1606 Rn. 27 ff. mit Verweis auf Rechtsprechung; ferner Klinkhammer, in: Wendl/Dose, Unterhaltsrecht, § 2 Rn. 447 ff. mit Beispielsrechnung; Roßmann, Familiengerichtliches Verfahren, Rn. 2518 ff.; siehe auch Wegener, Wechselmodell, FamRZ 2019, 1021 ff. zu verschiedenen Lösungsansätzen in Rechtsprechung und Literatur.

273 Vgl. BeckOK BGB/Reinken, 53. Ed. 1.2.2020, BGB § 1606 Rn. 31.

betrag, der sich nach den **Mindestbedarfssätzen**[274] richtet. Diese Vorgehensweise bietet sich bei ähnlichen Wohnverhältnissen der Eltern an. Sind die Wohnverhältnisse unterschiedlich, bietet sich an, die erhöhten Wohnkosten konkret zu ermitteln. Eine mögliche Lösung wäre, den Tabellenbetrag zunächst um 20 % zu bereinigen und dann die konkreten Wohnkosten des Kindes bei beiden Eltern hinzuzurechnen. Diese können in der Differenz zwischen den tatsächlichen Wohnkosten der Eltern und den Wohnkosten, die sie ohne das Kind hätten, bestehen. Denkbar ist aber auch, die Wohnkosten auf die Anzahl der Bewohner, zu denen das Kind gehört, umzulegen oder nach den Räumen, die das Kind (mit-)benutzt.

Am einfachsten und an den Tabellensätzen orientiert ist folgende Lösung:

Wohnkosten des Kindes im Wechselmodell

Zunächst wird der Tabellensatz gemessen an den Einkünften beider Eltern ermittelt. Anschließend wird von dieser Summe der Wohnkostenanteil von 20 % abgezogen. Auf den danach verbleibenden Betrag werden die Wohnkosten des Kindes zweifach hinzugerechnet, wobei der Wohnkostenanteil des Tabellenbetrags herangezogen wird, der bei alleiniger Barunterhaltspflicht maßgeblich wäre.

Beispiel:

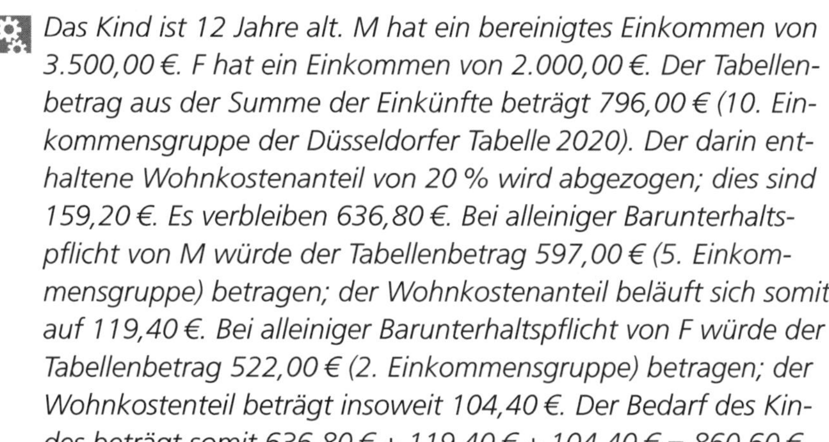

Das Kind ist 12 Jahre alt. M hat ein bereinigtes Einkommen von 3.500,00 €. F hat ein Einkommen von 2.000,00 €. Der Tabellenbetrag aus der Summe der Einkünfte beträgt 796,00 € (10. Einkommensgruppe der Düsseldorfer Tabelle 2020). Der darin enthaltene Wohnkostenanteil von 20 % wird abgezogen; dies sind 159,20 €. Es verbleiben 636,80 €. Bei alleiniger Barunterhaltspflicht von M würde der Tabellenbetrag 597,00 € (5. Einkommensgruppe) betragen; der Wohnkostenanteil beläuft sich somit auf 119,40 €. Bei alleiniger Barunterhaltspflicht von F würde der Tabellenbetrag 522,00 € (2. Einkommensgruppe) betragen; der Wohnkostenteil beträgt insoweit 104,40 €. Der Bedarf des Kindes beträgt somit 636,80 € + 119,40 € + 104,40 € = 860,60 €.

- **erhöhte Fahrtkosten** im Hinblick auf (längere) Wege zur Schule, Kita oder Kindergarten:

Beispiel

Das Kind wurde am Wohnort der Mutter eingeschult. Wenn es bei der Mutter ist, fährt es mit dem Fahrrad zur Schule. Vom Vater aus ist die Schule nur mit öffentlichen Verkehrsmitteln zu erreichen, die zusätzliche Kosten von 80,00 € im Monat auslösen. Ferner kommt es zu Fahrtkosten an den Wechseltagen auf Seiten beider Eltern von jeweils 50,00 €. Der Fahrtkostenauf-

274 Die Richtsätze der ersten Einkommensgruppe entsprechen dem Mindestbedarf gemäß der Zweiten Verordnung zur Änderung der Mindestunterhaltsverordnung vom 12.9.2019 (BGBl 2019 I 1393).

wand von 2 x 50,00 € + 80,00 € ist dem Bedarf hinzuzurechnen.

Weiter werden alle Aufwendungen dem Bedarf hinzugerechnet, die auch im Residenzmodell als **Mehrbedarf** gelten, wie insbesondere

- **Kindergarten- und Hortkosten** (soweit diese zum Mehrbedarf des Kindes und nicht zu den berufsbedingten Aufwendungen der Eltern gehören).

→ Siehe Mehrbedarf, 4.2.1.

Anteilsermittlung

Zweiter Schritt: Ermittlung der Haftungsanteile der Eltern

Für den Bedarf haften die Eltern anteilig gemäß § 1606 Abs. 3 Satz 1 BGB. Bei der Ermittlung der Haftungsanteile werden zum einen ihre Einkommens- und Vermögensverhältnisse und zum anderen ihre Naturalleistungen berücksichtigt.[275]

- Ermittlung der beiderseitigen Einkommens- und Vermögensverhältnisse

  Maßgeblich ist das unterhaltsrechtlich relevante Einkommen der Eltern, das bereits im Hinblick auf die Bedarfsfeststellung ermittelt wurde (siehe oben).

- Abzug des Selbstbehalts

  Von den unterhaltsrechtlichen Einkommen der Eltern ist jeweils der angemessene Selbstbehalt (derzeit 1.400,00 €) abzuziehen.

275 BeckOK BGB/Reinken, 53. Ed. 1.2.2020, BGB § 1606 Rn. 34 mit Verweis auf BGH FamRZ 2014, 917.

Haftungsanteile der Eltern am Gesamtbedarf

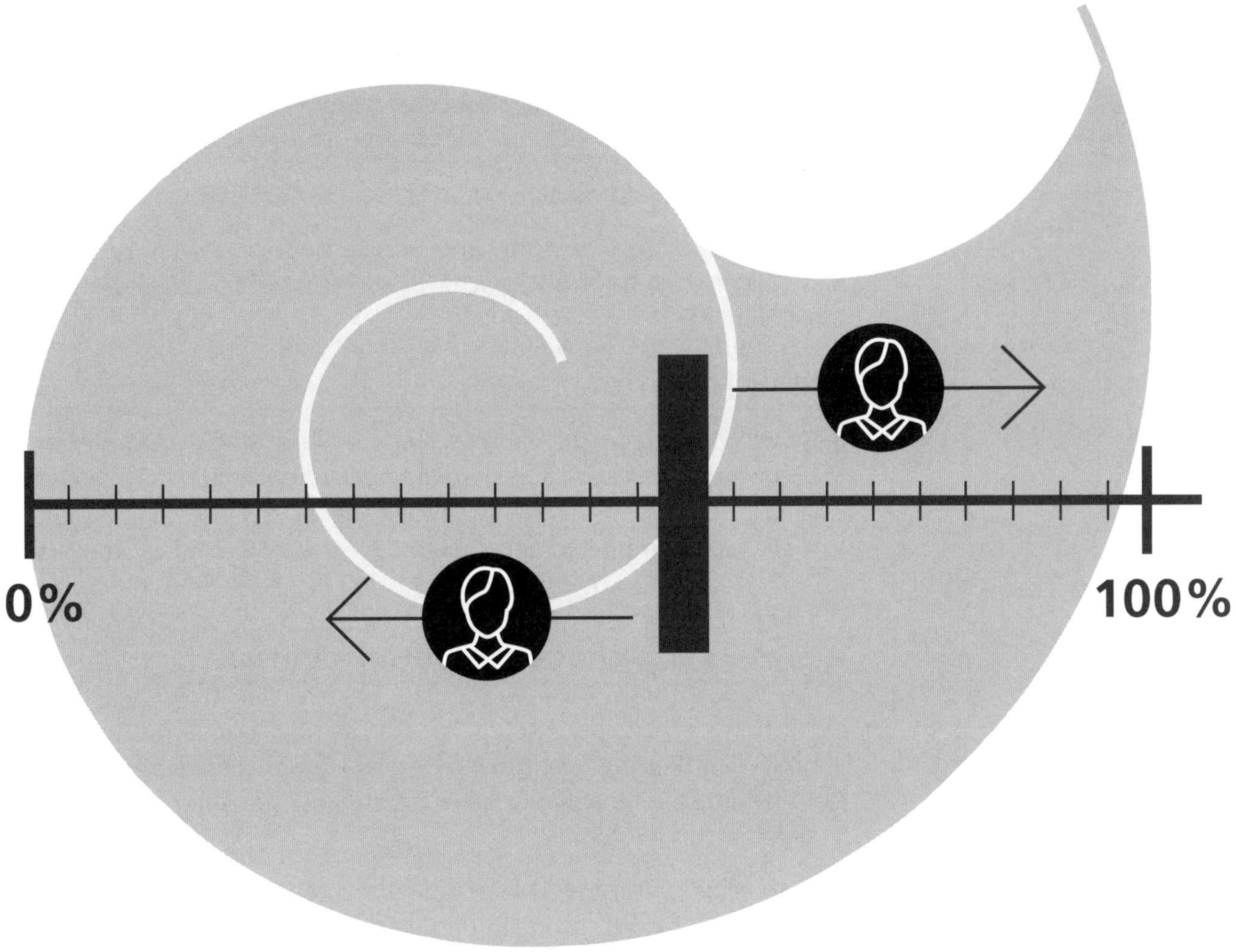

0%

100%

Beispiel:

Der zuvor ermittelte Gesamtbedarf des Kindes beträgt 1.000,00 €. Der Vater hat ein Einkommen von 3.500,00 €, was mit 2.100,00 € über dem angemessenen Selbstbehalt liegt. Die Mutter hat ein Einkommen von 2.100,00 €, was mit 700,00 € über dem angemessenen Selbstbehalt liegt. Das Verhältnis der Einkünfte beträgt 75% zu 25 %. Der Vater haftet für 750,00 € und die Mutter für 250,00 €. Entsprechend hat der Vater an Kindesunterhalt an die Mutter die Hälfte der Differenz auszugleichen, also (750,00 € – 250,00 €) : 2 = 250,00 €.

Dritter Schritt: Kürzung um Vorab-Leistungen

Anrechnung

Bei **Anschaffungen** macht es einen Unterschied, ob der Unterhalt zuvor, ausgehend vom (üblichen) Gesamtbedarf, ausgeglichen ist oder ob ein Ausgleich erst danach – unter Berücksichtigung der Ausgaben – erfolgen soll.

Beispiel:

Der Vater zahlt an die Mutter einen zuvor ermittelten Ausgleichsbetrag in Höhe von 250,00 € monatlich. Die Mutter kauft für das Kind einen Schulranzen für 200,00 €. Dieser ist dem Elementarbedarf des Kindes zuzuordnen. Sie kann vom Vater die Erstattung nur des hälftigen Betrags verlangen, weil dieser bereits einen Ausgleich durch Zahlung von 250,00 € vorgenommen hat. Weil der Ausgleich bereits stattgefunden hat, werden die Eltern so behandelt, als hätten sie Einkommen in gleicher Höhe und haften zur Hälfte.

Geht es allerdings um **Mehr- und Sonderbedarf**, der bei Festsetzung des Ausgleichsbetrags noch nicht erfasst war, haften die Eltern gemäß der Quote.

Beispiel:

Wie im vorstehenden Beispiel zahlt der Vater an die Mutter einen zuvor ermittelten Ausgleichsbetrag in Höhe von 250,00 € monatlich. Dem Kind wird eine Brille verschrieben, die 200,00 € kostet. Die Mutter trägt von den Kosten 25 % (also 50,00 €) und der Vater 75 % (also 150,00 €). Denn die Kosten für die Brille stellen Sonderbedarf dar, der in dem zuvor ermittelten und durch die monatliche Zahlung ausgeglichenen Bedarf nicht enthalten ist.

Bei sich wiederholenden Kosten (wie zum Beispiel monatliche Beträge für erhöhte Fahrtkosten, Vereinsbeiträge etc.) können diese nach Ermittlung der Haftungsquote, aber vor der Ausrechnung der Anteile vorab in Abzug gebracht werden.

Der jeweilige Haftungsanteil stellt den Barunterhaltsanspruch des Kindes dar, der um Vorab-Leistungen der Eltern gekürzt wird. Es verbleibt ein **Differenz- oder Spitzenbetrag**.[276]

Beispiel:

Im vorstehenden Beispiel zahlt die Mutter die Hortkosten des Kindes von 200,00 € und der Vater die monatlichen Kosten für den Schwimmverein von 50,00 €. Diese Leistungen werden auf die Haftungsanteile angerechnet. Der Haftungsanteil des Vaters wird um die bereits erbrachte Leistung gekürzt und beträgt 750,00 € – 50,00 € = 700,00 €. Der Haftungsanteil der Mutter wird um die bereits erbrachte Leistung gekürzt und beträgt 250,00 € – 200,00 € = 50,00 €. Daraus folgt, dass zunächst der Vater an die Mutter die hälftige Differenz von 700,00 € – 50,00 € ausgleichen muss. Der Vater hat daher 650,00 € geteilt durch 2 = 325,00 € an die Mutter zu zahlen.

276 Siehe BGH FamRZ 2017, 437: kein familienrechtlicher Ausgleichsanspruch der Eltern.

In der Praxis bietet es sich an, beim Wechselmodel Vereinbarungen zu treffen, wonach der Elternteil mit dem höheren Einkommen dauerhaft höhere Ausgaben übernimmt, was seinen Haftungsanteil reduziert.

Beispiel:

 *Würde der Vater im vorstehenden Beispiel alle Kosten – Hort und Fahrtkosten – übernehmen und dafür 250,00 € erbringen, würde er für den Restbedarf von 500,00 € haften. Der Haftungsanteil der Mutter bliebe weiterhin bei 250,00 €. Die Differenz beträgt sodann 250,00 €. Die Hälfte davon – 125,00 € – muss der Vater dann an die Mutter ausgleichen.*

Vierter Schritt: Anrechnung von Kindergeld

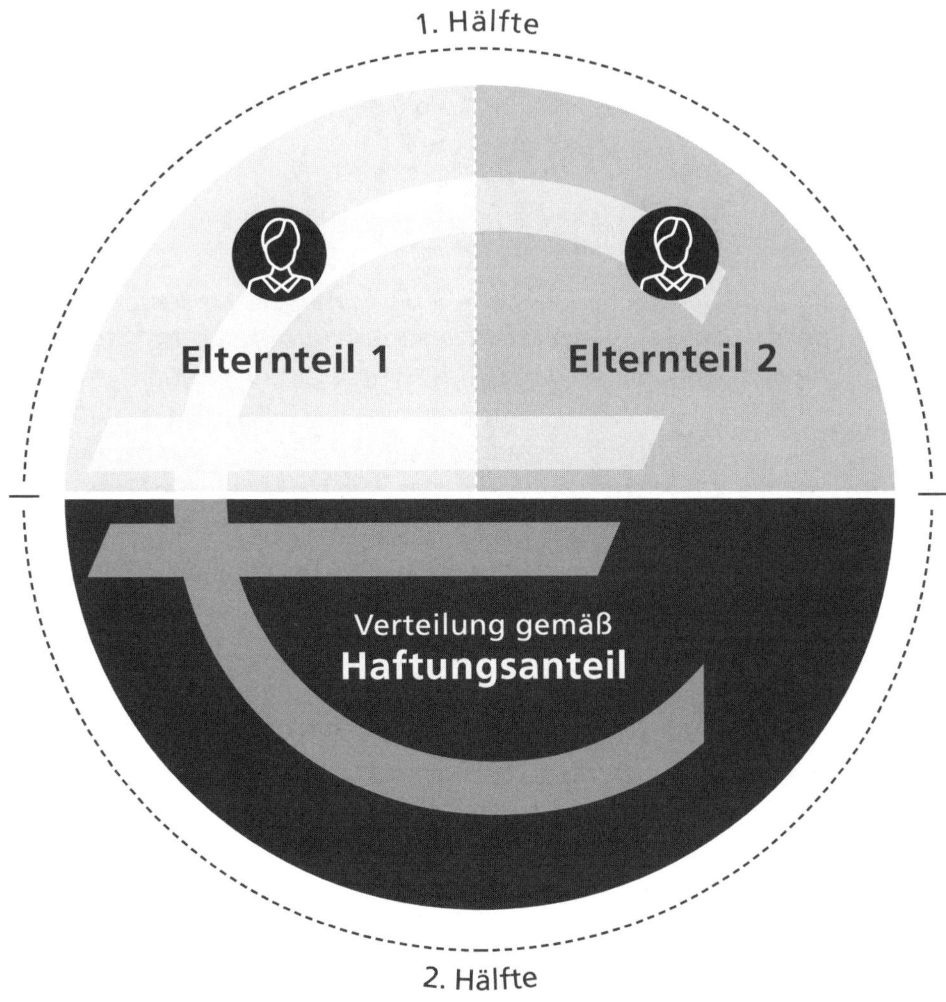

Das Kindergeld wird zwischen den Eltern aufgeteilt: Die eine Hälfte des Kindergeldes wird zwischen den Kindeseltern als Betreuungsanteil und die andere Hälfte nach dem Verhältnis der Haftungsanteile für den Kindesunterhalt aufgeteilt.[277]

277 Vgl. BGH, Beschluss v. 20.4.2016 – XII ZB 45/15, FamRZ 2016, 1053 ff.

Teilhabe der Eltern am Kindergeld

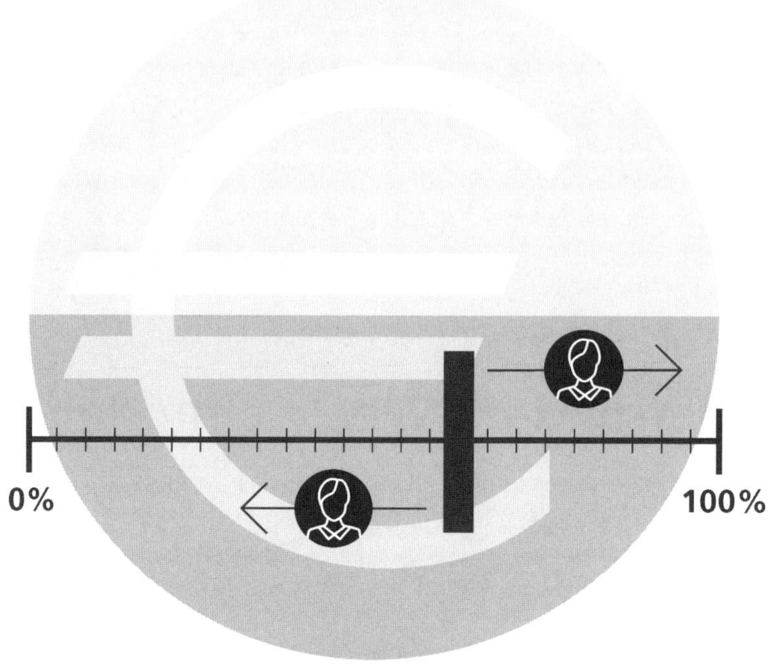

Beispiel:

 *Im vorstehenden Beispiel bezieht die Mutter das Kindergeld von derzeit 204,00 €. Davon steht jedem Elternteil zunächst ¼ (51,00 €) für den Betreuungsanteil zu. Die zweite Hälfte – 102,00 € – wird nach dem Verhältnis der Haftungsanteile (75 % zu 25 %) aufgeteilt. Danach stehen dem Vater weitere 76,50 € zu und der Mutter 25,50 €. Die Mutter schuldet damit dem Vater das anteilige Kindergeld in Höhe von 51,00 € + 76,50 € = 127,50 €.*

Im Ausgangsfall (ohne Zahlungen der Eltern) kann der Vater seinen ihm zustehenden Anteil am Kindergeld vom Ausgleichsbetrag an die Mutter abziehen und an sie 250,00 € – 127,50 € = 122,50 € auskehren (zu beachten ist, dass für alle weiteren Kosten die Eltern dann hälftig haften, siehe vorstehendes Beispiel mit dem Schulranzen).

In der Abwandlung, in der die Mutter für den Hort 200,00 € zahlt und der Vater für die Fahrtkosten aufkommt, kann der Vater seine Ausgleichsverpflichtung von 325,00 € um diesen Betrag kürzen; seine Ausgleichsverpflichtung beträgt 325,00 € – 127,50 € = 197,50 €.

In dem Fall, in dem der Vater für alle Kosten vorab aufkommt, kann er den ihm zustehenden Betrag von 127,50 € auf den Betrag von 125,00 € anrechnen. Dann schuldet er keinen Ausgleich, vielmehr schuldet die Mutter ihm den Ausgleich des restlichen Kindergeldes in Höhe von 2,50 €.

→ Siehe Beispielrechnung 4 zum Wechselmodell

Berechnung in drei Schritten

Alternative:

Die obige Berechnung[278] unterscheidet sich von der Berechnung des BGH.[279] Das Ergebnis steht jedoch mit dieser im Einklang.

Die an die BGH-Rechtsprechung angelehnten Berechnungsmodelle[280] nehmen nach Bedarfsermittlung und Feststellung der Haftungsanteile eine An- bzw. Verrechnung von Vorableistungen der Eltern und des Kindergeldes in einem Schritt vor:

((Bedarf – hälftiges Kindergeld) x Haftungsanteil des einen Elternteils – Vorableistungen (ggf. + hälftiges Kindergeld, sofern der Elternteil es bezieht)) – ((Bedarf – hälftiges Kindergeld) x Haftungsanteil des anderen Elternteils – Vorableistungen (ggf. + hälftiges Kindergeld, sofern der Elternteil es bezieht) : zu- bzw. abzüglich ¼ des Kindergeldes, je nachdem, welcher Elternteil das Kindergeld bezieht und dem anderen den Ausgleich schuldet. Bei dieser Berechnung wird das hälftige Kindergeld durch den Vorwegabzug vom Bedarf bereits anteilig aufgeteilt und der Anteil des Kindergeldberechtigten um den Bezug des hälftigen Kindergeldes korrigiert und sodann der Ausgleichberechtigte im letzten Schritt kompensiert. In der Praxis ist diese Formel anwendbar – jedoch vergleichsweise kompliziert, was auf Kosten von Transparenz und Verständlichkeit geht.

Zum Vergleich: das dreistufige Berechnungsmodell

Ausgangsbeispiel:

Der Bedarf des Kindes beträgt	1.000,00 €
Der Haftungsanteil der Eltern beträgt 75:25.	
Die Mutter bezieht das Kindergeld in Höhe von	204,00 €
Der **Haftungsanteil des Vaters** beträgt:	
Bedarf	1.000,00 €
abzüglich Hälfte des Kindergeldes	–102,00 €
	898,00 €
davon	75,00%
	673,50 €
Der **Haftungsanteil der Mutter** beträgt	1.000,00 €
	–102,00 €
	898,00 €
davon	25,00%
	224,50 €

278 Vgl. Roßmann, Familiengerichtliches Verfahren, Rn. 2518 ff.
279 Siehe die Hinweise des BGH zur Berechnung in u.a. in FamRZ 2017, 437, 411.
280 Siehe insbesondere Klinkhammer, in: Wendl/Dose, Unterhaltsrecht, § 2 Rn. 447 ff. mit Beispielsrechnung.

zuzüglich der Hälfte des Kindergeldes	102,00 €
	326,50 €
Die Differenz beträgt	673,50 €
	–326,50 €
	347,00 €
Der Vater muss an die Mutter die **Hälfte der Differenz ausgleichen** in Höhe von	**173,50 €**
Nach **Abzug von 1/4 des Kindergeldes** (das die Mutter an den Vater ausgleichen muss) folgt eine **Ausgleichsverpflichtung** in Höhe von	173,50 €
	–51,00 €
	122,50 €

Dies **entspricht dem Ausgleichsanspruch im Ausgangsbeispiel** nach dem vierstufigen Berechnungsmodell.

Abwandlung 1:

Die Mutter zahlt für den Hort	200,00 €
Der Vater zahlt für die Fahrkarte	50,00 €
Der **Haftungsanteil des Vaters** beträgt jetzt	
Bedarf	1.000,00 €
abzüglich Hälfte des Kindergeldes	–102,00 €
	898,00 €
davon	75,00%
	673,50 €
abzüglich Kosten für Fahrkarte	–50,00 €
	623,50 €
Der **Haftungsanteil der Mutter** beträgt	1.000,00 €
	–102,00 €
	898,00 €
davon	25,00%
	224,50 €
zuzüglich der Hälfte des Kindergeldes	102,00 €
	326,50 €
abzüglich der Kosten für den Hort	–200,00 €
	126,50 €

Die Differenz beträgt	623,50 €
	–126,50 €
	497,00 €

Der Vater muss an die Mutter die **Hälfte der Differenz ausgleichen** und somit	**248,50 €**
Nach **Abzug von 1/4 des Kindergeldes** (das die Mutter an den Vater ausgleichen muss) folgt eine **Ausgleichsverpflichtung** in Höhe von	248,50 €
	–51,00 €
	197,50 €

Auch dieses Ergebnis stimmt mit dem Ergebnis des vierstufigen Berechnungsmodells überein.

<u>**Abwandlung 2:**</u>

Der **Vater kommt für alle Kosten** auf.

Er zahlt für den Hort	200,00 €
und für die Fahrkarte	50,00 €

Der **Haftungsanteil des Vaters** beträgt jetzt

Bedarf	1.000,00 €
abzüglich Hälfte des Kindergeldes	–102,00 €
	898,00 €
davon	75,00%
	673,50 €
abzüglich Kosten für Fahrkarte	–50,00 €
abzüglich Kosten für Hort	–200,00 €
	423,50 €

Der **Haftungsanteil der Mutter** beträgt	1.000,00 €
	–102,00 €
	898,00 €
davon	25,00%
	224,50 €
zuzüglich der Hälfte des Kindergeldes	102,00 €
	326,50 €

Die Differenz beträgt	423,50 €
	–326,50 €
	97,00 €

Der Vater muss an die Mutter die **Hälfte der Differenz ausgleichen** in Höhe von **48,50 €**

Nach **Abzug von 1/4 des Kindergeldes** (das die Mutter an den Vater ausgleichen muss) folgt eine **Ausgleichsverpflichtung** in Höhe von

48,50 €
–51,00 €
-2,50 €

Auch dieses Ergebnis stimmt mit dem Ergebnis des vierstufigen Berechnungsmodells überein. Hier wie dort kann der Vater von der Mutter Ausgleich des ihm zustehenden Kindergeldes fordern, hier in Höhe von **2,50 €**

Vorteile der Berechnung in vier Schritten

Die hier vorgestellte **Berechnung in vier Schritten** bietet Eltern und Beratern die Möglichkeit, die anteilige Haftung für den Gesamtbedarf und die Haftung bei besonderen Anschaffungen **nachzuvollziehen**. Insbesondere für Eltern, welche das Wechselmodel einvernehmlich vereinbaren, ist die hier vorgestellte Rechenfolge daher eher praktikabel. Auch die Transparenz, was die Behandlung des Kindergeldes angeht, bietet eine Grundlage für die Vermittlung der Ausgleichspflichten. Gerade einem allein barunterhaltspflichtigen Elternteil wird ein Gefühl von Gerechtigkeit vermittelt, wenn ihm ¾ des Kindergeldes ausdrücklich zugeordnet werden, als wenn ihm nur – wie bei Anwendung der anderen Rechenmethode – ein Ausgleichsbetrag, den er nicht nachvollziehen kann, zugesprochen wird. Auch wenn eine anwaltliche Vertretung nicht erforderlich ist (vereinfachtes Unterhaltsverfahren, einstweiliges Verfahren) oder wenn es nur um die Aufteilung des Kindergeldes geht, ist es für die Eltern erfahrungsgemäß einfacher, nur den Ausgleichsanspruch das Kindergeld betreffend darzulegen.

11. Auskunft

Kinder und Eltern haben gemäß § 1605 BGB wechselseitig Auskunfts- und Belegvorlageansprüche, um die unterhaltsrechtlich relevanten Einkünfte auf beiden Seiten festzustellen.

11.1. Bestehen und Nichtbestehen von Auskunftsansprüchen

Ein **Auskunftsanspruch besteht** immer dann, wenn der Unterhalt einkommensabhängig nach der Düsseldorfer Tabelle zu ermitteln ist.[281]

281 Kleffmann, in: Scholz/Kleffmann/Doering-Striening, Praxishandbuch Familienrecht, Teil G Rn. 196.

Kein Auskunftsanspruch besteht, wenn die Einkommens- und Vermögensverhältnisse des Pflichtigen den Unterhaltsanspruch nicht beeinflussen.[282]

Beispiel:

Die Einkommens- und Vermögensverhältnisse des Pflichtigen haben keinen Einfluss auf die Höhe des Anspruchs, wenn der Pflichtige die Angaben des Kindes zu seinen Einkünften im Unterhaltsprozess unstreitig stellt.[283]

Der Unterhaltspflichtige kann Auskunft über sein Einkommen nicht verweigern, wenn er sich für unbegrenzt leistungsfähig erklärt.[284]

Kein Auskunftsinteresse besteht, wenn ein nicht volljähriges und auswärts lebendes Kind ausschließlich Unterhalt auf Basis des festen Bedarfssatzes nach der Düsseldorfer Tabelle (vgl. Ziff. 13.1 der Leitlinien des Kammergerichts und der Oberlandesgerichte) in Anspruch nehmen kann.[285] *Ein Auskunftsanspruch besteht aber dann, wenn eine anteilige Haftung beider Eltern in Betracht kommt und das Kind in die Lage versetzt werden muss, die jeweiligen Haftungsanteile zu ermitteln.*

Kein Auskunftsanspruch besteht, wenn ein Elternteil dem volljährigen Kind vollen Ausbildungsunterhalt leistet und gegenüber dem anderen Elternteil keinen familienrechtlichen Ausgleichsanspruch geltend macht.[286]

Kein Auskunftsinteresse besteht außerdem, wenn das Kind im Rahmen von Jugendhilfeleistungen vollstationär untergebracht ist. Sein Bedarf wird vollständig von der Jugendhilfe übernommen, die infolgedessen Ansprüche auf Kostenerhebung gegen die Eltern gemäß §§ 91 ff. SGB VIII hat. Das Kind hat daher kein gerechtfertigtes Auskunftsinteresse und damit auch keine Auskunftsansprüche.[287]

Die Tatsache, dass der Pflichtige gegenüber einem Sozialleistungsträger, wie zum Beispiel der Unterhaltsvorschusskasse oder dem BAföG-Amt, Auskunft erteilt, lässt den Auskunftsanspruch unberührt. Die Auskunft ist dann nochmals zu erteilen, nämlich dem Kind gegenüber.

Auch der Umstand, dass die Verwirkung des Unterhaltsanspruchs im Raum steht, lässt den Auskunftsanspruch nicht entfallen. Denn auch für die Prüfung der Verwirkung wird Kenntnis der ansonsten bestehenden Höhe des Unterhaltsanspruchs benötigt.[288]

282 Ähnlich BeckOK BGB/Reinken, 53. Ed. 1.2.2020, BGB § 1605 Rn. 14 mit Verweis auf Rechtsprechung.

283 Ähnlich BeckOK BGB/Reinken, BGB § 1605, 53. Ed. 1.2.2020, Rn. 14, 15 mit Verweis auf BGH NJW-RR 1994, 2618 zum Fall, dass Leistungsfähigkeit hinsichtlich eines Tabellenbetrags unstreitig gestellt wird.

284 KG, Beschluss vom 26.6.2019 – 13 UF 89/13.

285 Kleffmann, in: Scholz/Kleffmann/Doering-Striening, Praxishandbuch Familienrecht, Teil G Rn. 196.

286 BeckOK BGB/Reinken, 53. Ed. 1.2.2020, BGB § 1605 Rn. 14 mit Verweis auf BGH FamRZ 2013, 1027.

287 Ähnlich vgl. Kleffmann, in: Scholz/Kleffmann/Doering-Striening, Praxishandbuch Familienrecht, Teil G Rn. 196.

288 BeckOK BGB/Reinken, 53. Ed. 1.2.2020, BGB § 1605 Rn. 15.

11.2. Auskunftsberechtigte und -verpflichtete

Auskunfts- und Beleganspräche

Auskunftsberechtigt gemäß § 1605 Abs. 1 BGB sind

- das **Kind** als möglicher Unterhaltsberechtigter
- der **Elternteil** als möglicher Unterhaltspflichtiger
- bei Forderungsübergang außerdem
  - **Leistungsträger** bei Leistung von SGB II und Grundsicherung; zusätzlich bestehen Auskunftsansprüche aus § 94 Abs. 1 Satz 1 SGB XII
  - **Unterhaltsvorschusskasse** bei Leistung von Unterhaltsvorschuss gemäß § 7 UVG
  - **BAföG-Amt** bei Leistung von BAföG gemäß § 117 SGB XII, § 37 Abs. 1 BAföG

  → Siehe Sozialträger, 12.2.2.

Ansprüche bei anteiliger Haftung

Bei **beiderseitiger Haftung für Kindesunterhalt** gemäß § 1606 Abs. 3 BGB haben Eltern außerdem **Auskunftsansprüche gegen das Kind** in Bezug auf die Einkommensverhältnisse des anderen Elternteils. Ein Elternteil kann seinen **Auskunftsanspruch auch direkt gegen den anderen Elternteil** verfolgen; der Anspruch ergibt sich aus Treu und Glauben gemäß § 242 BGB.[289] Hintergrund dieser Auskunftsansprüche ist, dass der auf Unterhalt in Anspruch genommene Elternteil in der Lage sein muss, seinen Haftungsanteil zu ermitteln – hierzu benötigt er Kenntnis über die Einkommensverhältnisse des anderen Elternteils.

Eine anteilige Haftung – und damit ein beiderseitiges Auskunftsinteresse der Eltern – kommt in Betracht, wenn

- das minderjährige Kind von keinem Elternteil betreut wird,
- der barunterhaltspflichtige Elternteil sich auf Leistungsunfähigkeit gemäß § 1603 Abs. 2 BGB beruft und anführt, dass der betreuende Elternteil sich anteilig am Barunterhalt beteiligen müsse,
- das minderjährige Kind von beiden Elternteilen betreut wird (paritätisches Wechselmodell),
- das Kind volljährig ist

  und/oder
- Mehr- oder Sonderbedarf geltend gemacht wird.

289 Kleffmann, in: Scholz/Kleffmann/Doering-Striening, Praxishandbuch Familienrecht, Teil G Rn. 191 und 196.

Zusammengefasst gilt:[290]
Grundsätzlich bestehen Auskunftsansprüche nur hinsichtlich der Einkommensverhältnisse des Unterhaltspflichtigen.
Ausnahmsweise – nämlich nur dann, wenn wegen unzureichender laufender Einkünfte erforderlich – bestehen Auskunftsansprüche auch hinsichtlich dessen Vermögensverhältnisse.
Keine Auskunftsansprüche bestehen hinsichtlich sonstiger Umstände wie zum Beispiel Erwerbsbemühungen.

Auskunfts- und Beleganordnungen

Die Auskunfts- und Beleganspruche aus § 1605 Abs. 1 BGB werden prozessual unterstützt durch die Regelungen in den §§ 235, 236 FamFG. Danach kann das Familiengericht erforderliche Auskünfte und Belege zum unterhaltsrechtlich relevanten Einkommen einholen und das Verfahren auf diese Weise fördern.

→ Siehe Zahlungsantrag und Antrag gemäß § 235 FamG im Verfahren, 13.3.3.2.

11.3. Inhalt und Umfang des Auskunftsanspruchs

Inhalt und Umfang des Auskunfts- und Beleganspruchs hängen davon ab, was der Auskunftsberechtigte für die Ermittlung und zum Nachweis seiner Unterhaltsansprüche benötigt. Es besteht ein Anspruch auf Auskunft über **Einkünfte aus allen Einkunftsarten und Vermögen, soweit** dies für die Ermittlung des Unterhaltsanspruchs – also Feststellung von Bedarf, Bedürftigkeit und Leistungsfähigkeit – **erforderlich** ist.[291] Da das unterhaltsrechtliche Einkommen in der Regel aus einem Durchschnittseinkommen errechnet wird, erstreckt sich der Auskunftsanspruch auf den Zeitraum, aus dem das Durchschnittseinkommen abgeleitet werden kann.[292]

→ Siehe Einkünfte aus abhängiger Beschäftigung, 9.1.1.

→ Siehe Sonstige Einkünfte, 9.4.

Der Anspruch umfasst nicht nur die **Mitteilung von Aktiva** (Einkommen und ggf. Vermögen), sondern auch von **Passiva** (Abzüge und Belastungen, anderweitige Unterhaltsberechtigte).[293]

Gemäß § 1605 Abs. 1 Satz 2 BGB hat das Kind außerdem einen **Anspruch auf Belegvorlage im Hinblick auf die zu erteilende Auskunft**; der Beleganspruch geht also nicht über den Auskunftsanspruch hinaus.[294]

Auskunft über Vermögensbestand

Die Pflicht zur Auskunftserteilung umfasst nur dann Angaben zum Vermögensbestand (Aktiva und Passiva), soweit die Auskunft zur Feststel-

290 In Anlehnung an die Merksätze aus Kleffmann, in: Scholz/Kleffmann/Doering-Striening, Praxishandbuch Familienrecht, Teil G Rn. 192.
291 BeckOK BGB/Reinken, 53. Ed. 1.2.2020, BGB § 1605 Rn. 7.
292 BeckOK BGB/Reinken, 53. Ed. 1.2.2020, BGB § 1605 Rn. 7c.
293 BeckOK BGB/Reinken, BGB § 1605 Rn. 7.
294 BeckOK BGB/Reinken, BGB § 1605 Rn. 20 mit Verweis auf OLG München FamRZ 1993, 202.

lung eines Unterhaltsanspruchs oder einer Unterhaltsverpflichtung erforderlich ist.[295] Sie wird im Ergebnis daher nur geschuldet, wenn der Unterhaltspflichtige für den Unterhalt seinen Vermögensstamm einzusetzen hat,[296] also bei Berufung auf Leistungsunfähigkeit und bei Vorliegen von gesteigerter Unterhaltsverpflichtung gemäß § 1603 Abs. 2 BGB.

→ Siehe Gesteigerte Unterhaltspflicht, 6.1.3.

Die Auskunft ist dann bezogen auf einen bestimmten Zeitpunkt zu fordern. Hier empfiehlt es sich, den 31.12. eines bestimmten Jahres zu nehmen, da Banken und Lebensversicherungen zu diesem Datum eine stichtagsbezogene Auskunft erteilen können.

Ebenfalls kein Auskunftsanspruch besteht im Hinblick auf den Verbleib oder die Verwendung eines Vermögensgegenstandes. Der Pflichtige muss sich hierzu also grundsätzlich nicht äußern. Bei der Verwertung von Vermögensgegenständen bestehen jedoch Auskunftsansprüche hinsichtlich der Verkaufserlöse und deren Anlage, da es sich bei Zinseinkünften um unterhaltsrechtliches Einkommen handelt.[297]

11.4. Inverzugsetzung

Das Auskunftsverlangen löst gemäß § 1613 Abs. 1 Satz 1 1. Alt, Satz 2 BGB eine **Inverzugsetzung** aus, was Voraussetzung für die Geltendmachung von Unterhaltsrückständen ist. Dies hat zur Folge, dass **rückständiger Unterhalt ab dem 1. des Monats, in dem das Auskunftsverlangen eingegangen** ist, gefordert werden kann.

Beispiel:

 *Das Auskunftsverlangen des Kindes geht beim Vater am 28.2.2020 ein. Infolgedessen kann das Kind später Unterhalt beginnend ab Februar 2020 fordern.*

Rückwirkung

Die Inverzugsetzung wirkt zurück auf den **Unterhaltsanspruch ab dem 1. des Monats, in dem das Auskunftsverlangen eingegangen ist**, § 1613 Abs. 1 Satz 1 2. Alt., Satz 2 BGB.

Rückstand ohne Inverzugsetzung

Nach § 1613 Abs. 2 Ziff. 2 BGB kann **rückständiger Unterhalt auch ohne vorherige Inverzugsetzung** verlangt werden, wenn das unterhaltsberechtigte Kind **zuvor aus rechtlichen oder tatsächlichen Gründen** gehindert war, den Unterhaltsanspruch geltend zu machen. Als rechtlicher Verhinderungsgrund gilt zum Beispiel, wenn die Vaterschaft des Mannes erst noch festgestellt werden muss (Verwandtschaftsverhältnis als Voraussetzung für den Unterhaltsanspruch) oder wenn die Übertragung der Vertretungsbefugnis im Wechselmodell erst noch eingeholt werden muss.[298] Bei tatsächlichen Hindernissen ist zu beachten, dass diese in den Verantwortungsbereich des Pflichtigen fallen müssen.

295 BeckOK BGB/Reinken, 53. Ed. 1.2.2020, BGB § 1605 Rn. 13.
296 BeckOK BGB/Reinken, 53. Ed. 1.2.2020, BGB § 1605 Rn. 13 mit Verweis auf OLG Hamm FamRZ 1990, 657 [658].
297 BeckOK BGB/Reinken, 53. Ed. 1.2.2020, BGB § 1605 Rn. 13.
298 Beschluss des OLG Oldenburg vom 28.11.2019 – 13 UF 20/19.

11.5. Anforderungen an das Auskunftsverlagen

Inhalt

Das **Auskunftsverlangen erfordert**
- konkrete Angaben zum **Auskunftszeitraum und -umfang**
- Angabe des Grundes: **Geltendmachung von Kindesunterhalt**
- bei anwaltlicher Vertretung: **Vollmachtsurkunde** zur Verhinderung der Unwirksamkeit des Auskunftsverlangens nach § 174 BGB

Hinweis:

Bei fehlender Vollmachtsurkunde und/oder Vorlage nur einer Kopie besteht die Gefahr, dass der Unterhaltspflichtige die Inverzugsetzung mit dem Auskunftsverlangen als einseitige Erklärung unverzüglich zurückweist. Sie ist dann gemäß § 174 BGB unwirksam.

→ Siehe zur gerichtlichen Geltendmachung des Auskunftsverlangens 13.3.3. und 13.4.2.

11.6. Erteilung und Nichterteilung von Auskunft

Wird **Auskunft fristgerecht** erteilt, kann der Auskunftsberechtigte die Ansprüche ermitteln und sein weiteres Vorgehen bestimmen.

Wird **Auskunft nicht erteilt**, kann der Auskunftsberechtigte die Auskunfts- und Beleganspruche gerichtlich durchsetzen. Er hat die Möglichkeit, nur die Auskunft einzufordern (isolierter Auskunftsantrag) oder einen Auskunftsstufenantrag zu stellen.

→ Siehe Auskunftsstufenantrag, 13.3.3.1.

verspätete Auskunftserteilung

Wird das Auskunftsverlangen außergerichtlich **nicht oder nur unzureichend erfüllt** und muss die Auskunft in der Folge gerichtlich eingefordert werden, wirkt sich dies **kostenrechtlich zum Nachteil** des Auskunftsschuldners aus. Gemäß § 243 Satz 2 Ziff. 2 FamFG hat das Gericht die Säumnis bei der Kostenverteilung zu berücksichtigen.

Erfüllung

Der Auskunftsanspruch wird gemäß § 260 BGB durch **Überlassung eines Verzeichnisses** erfüllt, was auch in (anwaltlicher) Vertretung geschehen kann. Auf eine ordnungsgemäße Erfüllung sollte der Auskunftsberechtigte achten (und nicht vorzeitig die Auskunftsstufe für erledigt erklären oder zur Bezifferung übergehen), weil er die Abgabe der eidesstattlichen Versicherung nur im Hinblick auf das Verzeichnis als Gegenstand der Erklärung verlangen kann (vgl. § 259 Abs. 2 BGB).

Hinweis:

Die Vorlage von Belegen (zum Beispiel der Gehaltsabrechnungen der vergangenen 12 Monate und des letzten Einkommensteuerbescheides) erfüllt den Auskunftsanspruch nicht. Allein aus dem Einkommensverzeichnis folgt, welche Einkünfte (abschließend) vor-

handen sind. Ist das Verzeichnis unvollständig bzw. verschweigt der Auskunftspflichtige Einkünfte, kann dies einen Betrugstatbestand erfüllen.

Erfüllung

Der Auskunftsverpflichtete **erfüllt den Auskunftsanspruch**

- mit einem **Gesamtverzeichnis** (geschlossene, systematische Aufstellung der erforderlichen Angaben)[299]
- bei **Teilauskünften**:
  mehrere Teilauskünfte sind ausreichend, wenn sie in ihrer Gesamtheit das geforderte Verzeichnis ergeben.[300]

Die Erfüllung eines Auskunfts- und Beleganspruchs verlangt, dass der auskunftspflichtige Elternteil ein **Verzeichnis** gemäß § 260 Abs. 1 BGB erstellt. Nicht ausreichend ist die Übersendung allein von Belegen, wie zum Beispiel Gehaltsabrechnungen und einem Einkommensteuerbescheid. Der Auskunftspflichtige muss eine „systematische, in sich geschlossene Zusammenstellung aller erforderlichen Angaben" abgeben.[301] Auf die Einhaltung dieser Form ist vor allem im Unterhaltsprozess zu achten. Denn nur im Hinblick auf eine in sich geschlossene Erklärung – das Verzeichnis – kann beantragt werden, deren Vollständigkeit und Richtigkeit der Auskunft gemäß § 259 Abs. 2 BGB an Eides statt zu versichern.

Teilauskünfte

Die Erteilung von Teilauskünften führt **nicht zu einer teilweisen Erfüllung** des Auskunftsanspruchs. Dieser bleibt **in Gänze nicht erfüllt**, da der Auskunftsberechtigte Anspruch auf ein geschlossenes Gesamtverzeichnis hat. Erfüllung tritt erst dann ein, wenn der auskunftspflichtige Elternteil deutlich macht, dass weitere als die mit den Teilauskünften mitgeteilten Einkünfte nicht bestehen.[302]

11.7. Erneutes Auskunftsverlangen

Gemäß § 1605 Abs. 2 BGB löst die Erfüllung eines Auskunfts- und Beleganspruchs eine **Zeitsperre** aus. Dies gilt nicht bei Änderung der wirtschaftlichen Verhältnisse auf Seiten des Auskunftspflichtigen: Wenn der Auskunftspflichtige später „wesentlich höhere Einkünfte oder weiteres Vermögen erworben hat", kann Auskunft unter Belegvorlage erneut gefordert werden. Auskunft kann also vor Ablauf der Zwei-Jahres-Frist nur dann gefordert werden, wenn das Kind Anhaltspunkte für höhere Einkünfte oder weiteres Vermögen glaubhaft macht.[303]

---

299 BeckOK BGB/Reinken, 53. Ed. 1.2.2020, BGB § 1605 Rn. 12 mit Verweis auf BGH FamRZ 2015, 127.

300 BeckOK BGB/Reinken, 53. Ed. 1.2.2020, BGB § 1605 Rn. 12 mit Verweis auf BGH FamRZ 2015, 127.

301 BeckOK BGB/Reinken, 53. Ed. 1.2.2020, BGB § 1605 Rn 12.

302 BeckOK BGB/Reinken, 53. Ed. 1.2.2020, BGB § 1605 Rn. 12 mit Verweis auf BGH FamRZ 2015, 127.

303 Roßmann, Familiengerichtliches Verfahren, C. Rn. 2889.

Beispiel:

 *Dem Kind wird bekannt, dass der unterhaltspflichtige Elternteil eine andere Arbeitsstelle angetreten hat. Es kann daher vor Ablauf der Zwei-Jahres-Frist erneut Auskunft verlangen, da Anhaltspunkte dafür bestehen, dass sich mit dem Arbeitsplatzwechsel auch das unterhaltsrechtlich relevante Einkommen verändert hat.*

Eine Einkommenserhöhung im unterhaltsrechtlichen Sinne liegt auch vor, wenn hohe Verbindlichkeiten wegfallen.[304]

Beispiel:

 *Dem Kind wird bekannt, dass der Pflichtige sein Wohnhaus verkauft und mutmaßlich damit auch seine Kreditverbindlichkeiten aufgelöst hat.*

Ob eine wesentliche Veränderung vorliegt, ist in Anlehnung an die nach den §§ 238, 239 FamFG entwickelten Grundsätze zu beurteilen.[305] Danach gilt eine **Änderung der Einkommensverhältnisse um 10 %** als wesentlich; bei engen wirtschaftlichen Verhältnissen kann dies auch unter diesem Wert liegen.[306]

Beispiel:

 *Nach der ersten Auskunftserteilung stellte sich ein Mangelfall heraus; für die erneute Auskunft sind die Anforderungen an die Wesentlichkeit der veränderten Einkommensverhältnisse geringer.*[307]

Auch wenn das Kind volljährig wird, gilt die Zwei-Jahres-Sperre nicht: Das volljährig gewordene Kind kann ohne zeitlichen Abstand zur vorherigen Auskunftserteilung Auskunft (erneut) verlangen.[308]

Auskunft kann auch vor Ablauf der Zwei-Jahres-Frist verlangt werden bei **Erwerb weiteren Vermögens** – allerdings nur dann, wenn unterhaltsrechtliche Auswirkungen im Raum stehen. So kann Auskunft z.B. über den Verkaufserlös eines Hausgrundstücks vor Ablauf von zwei Jahren verlangt werden, wenn anzunehmen ist, dass Zinseinnahmen aus der Anlage des Verkaufserlöses erzielt werden.[309]

Fristbeginn

Die Zweijahresfrist beginnt

- **außergerichtlich**: ab Erfüllung des Auskunftsbegehrens; dies ist erst dann der Fall, wenn umfassend und vollständig Auskunft erteilt wurde.[310]

---

304 Vgl. BeckOK BGB/Reinken, 53. Ed. 1.2.2020, BGB § 1605 Rn. 26 mit Verweis auf OLG Hamm FamRZ 1991, 594.
305 BeckOK BGB/Reinken, 53. Ed. 1.2.2020, BGB § 1605 Rn. 26.
306 BeckOK BGB/Reinken, 53. Ed. 1.2.2020, BGB § 1605 Rn. 26 mit Verweis auf OLG Karlsruhe FamRZ 2000, 1179 und OLG Hamm FamRZ 2004, 1051.
307 BeckOK BGB/Reinken, 53. Ed. 1.2.2020, BGB § 1605 Rn. 26 mit Verweis auf OLG Karlsruhe FamRZ 2000, 1179.
308 Vgl. BeckOK BGB/Reinken, 53. Ed. 1.2.2020, BGB § 1605 Rn. 26.
309 BeckOK BGB/Reinken, 53. Ed. 1.2.2020, BGB § 1605 Rn. 27.
310 BeckOK BGB/Reinken, 53. Ed. 1.2.2020, BGB § 1605 Rn. 29.

- **gerichtlich**: bei gerichtlicher Leistungsverpflichtung: ab dem Tag der letzten mündlichen Verhandlung bzw. mit dem im schriftlichen Verfahren bestimmten Zeitpunkt.[311]
- bei (gerichtlichem oder außergerichtlichem) **Vergleich** über den Unterhaltsanspruch: ab dem Zeitpunkt des Vergleichsabschlusses.[312]

  Eine nur vorläufige vergleichsweise Regelung des Unterhaltsanspruchs in einem einstweiligen Anordnungsverfahren löst die Einschränkungen der Zweijahresfrist nicht aus; die Regelung gilt in diesem Fall nicht.[313]

11.8. Informationspflichten

Grundsätzlich besteht eine **Auskunftspflicht nur dann, wenn ein Auskunftsanspruch geltend** gemacht wird.

Auskunftserteilung ohne Aufforderung

Dieser **Grundsatz gilt nicht**, wenn das **Verschweigen von Einkünften unredlich** wäre gemäß § 242 BGB:[314]

- nach Abschluss eines **Unterhaltsvergleichs**
- bei **Geltendmachung von Unterhaltsansprüchen** auf Seiten des Unterhaltsberechtigen im Rahmen der Bedürftigkeit.

Folgen bei Pflichtverletzung können sein:

- **Schadensersatz** nach § 826 BGB oder § 286 BGB

  Eine Verletzung der Informationspflicht kann auf beiden Seiten zu Schadensersatzansprüchen führen, wenn infolgedessen zu hoher bzw. zu niedriger Unterhalt gezahlt wird.
- **Unterhaltsverwirkung oder -begrenzung** gemäß § 1579 BGB

11.9. Eidesstattliche Versicherung

Voraussetzungen

Unter den Voraussetzungen des § 1605 Abs. 1 Satz 3 BGB i.V.m. § 260 Abs. 2 BGB kann die eidesstattliche Versicherung der erteilten Auskunft verlangt werden. Dafür muss der **begründete Verdacht** bestehen, dass die Auskunft **nicht mit der gebotenen Sorgfalt erteilt** wurde. Dies ist dann der Fall, wenn **Anhaltspunkte für eine unrichtige und/oder unvollständige Auskunftserteilung** bestehen und die Unstimmigkeiten sich bei gehöriger Sorgfalt hätten vermeiden lassen.[315]

---

311 BeckOK BGB/Reinken, 53. Ed. 1.2.2020, BGB § 1605 Rn. 29 u.a. mit Verweis auf OLG München BeckRS 2016, 05003 und Hinweis auf die andere Ansicht des OLG Hamm FamRZ 2005, 1585: Zeitpunkt der Erteilung der Auskunft.

312 BeckOK BGB/Reinken, 53. Ed. 1.2.2020, BGB § 1605 Rn. 29 u.a. mit Verweis auf OLG München FamRZ 2010, 816.

313 BeckOK BGB/Reinken, 53. Ed. 1.2.2020, BGB § 1605 Rn. 29 mit Verweis auf OLG Karlsruhe FamRZ 1992, 684.

314 BeckOK BGB/Reinken, 53. Ed. 1.2.2020, BGB § 1605 Rn. 16 mit Verweis auf Rechtsprechung.

315 BeckOK BGB/Reinken, 53. Ed. 1.2.2020, BGB § 1605 Rn. 24 mit Nachweisen.

Anhaltspunkte für fehlende Sorgfalt können sein[316]

- **widersprüchliche** Angaben,
- mehrfache **Berichtigungen**,
- Versuche, die Auskunft zu **verhindern**.

ergänzender Auskunftsanspruch

Die eidesstattliche Versicherung kann **erst nach vollständiger Erfüllung** des Auskunftsanspruchs verlangt werden.

Bei **unvollständiger Erteilung** muss zunächst **ergänzende Auskunft** beansprucht werden. Die Tatsache, dass Auskunft nur nach und nach erteilt wird, kann dazu führen, dass – sobald die Auskunft vollständig ist – ein Anspruch auf deren eidesstattliche Versicherung besteht. Ein Anspruch auf ergänzende Auskunft besteht auch, wenn eine anzunehmende unrichtige Auskunft auf unverschuldeter Unkenntnis oder einem entschuldbaren Irrtum beruht.[317]

12. Geltendmachung

Bei der Verfolgung von Kindesunterhaltsansprüchen ist zunächst zu prüfen, wer Inhaber des Anspruchs ist. Dies ist primär das Kind und sekundär – bei Anspruchsübergang – der jeweilige Dritte oder öffentlich-rechtliche Leistungsträger.

12.1. Kind und dessen Vertretung

Bei der Geltendmachung von Unterhaltsansprüchen durch das Kind ist zu unterscheiden, ob es **minderjährig oder volljährig** ist. Das minderjährige Kind muss im Gegensatz zum volljährigen Kind bei Geltendmachung und Verfolgung seiner Ansprüche vertreten werden.

Vertretungsbefugnis

Die Vertretungsbefugnis des minderjährigen Kindes hängt davon ab, ob ein Elternteil allein sorgeberechtigt ist oder die Eltern gemeinsam sorgeberechtigt sind. Bei **Alleinsorge** wird das Kind durch den sorgeberechtigten Elternteil vertreten, **bei gemeinsamer Sorge** richtet sich die **Vertretungsbefugnis nach § 1629 BGB**. Bei gemeinsamer Sorge vertritt gemäß § 1629 Abs. 2 Satz 2 BGB der Elternteil das Kind in seinen unterhaltsrechtlichen Angelegenheiten, in dessen **Obhut** das Kind lebt. Bei (noch) miteinander verheirateten Eltern ist zu beachten, dass dieser Elternteil gemäß § 1629 Abs. 3 BGB die Unterhaltsansprüche des Kindes nur im eigenen Namen und prozessual daher nur im Wege der **Verfahrensstandschaft** geltend machen kann.

Bei **gemeinsamer Sorge** stellt sich die Frage, ob das Kind getrenntlebender Eltern **überwiegend von einem Elternteil, von keinem Elternteil oder** von den getrenntlebenden Eltern beiderseitig betreut wird

316 Zur Aufzählung vgl. BeckOK BGB/Reinken, 53. Ed. 1.2.2020, BGB § 1605 Rn. 24 mit Nachweisen.

317 BeckOK BGB/Reinken, 53. Ed. 1.2.2020, BGB § 1605 Rn. 24 mit Verweis auf OLG Köln FamRZ 2001, 423.

(paritätisches **Wechselmodell**). Im Falle eines paritätischen Wechselmodells ist keiner der gemeinsam sorgeberechtigten Eltern vertretungsberechtigt. Der Elternteil, der eine Klärung der Unterhaltsbelange des Kindes anstrebt, muss im Rahmen eines Verfahrens nach § 1628 BGB zunächst beantragen, ihm die **Alleinvertretungsbefugnis gerichtlich zuzuweisen**. Alternativ kann er beantragen, dem Kind einen **Ergänzungspfleger** zu bestellen.

→ Siehe Unterhalt im Wechselmodell, 10.2.

12.1. Obhutswechsel

Bei gemeinsamer Sorge für ein minderjähriges Kind ist gemäß § 1629 Abs. 2 BGB der Elternteil berechtigt, das Kind in seinen unterhaltsrechtlichen Belangen zu vertreten, in dessen Obhut das Kind lebt.

→ Siehe Kind und dessen Vertretung, 12.1.

Führt der betreuende und damit vertretungsberechtigte Elternteil für das Kind ein Unterhaltsverfahren gegen den getrenntlebenden Elternteil, ist das Kind ordnungsgemäß vertreten. Wechselt das Kind während des Verfahrens jedoch zum anderen Elternteil, endet die Vertretungsbefugnis des früher betreuenden und jetzt getrenntlebenden Elternteils. Er kann das Kind nicht mehr – auch nicht in Bezug auf Rückstände – vertreten. Im prozessualen Interesse dieses Elternteils muss es jetzt liegen, das Verfahren zu beenden. Er sollte das **Verfahren für erledigt erklären**, um eine kostenpflichtige Abweisung zu vermeiden.

Den Unterhaltsrückstand kann er nicht mehr im Namen des Kindes einklagen; er hat jedoch die Möglichkeit, diesen im eigenen Namen im Rahmen eines **familienrechtlichen Ausgleichsanspruchs** geltend zu machen.[318]

Beispiel:

 *Die Kinder K1 und K2 wohnen bei F. Diese macht in Vertretung der Kinder im Oktober 2018 Kindesunterhaltsansprüche gerichtlich anhängig. Der Unterhaltsrückstand beläuft sich auf 1.500,00 € für K1 und 2.000,00 € für K2. Kurz vor dem Gerichtstermin – also während des Verfahrens – streitet sich K2 mit F und zieht zu M.*

F muss das Verfahren hinsichtlich des K2 für erledigt erklären. Sie kann es nur im Hinblick auf das Kind K1 weiterführen.

Den rückständigen Unterhalt K2 betreffend kann sie im Rahmen eines familienrechtlichen Ausgleichsanspruchs im eigenen Namen geltend machen. Dies ist im selben Verfahren möglich.[319]

318 Zum familiengerichtlichen Ausgleichsanspruch siehe OLG Hamburg, Beschluss vom 30.10.2018 – 12 UF 231/13, FamRZ 2019, 797 ff.

319 Siehe dazu ausführlich OLG Hamburg vom 30.10.2018 – 12 UF 231/13, FamRZ 2019, 797 ff.

12.2. Forderungsübergang

Leistungsgewährung

Unter bestimmten Voraussetzungen kommt es zu einem **teilweisen oder vollständigen Übergang von Unterhaltsansprüchen** auf eine **andere Person oder einen Träger**. Daran ist immer dann zu denken, wenn eine andere Person oder ein Sozialhilfeträger Leistungen zur Deckung des Lebensbedarfs erbringt. Der Forderungsübergang bewirkt, **dass die Erstattung der erbrachten Leistungen aus eigenem Recht** verlangt werden kann. Die übergegangene Forderung kann daher nur noch der neue Anspruchsinhaber geltend machen und nicht mehr das Kind (außer im Fall von Ermächtigung bzw. Rückübertragung).

Forderungsübergang

Erhält das Kind Leistungen zum Lebensunterhalt, wie zum Beispiel Unterhaltsvorschuss nach dem SGB II, und führen diese zu einem Anspruchsübergang, geht der Unterhaltsanspruch **in Höhe der erbrachten Leistung auf den Leistenden** über. Hat das Kind darüber hinausgehende Ansprüche, bleibt es insoweit Anspruchsinhaber. Die Differenz zwischen dem vollen Unterhaltsanspruch und der anteiligen Leistung durch den Träger nennt man **Spitzenbetrag**. Das Kind bleibt auch Inhaber der **künftigen Unterhaltsansprüche**, die – da auf sie noch keine Leistungen erbracht wurden – nicht übergehen.

Beispiel:

Das Kind lebt bei der Mutter und hat einen Unterhaltsanspruch gegen den Vater in Höhe von 322,00 €. Weil der Vater keinen Unterhalt zahlt, beantragt die Mutter Leistungen nach dem UVG. Diese werden in Höhe von 220,00 € bewilligt. Nach § 7 UVG geht der Unterhaltsanspruch in Höhe von 220,00 € auf den Leistungsträger über. Das Kind ist im Hinblick auf die ausgezahlten Leistungen nicht mehr zur Einforderung berechtigt. Es kann nur den über die Leistung hinausgehenden Unterhalt – 102,00 € – vom Vater verlangen. Für künftige Unterhaltsansprüche bleibt das Kind uneingeschränkt aktivlegitimiert.

Anspruchsübergang und gerichtliche Geltendmachung

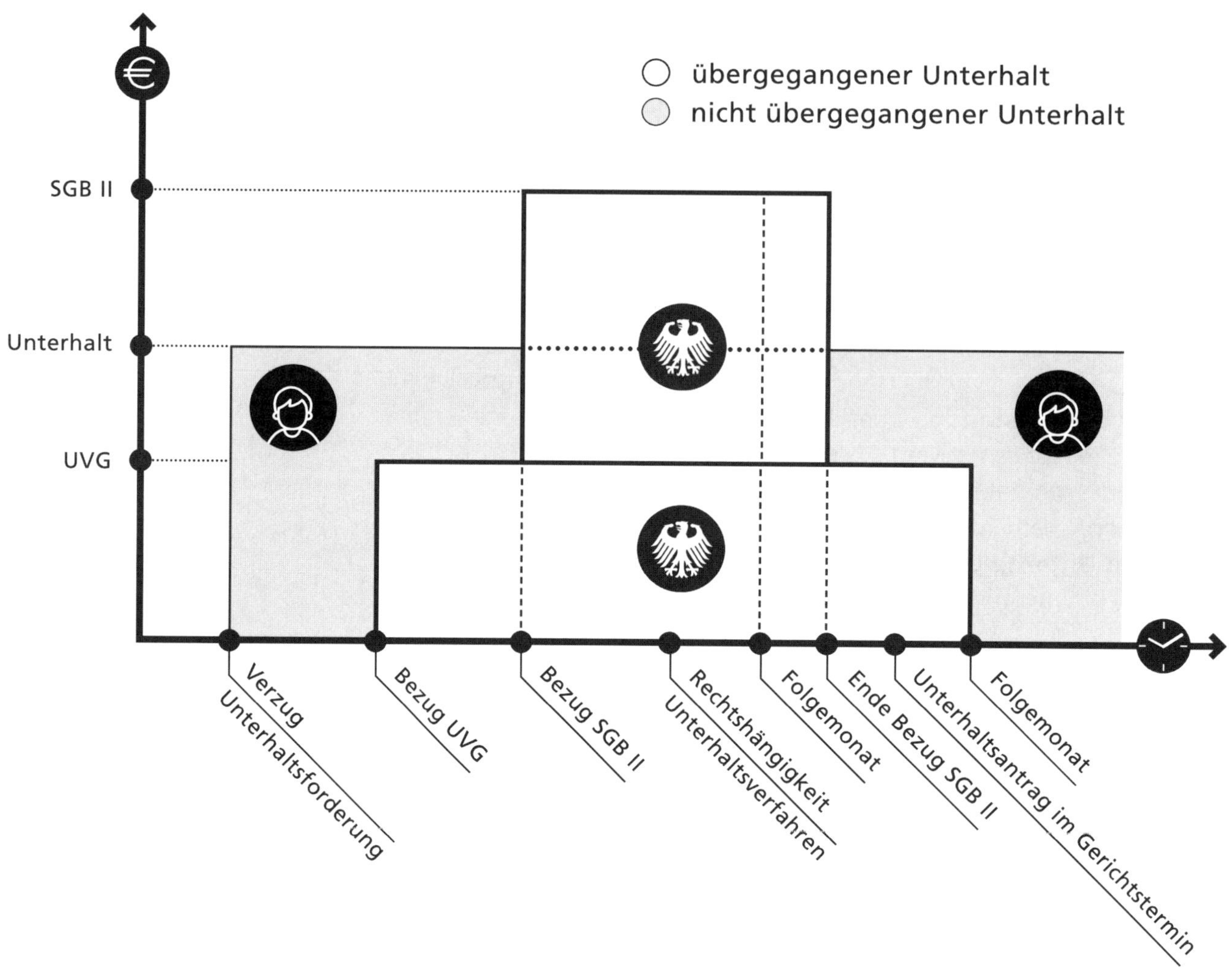

Der Unterhaltsverpflichtete kann im Falle eines Forderungsübergangs **zwei Anspruchsberechtigten ausgesetzt** sein:

- in Bezug auf die erbrachten Leistungen: dem Träger
- in Bezug auf den laufenden Unterhalt und rückständige Spitzenbeträge (Differenz voller Unterhaltsanspruch – erbrachte Leistung): dem Kind.

kein Anspruchsübergang

Kein Forderungsübergang findet statt, wenn es sich bei dem Unterhaltspflichtigen um (nachrangig haftende) Verwandte zweiten Grades des Kindes, also dessen **Großeltern**, handelt, § 94 Abs. 1 Satz 3 SGB XII.

→ Beispielrechnung 8 (letzte Abwandlung)

12.2.1. Verwandte und andere Personen

gesetzlicher Forderungsübergang

§ 1607 BGB enthält mehrere Regelungen zum gesetzlichen Forderungsübergang. Sie haben gemeinsam, dass Unterhaltsleistungen ersatzweise von anderen Personen als dem primär Unterhaltsverpflichteten erbracht werden.

- § 1607 Abs. 1 und 2 Satz 2 BGB regelt den Forderungsübergang auf **Verwandte des Kindes**, die als nachrangig haftend Unterhaltsleistungen erbringen, weil der vorrangig haftende Unterhaltspflichtige nicht leistungsfähig oder die Rechtsverfolgung ausgeschlossen oder erheblich erschwert ist.
- § 1607 Abs. 3 Satz 1 BGB regelt den gesetzlichen Forderungsübergang auf **andere Verwandte oder auf einen Ehepartner**, die anstelle des Unterhaltspflichtigen (freiwillige) Unterhaltsleistungen an das Kind erbringen.
- § 1607 Abs. 3 Satz 2 BGB regelt den gesetzlichen Forderungsübergang auf den sog. **Scheinvater**. Er wird im Gesetz als Dritter bezeichnet, der dem Kind als Vater Unterhalt leistet.

12.2.2. Sozialträger

übergehende Ansprüche

Gemäß § 94 Abs. 1 Satz 1 SGB XII geht ein Kindesunterhaltsanspruch kraft Gesetzes auf den Sozialhilfeträger über, soweit der Sozialhilfeträger dem Kind Sozialhilfe geleistet hat. Es geht sowohl der **Leistungsanspruch** als auch der **Auskunftsanspruch nach § 1605 BGB** über, § 94 Abs. 1 Satz 1 SGB XII.

Hinweis:

Unbeschadet dessen behält das Kind seinen Auskunftsanspruch aus § 1605 BGB.

Bei einer gerichtlichen Verfolgung bleibt das **Familiengericht** zuständig, § 94 Abs. 5 Satz 3 SGB XII, § 23b Abs. 1 Ziff. 5, 6, 13, 15 GVG.

Erhält ein Kind Unterhaltsvorschuss, gehen Leistungs- und Auskunftsansprüche auf die Unterhaltsvorschusskasse gemäß § 7 Abs. 1 Satz 1 UVG über.

eigene Ansprüche

Zusätzlich hat der Sozialhilfeträger einen **öffentlich-rechtlichen Auskunftsanspruch** gegen den Unterhaltspflichtigen aus § 117 Abs. 1 SGB XII. Dieser Anspruch geht über die nach § 1605 BGB geschuldete Auskunft hinaus:[320]

320 Klinkhammer, in: Wendl/Dose, § 8 Rn. 89.

- Für ihn gilt **keine Zwei-Jahres-Frist** wie in § 1605 Abs. 2 BGB.
- Es bestehen Auskunftsansprüche **nicht nur gegen den Unterhaltspflichtigen**, sondern auch gegen
  - seinen nicht getrenntlebenden Ehepartner und ggf. gegen weitere Personen der Haushaltsgemeinschaft (als Angehörige der Einsatzgemeinschaft),
  - Banken und Sparkassen, bei denen der Unterhaltspflichtige Konten führt (§ 117 Abs. 3 SGB XII), gegen seinen Arbeitgeber (§ 117 Abs. 4 SGB XII) und das zuständige Finanzamt (§ 117 Abs. 1, SGB XII, § 21 Abs. 4 SGB X).

12.2.3. Vorgehen und Verfahren

außergerichtliches Vorgehen

Grundsätzlich sollten unterhaltsrechtliche Ansprüche **immer erst außergerichtlich** geltend gemacht werden. Bei sofortiger gerichtlicher Geltendmachung besteht die Gefahr, dass der Antragsgegner ein sofortiges Anerkenntnis abgibt und der Antragsteller infolgedessen die Verfahrenskosten tragen muss, §§ 243 Satz 2 Ziff. 4 FamFG, 93 ZPO.

Wenn das unterhaltsrelevante Einkommen nicht oder nicht ausreichend bekannt ist, sollte dieses durch Geltendmachung der Auskunfts- und Belegvorlageansprüche aus § 1605 Abs. 1 Sätze 1 und 2 BGB zunächst ermittelt werden.

→ Siehe Auskunft, 11.

Vorgehen im Verfahren

Im **Verfahren** ist Folgendes zu beachten:

Auf Seiten des **Leistungsträgers**:

- **Vortrag zu den Voraussetzungen** des Unterhaltsanspruchs und ggf. Beweisführung (Verweisung auf erbrachte Leistungen reicht nicht aus).

Auf Seiten des **Unterhaltspflichtigen**:

- **Einwendungen**

  Der Unterhaltspflichtige kann gegen den übergegangenen Anspruch gemäß § 404 BGB alle im Zeitpunkt des Forderungsübergangs bestehenden **Einwendungen** geltend machen.[321]

- **Einreden**

  Gemäß § 412 BGB finden die Regelungen über die Forderungsabtretung der §§ 399 bis 404 BGB und der §§ 406 bis 410 BGB entsprechende Anwendung. Hierzu gehört die **Einrede der Verjährung und der Verwirkung**.

321 BeckOK BGB/Reinken, 53. Ed. 1.2.2020, BGB § 1607 Rn. 21 weist auf eine analoge Anwendbarkeit von § 404 BGB in Bezug auf den gesetzlichen Forderungsübergang nach § 1607 Abs. 2 BGB hin.

Auf die Hemmung der Verjährung gemäß § 207 Abs. 1 Ziff. 2 BGB kann sich der Leistungsträger nicht berufen, da das für diesen Hemmungsgrund erforderliche Eltern-Kind-Verhältnis nicht besteht.

- **Bestreiten** der Tatbestandsvoraussetzungen

  Ggf. Bestreiten von Bedarf, Bedürftigkeit und Leistungsfähigkeit und/ oder Berufung auf eine den Barunterhalt ausschließende Unterhaltsbestimmung nach § 1612 Abs. 2 Satz 1 BGB etc.[322]

- Voraussetzungen des **Anspruchsübergangs bestreiten**
- Berufung auf **Leistungsunfähigkeit nach Sozialhilferecht**

  Hierbei muss er nach § 94 III 2 SGB XII vortragen und ggf. belegen, dass er Hilfe zum Lebensunterhalt bezieht oder bei Erfüllung des Unterhaltsanspruchs beziehen würde (§ 94 III 1 Nr. 1 SGB XII) oder dass der Anspruchsübergang eine unbillige Härte bedeuten würde (§ 94 III 1 Nr. 2 SGB XII).

gleichzeitige Anspruchsverfolgung

Verfolgen der Leistungsträger und das Kind **ihre jeweiligen Ansprüche gleichzeitig**, ist Folgendes zu beachten:

- **Einrede der anderweitigen Rechtshängigkeit**

  Macht der Sozialträger den auf ihn übergegangenen Unterhaltsanspruch geltend, steht einem nachfolgenden Unterhaltsantrag des Kindes die Einrede der Rechtshängigkeit entgegen, soweit sich die geltend gemachten Ansprüche decken. Dies gilt auch umgekehrt.[323]

- **Umstellung von Anträgen**

  Macht das Kind Unterhalt gerichtlich geltend und erhält danach – d.h. nach Rechtshängigkeit – Leistungen, die zum Anspruchsübergang führen, geht der rechtshängige Anspruch im Umfang der gewährten Hilfe auf den Träger über. Der Unterhaltsantrag wird zwar nicht unzulässig; das Verfahren läuft aufgrund von §§ 113 Abs. 1 Satz 2 FamFG; 265 Abs. 2 Satz 1 ZPO weiter. Jedoch muss das Kind seine **Anträge umstellen**:[324]

  - Im Hinblick auf die übergegangenen Ansprüche ist zu beantragen, dass der Antragsgegner im Umfang des Forderungsübergangs bis zum Ende des Monats, der auf die letzte mündliche Verhandlung folgt, zur **Zahlung an den Leistungsträger** verpflichtet wird.
  - Im Hinblick auf die nicht übergangenen Ansprüche (rückständige Spitzenbeträge, künftige/laufende Unterhaltsansprüche) bleibt es bei den gestellten Anträgen.

    Eine Umstellung der Anträge kann unterbleiben, wenn Kind und Träger die Rückübertragung des übergegangenen Unterhaltsanspruchs vereinbaren.

322 Klinkhammer, in: Wendl/Dose, § 8 Rn. 107.
323 Klinkhammer, in: Wendl/Dose, § 8 Rn. 108.
324 Klinkhammer, in: Wendl/Dose, § 8 Rn. 109.

12.3. Bezifferung

Möglichkeiten

Unterhalt kann **statisch** – mit einem Festbetrag – oder **dynamisch** – ausgedrückt mit einem Prozentbetrag des jeweiligen Mindestunterhalts, § 1612 a Abs. 1 Satz 1 BGB – geltend gemacht werden.

Vollstreckungstitel

Neben Zahlung sollte außerdem die **Titulierung** des Unterhaltsanspruchs verlangt werden. Der auf Kindesunterhalt in Anspruch genommene Elternteil kann (und sollte) auf die Möglichkeit einer kostenlosen Titulierung durch eine Jugendamtsurkunde (§§ 59, 60 SGB VII) hingewiesen werden. Nur der titulierte Kindesunterhalt kann im Falle von (ggf. erst später) ausbleibenden Unterhaltszahlungen vollstreckt werden.

Das Kind hat einen **Anspruch** auf Titulierung seines Unterhaltsanspruchs. Für einen Unterhaltsantrag besteht ein Rechtsschutzbedürfnis also auch, wenn der Unterhaltsschuldner zahlt, jedoch die Titulierung verweigert. Dies gilt jedoch nicht im Falle einer einstweiligen Anordnung: Wird der geforderte Unterhalt pünktlich gezahlt, besteht das für eine einstweilige Anordnung erforderliche Dringlichkeitsbedürfnis nicht.[325] Wenn es nur um die Titulierung geht, ist diese im Hauptsacheverfahren einzuholen.

Auswirkung auf Rückstand

Wird Unterhalt beziffert geltend gemacht, tritt **Verzugswirkung in Höhe des bezifferten Betrags** ein, auch hinsichtlich rückständiger Beträge. Höhere als im Verzugsschreiben geforderte Beträge kann das Kind für die Vergangenheit dann nicht mehr geltend machen.

Hinweis:

Im Anschreiben, in dem Auskunft und Belegvorlage gefordert wird, kann man zusätzlich aufnehmen, dass der Unterhalt in einer Mindesthöhe vorab gefordert, der konkrete Unterhaltsbetrag jedoch erst nach vollständiger Auskunftserteilung beziffert wird. Dadurch behält sich das Kind vor, höheren Unterhalt auch für die Vergangenheit geltend zu machen.

Für die **Inverzugsetzung** ist erforderlich, dass das Kind den Pflichtigen zur **Zahlung eines bestimmten Betrages** (Fest- oder Prozentbetrag) **ab einem bestimmten Datum** auffordert.

13. Gerichtliches Vorgehen

13.1. Sachliche und örtliche Zuständigkeit

sachliche Zuständigkeit

Sachlich zuständig für Unterhaltsstreitigkeiten ist in erster Instanz das **Familiengericht**, § 112 Ziff. 1 FamFG i.V.m. §§ 231 ff. FamFG. Beim Familiengericht handelt es sich um eine Abteilung des Amtsgerichts. In zweiter Instanz sind die Oberlandesgerichte bzw. in Berlin das Kammergericht zuständig.

325 Roßmann, Familiengerichtliches Verfahren, B. Rn. 122 mit Nachweisen (Fußnote 32).

örtliche Zuständigkeit

Bei der örtlichen Zuständigkeit ist zu **unterscheiden**, ob Unterhaltsansprüche eines minderjährigen, privilegiert volljährigen oder volljährigen Kindes betroffen sind.

- Bei **minderjährigen und privilegiert volljährigen Kindern** kommt es im Hinblick auf die örtliche Gerichtszuständigkeit zunächst darauf an, **ob die Eltern verheiratet sind** und wenn ja, ob eine **Ehesache** (zum Beispiel ein Ehescheidungsverfahren) **anhängig** ist. Ist eine Ehesache anhängig, ist das **Gericht der Ehesache** zuständig, § 232 Abs. 1 Ziff. 1 FamFG.

  Ist **keine Ehesache anhängig** oder sind die **Eltern unverheiratet**, richtet sich die örtliche Zuständigkeit nach dem **Gerichtsbezirk, in dem das Kind seinen gewöhnlichen Aufenthalt** hat, § 232 Abs. 1 Ziff. 2 FamFG. Der gewöhnliche Aufenthalt muss im Übrigen nicht immer auch der Ort sein, an dem das Kind mit Hauptwohnsitz gemeldet ist. Es kommt auf die tatsächlichen Verhältnisse an.

  Beim **Wechselmodell** ist das Gericht zuständig, in dessen Bezirk das Kind oder der Elternteil, der auf Seiten des Kindes zu handeln befugt ist, seinen gewöhnlichen Aufenthalt hat.[326]
- Für die Unterhaltsansprüche (nicht privilegierter) volljähriger Kinder richtet sich die Zuständigkeit nach den allgemeinen Regelungen der ZPO, § 232 Abs. 3 FamFG. Macht das Kind Unterhalt geltend, ist das Gericht zuständig, an dessen Ort der Antragsgegner (Pflichtige) seinen Wohnsitz hat, § 12 ZPO. Im umgekehrten Fall – wenn ein Elternteil Abänderung geltend macht und das Kind Antragsgegner ist – ist das Gericht am Wohnort des Kindes zuständig.

13.2. Anwaltszwang

Das Kind muss sich in einem **Hauptsacheverfahren** anwaltlich vertreten lassen; in Unterhaltssachen besteht insoweit Anwaltszwang, § 114 FamFG.

Kein Anwaltszwang besteht im **einstweiligen Anordnungsverfahren**. Auch wenn das minderjährige Kind von einem **Beistand** vertreten wird,[327] entfällt der Anwaltszwang. Gleiches gilt für **Sozialleistungsträger** im Falle des Forderungsübergangs.

→ Siehe Forderungsübergang, 12.2.

13.3. Anträge und Begründung

Welche Anträge gestellt werden, hängt im Wesentlichen davon ab, ob das unterhaltsrelevante Einkommen des oder der Pflichtigen bekannt ist und im Prozess hierzu konkret (substantiiert) vorgetragen werden kann.

326 Vgl. Schwamb, in: Bumiller/Harders/Schwamb, FamFG, § 232 Rn. 3.
327 Bei der Beistandschaft handelt es sich um ein Hilfsangebot des Jugendamts. Das Jugendamt kann auf Antrag Unterhaltsansprüche des Kindes geltend machen, § 1712 Abs. 1 Ziff. 2 BGB.

Bei bekannten und belegbaren Einkommensverhältnissen kann bezifferter Unterhalt geltend gemacht werden.

→ Siehe Anträge und Begründung, 13.3.

Bei unbekannten oder nicht ausreichend belegbaren Einkommensverhältnissen kommt primär oder zumindest begleitend (mittels § 235 FamFG) das Verlangen nach Auskunft in Betracht.

→ Siehe Auskunft, 11.

13.3.1. Elementarbedarf

13.3.1.1. Mindestunterhalt

erleichterte Prozessführung

Beantragt das minderjährige bzw. privilegiert volljährige Kind **nur Mindestunterhalt,** reicht für die Anspruchsbegründung aus, vorzutragen,

- dass die auf Unterhalt in Anspruch genommene Person ein (rechtlich anerkanntes) Elternteil des Kindes ist und von ihm getrennt lebt und
- dass das antragstellende Kind von dem Elternteil, von dem es im Verfahren vertreten wird, betreut und versorgt wird.

Weiterer Vortrag ist zunächst nicht erforderlich. Aus der gesteigerten Unterhaltverpflichtung gemäß § 1603 Abs. 2 Satz 1 BGB folgt, dass der in Anspruch genommene Elternteil seine Leistungsunfähigkeit bezogen auf die Leistung von Mindestunterhalt darlegen und beweisen muss. Erst dann ist das Kind gehalten, substantiiert den Vortrag zur Leistungsunfähigkeit zu bestreiten.

Dieses Vorgehen kann in Betracht kommen, wenn bekannt ist, dass der unterhaltspflichtige Elternteil über kein unterhaltsrechtlich relevantes Einkommen verfügt, das die erste Einkommensgruppe der Düsseldorfer Tabelle übersteigt. Ist jedoch erkennbar, dass der Pflichtige beschränkt leistungsfähig ist (weil es mehrere Unterhaltsberechtigte gibt und die Auskunftserteilung keine ausreichenden Einkünfte erkennen lässt), ist wegen des Kostenrisikos von einem solchen Vorgehen abzuraten. Vielmehr sollten die voraussichtlich realisierbaren Unterhaltsansprüche eingefordert werden.

Beispiel:

Der Vater wurde zu Mindestunterhaltszahlungen verpflichtet, weil dessen bereinigtes Einkommen – unter Berücksichtigung der Steuerklasse 1 – 1.700,00 € betrug. Es wird bekannt, dass der Vater heiratet. Sein bereinigtes Einkommen dürfte sich bei Zugrundelegung eines möglichen Wechsels in Steuerklasse 3 auf 2.000,00 € erhöhen. Grundsätzlich wäre zu erwägen, Unterhalt nach der dann geltenden zweiten Einkommensgruppe zu fordern. Allerdings ist auch bekannt, dass der Vater außerdem Vater eines zweiten Kindes geworden ist. Daher ist erkennbar, dass selbst bei Hochrechnung seines Einkommens Leistungsfähigkeit nur bei Zugrundelegung der ersten Einkommensgruppe gegeben ist. Denn es wären zwei unter-

haltsbedürftige Kinder – und gegebenenfalls zusätzlich eine unterhaltsbedürftige Ehefrau – zu berücksichtigen. Der Vater könnte Unterhalt für zwei Kinder nach der zweiten Einkommensgruppe nicht ohne Unterschreitung des Bedarfskontrollbetrags leisten, geschweige denn bei zusätzlicher Berücksichtigung etwaiger (Familien-)Unterhaltsansprüche der Ehefrau. In diesem Fall ist davon abzuraten, Unterhalt nach der zweiten Einkommensgruppe einzufordern. Es wäre jedoch gerechtfertigt, wegen offenkundig veränderter persönlicher und wirtschaftlicher Verhältnisse ungeachtet der Zwei-Jahres-Frist aus § 1605 Abs. 2 BGB Auskunft zu verlangen.

→ Siehe Bedarfskontrollbetrag, 4.1.1.1.4.

→ Siehe Auskunft, 11.

13.3.1.2. Unterhalt über Mindestunterhalt hinaus

Anforderungen

Will das Kind **höheren Unterhalt als Mindestunterhalt** geltend machen, muss es den **höheren Bedarf darlegen und beweisen**. Hierzu ist das Kind sowohl auf die Kenntnis der Einkommensverhältnisse des unterhaltspflichtigen Elternteils angewiesen als auch auf deren Nachweisbarkeit. Hierzu stehen Auskunfts- und Beleganspüche aus § 1605 Abs. 1 Satz 2 BGB zur Verfügung.

→ Siehe Auskunft, 11.

→ Siehe Darlegungs- und Beweislast, 13.4.

13.3.2. Mehr- und Sonderbedarf

Bei Mehr- und Sonderbedarf ist darauf zu achten, dass das Kind den Haftungsanteil des in Anspruch genommenen Elternteils geltend macht und diesen substantiiert – nämlich mit Vortrag zu den Einkommensverhältnissen des anderen (ggf. nicht in Anspruch genommenen) Elternteils – vorträgt und beweist.

Zu den Anträgen wird auf die Ausführungen beim Mehr- und Sonderbedarf verwiesen.

→ Siehe Mehrbedarf, Verfahren, 4.2.1.3.

→ Siehe Sonderbedarf, Leistungsantrag, 4.2.2.3.

13.3.3. Anträge bei fehlender Auskunft oder Belegvorlage

Bei fehlender oder unzureichender Erfüllung der Auskunfts- und Belegvorlageansprüche aus § 1605 Abs. 1 BGB kommen folgende Anträge in Betracht:

- isolierter Auskunftsantrag
- Auskunftsstufenantrag
- Antrag nach § 235 FamFG
- bezifferter Zahlungsantrag

13.3.3.1. Auskunfts- und -stufenantrag

Auskunftsanträge können im Rahmen eines **Stufenantrags** gestellt werden oder **isoliert in einem eigenen Verfahren**.

Auskunftsstufenantrag

Beim **Auskunftsstufenantrag** werden auf der ersten Stufe die Auskunfts- und Belegvorlageansprüche aus § 1605 Abs. 1 Sätze 1 und 2 BGB und auf der letzten Stufe Leistung, nämlich der noch nicht bezifferbare Unterhaltsanspruch geltend gemacht. Auf einer zweiten Stufe kann außerdem die eidesstattliche Versicherung der erteilten Auskunft beantragt werden.

Das Gericht entscheidet über die beiden ersten Stufen durch einen Teil-Versäumnis- oder Teil-Anerkenntnisbeschluss. Möglich ist auch eine Erledigung bei Erteilung der Auskunft im Verfahren und der anschließende Übergang in die nächste Stufe. Es können auch Stufen übersprungen werden (zum Beispiel die zweite Stufe, in der ursprünglich die Abgabe einer eidesstattlichen Versicherung beantragt wurde).

Ist der **Unterhalt noch nicht tituliert**, empfiehlt sich ein Auskunftsstufenantrag, weil in der Regel nach Auskunftserteilung ein zu regelnder Unterhaltsanspruch und daher der Übergang in die Leistungsstufe zu erwarten ist.

Er hat den Vorteil, dass nach Auskunftserteilung **kein weiteres Verfahren zur Herbeiführung eines Unterhaltstitels** erforderlich wird. Außerdem wird nicht nur die **Verjährung der Auskunftsansprüche, sondern auch der Zahlungsansprüche gehemmt**, § 204 Abs. 1 BGB. Denn rechtshängig werden nicht nur die beantragte Auskunft, sondern auch die (noch nicht bezifferten) Leistungsanträge.

isolierter Auskunftsantrag

Vom Auskunftsstufenantrag ist abzuraten, wenn die Auskunft darauf gerichtet ist, den **bereits titulierten Unterhaltsanspruch zu überprüfen** und nur eventuell mehr Unterhalt zu fordern. In einem solchen Fall ist ein **isoliertes Auskunftsverfahren** vorzugswürdig, weil nach Einholung der Auskunft möglicherweise keine Abänderung des bestehenden Unterhalts erfolgen wird. Ergibt die Auskunft, dass der Pflichtige mehr Unterhalt als tituliert zahlen kann, kann im Anschluss ein Abänderungsverfahren eingeleitet werden.

13.3.3.2. Zahlungsantrag und Antrag gemäß § 235 FamFG

Hat das Kind eine ungefähre Vorstellung von den Einkommensverhältnissen seiner Eltern, kann es sinnvoll sein, **direkt einen Zahlungsantrag** zu stellen.

→ Siehe Bezifferung, 12.3.

Begründung des Zahlungsantrags

Anhaltspunkte können **frühere Auskunftserteilungen** bieten, aber auch **Kenntnis der Erwerbstätigkeit** des Pflichtigen. Grundlagen für die **Schätzung** des Einkommens können öffentlich zugängliche Besoldungsordnungen der Beamten oder Tarifverträge für Angestellte und Arbeiter sein. Auch Lohnvergleiche im Internet wie zum Beispiel auf www.nettolohn.de oder www.gehalt.de können herangezogen werden.[328] Etwas schwieriger ist in der Regel die Schätzung von Einkünften bei Selbstständigen und Freiberuflern, aber auch hier gibt es zum Teil im Internet auffindbare Einkommensmitteilungen, etwa im medizinischen Bereich.

Beispiel:

 *Der auf Unterhalt in Anspruch genommene Elternteil arbeitet im Polizeidienst oder als angestellter Rechtsanwalt in einer Großkanzlei.*

Auskunftserteilung als Maßnahme zur Verteidigung

Durch die Beantragung bezifferten Unterhalts kann sich ein **säumiger Auskunftspflichtiger zur Auskunftserteilung im eigenen prozessualen Interesse veranlasst** sehen. Wenn das Kind den Unterhaltsbedarf substantiiert darlegt und der Pflichtige diesen für zu hoch bemessen hält, muss er sich mit substantiiertem Gegenvortrag verteidigen. Dies wird ihm in der Regel nur mit Vortrag zu seinen Einkünften und somit durch Erteilung der vollständigen Auskunft gelingen. Erfolgt keine substantiierte Gegendarstellung, gilt der Vortrag des Kindes als zugestanden.

→ Siehe Darlegungs- und Beweislast, 13.4.

Anträge nach §§ 235, 236 FamFG

Der Zahlungsantrag kann **verbunden** werden mit einem **Antrag auf gerichtliche Einholung der Auskunftserteilung nach § 235 FamFG**. Das Gericht muss eine Anordnung erlassen, wenn dies im Verfahren von einem Beteiligten **beantragt** wird und ein **außergerichtliches Auskunftsverlangen erfolglos geblieben ist.** Die Anordnungen sind weder anfechtbar noch mit Zwangsmitteln durchsetzbar, § 235 Abs. 4 FamFG. Bei Nichterfüllung kann das Gericht gemäß § 236 Abs. 1 FamFG **Belege** bei den in dieser Vorschrift unter Ziff. 1 bis 5 genannten Personen und Einrichtungen – zum Beispiel bei Arbeitgebern, Sozialleistungsträgern, Finanzämtern – anfordern. Das Kind kann dies gemäß § 236 Abs. 2 FamFG auch beantragen.

Stellt man einen bezifferten Antrag, sollte man sich in der Antragsschrift dessen **Erweiterung vorbehalten** für den Fall, dass die gerichtlich eingeholte Auskunft zu höheren Ansprüchen führt. Führt das gerichtliche

328 Burschel, Kindesunterhalt, NZFam 2019, 245, 247.

Vorgehen nach den §§ 235 f. FamFG hingegen zu der **Erkenntnis, dass der beantragte Unterhalt zu hoch** ist, kommt eine **teilweise Antragsrücknahme** in Betracht. Bei teilweiser Rücknahme sollte man vorsorglich auf die Kostensonderregelung in § 243 Satz 2 Ziff. 2 FamFG hinweisen, wonach das Gericht den Umstand der versäumten Auskunftserteilung bei der Kostenentscheidung zu berücksichtigen hat.

13.3.3.3. Erfüllung der Auskunft im Verfahren

Erfüllung nach Rechtshängigkeit

Erfüllt der Pflichtige im Rahmen eines **isolierten Auskunftsverfahrens** die **Auskunft**, kann der Antragsgegner das Verfahren für **erledigt** erklären, verbunden mit dem Antrag, dem Antragsgegner die Verfahrenskosten aufzuerlegen.

Erfüllt der Pflichtige im Auskunftsstufenverfahren **nach Zustellung** des Antrags die Auskunftspflichten und stellt sich heraus, dass der **Unterhaltsanspruch** zum Beispiel wegen fehlender Leistungsfähigkeit **nicht besteht**, sollte der Antragsteller **den Antrag zurücknehmen, verbunden mit dem Antrag,** die **Verfahrenskosten dem Pflichtigen aufzuerlegen**.

Eine Erledigungserklärung kommt nicht in Betracht. Während der Auskunftsanspruch bis zur Erteilung der Auskunft begründet war, war der angekündigte Leistungsantrag von Anfang an unbegründet, weil der Anspruch nicht bestand (auch wenn der Antragsteller dies erst im Verfahren erfährt). § 91a ZPO findet keine Anwendung.[329]

§ 243 Ziff. 2 FamFG sieht vor, dass die Kosten eines Unterhaltsverfahrens nach billigem Ermessen ganz oder teilweise einem Beteiligten auferlegt werden, der zum Verfahren infolge einer nicht oder unvollständig oder verspätet erteilten Auskunft Anlass gegeben hat. Hierauf sollte das Gericht bei der Begründung des Kostenantrags vorsorglich hingewiesen werden.

Erfüllung nach Anhängigkeit, aber vor Rechtshängigkeit

Wenn die Auskunft nach Anhängigkeit des Auskunftsstufenantrags, aber noch vor Rechtshängigkeit erteilt wird (also **zwischen Einreichen und Zustellung des Antrags**), kommt in Betracht:

- **Antragsrücknahme** vor Zustellung (Erklärung, dass nicht mehr zugestellt werden soll)
- oder **Umstellung des Antrags auf Zahlung von Schadensersatz** gemäß § 286 BGB

Erfüllung nach Anhängigkeit und ohne Rechtshängigkeit

Wird der Antrag nur anhängig, aber nicht rechtshängig (nicht zugestellt), ist es ratsam, den **Antrag auf Zahlung von Schadensersatz umzustellen** und den geänderten Antrag zustellen zu lassen. Eine Erledigungserklärung kommt nicht in Betracht, da es kein Verfahren gibt.

Auskunftserteilung erfolgt im Verfahrenskostenhilfeprüfungsverfahren oder vor Einzahlung des Gerichtskostenvorschusses und Zustellung.

→ Siehe Verfahrenskostenhilfe, 13.5.2.

329 Roßmann, Familiengerichtliches Verfahren, Rn. 2940 mit Verweis auf OLG Frankfurt FamRZ 2018, 1929; BGH FamRZ 1995, 348.

13.3.3.4. Alternativen und Begleitung

Ein Auskunftsverfahren ist häufig mit einem großen Aufwand verbunden. Sowohl in zeitlicher Hinsicht als auch im Hinblick auf den Umfang der zu erteilenden Auskünfte und vorzulegende Unterlagen verlieren die Beteiligten oft den Überblick und die Geduld. In der Praxis wird dazu geneigt, trotz unvollständiger Auskunft die Auskunftsstufe für erledigt zu erklären und/oder in die Leistungsstufe – Bezifferung des Unterhalts – überzugehen. Das Verlassen der Auskunftsstufe und der Übergang in die Leistungsstufe versperren allerdings die Möglichkeit, später in die Auskunftsstufe zurückzukehren. Dies ist von Nachteil, wenn man später erkennt, dass zur Substantiierung und zum Beweis des geltend gemachten Unterhaltsbetrags bestimmte Angaben und Unterlagen fehlen. Wird die Auskunftsstufe verlassen, muss der Berechtigte im späteren Verfahrensverlauf damit auskommen, was ihm an Auskünften und Unterlagen vorliegt und seinen Unterhaltsanspruch daraus berechnen und belegen.

Zur Vermeidung von Nachteilen auf der Leistungsstufe bietet es sich an, die Auskunftsstufe nicht vorzeitig zu verlassen, sondern mit den vorliegenden Auskünften und Unterlagen einen **Unterhaltstitel im einstweiligen Verfahren** zu erwirken. Auf diese Weise wird zumindest eine **vorläufige Unterhaltszahlung** erreicht. Ändern sich in der Folgezeit die Einkommensverhältnisse auf Seiten des Pflichtigen (was in der Praxis häufig passiert, etwa durch Steuerklassenwechsel), wird der Pflichtige selbst daran interessiert sein, das Hauptsacheverfahren zu betreiben und Auskunft zu erteilen.

13.3.3.5. Keine Auskunftserteilung des Antragstellers

Auskunftswiderantrag

Werden Eltern auf Unterhalt gerichtlich in Anspruch genommen und erteilt das Kind auf Verlangen keine Auskunft, können sie einen **Auskunftswiderantrag** erheben. Sie sind auskunftsberechtigt im Hinblick auf die Einkommens- und Vermögensverhältnisse des Antragstellers.

→ Siehe Auskunftsberechtigte und -verpflichtete, 11.2-

substantiierter Gegenvortrag

In vielen Fällen kann es auf Antragsgegnerseite allerdings **reichen, die Angaben des Antragstellers substantiiert zu bestreiten** und nicht im Wege eines Widerantrags vorzugehen. Der Antragsteller muss im Rahmen der Bedürftigkeit zu seinem unterhaltsrechtlich relevanten Einkommen vortragen und bei Bestreiten durch den oder die Antragsgegner beweisen. Auf diese Weise kann sich ein prozessuales Vorgehen auf Seiten des Antragsgegners wegen fehlender Auskunftserteilung erübrigen; eine ordnungsgemäße Auskunftserteilung liegt im (prozessualen) Interesse des Antragstellers selbst.

→ Siehe Darlegungs- und Beweislast, 13.4.

13.4. Darlegungs- und Beweislast

Das Unterhaltsverfahren folgt in Bezug auf die Darlegungs- und Beweislastverteilung im Wesentlichen den Grundsätzen des Zivilprozessrechts: Jede Partei hat die für sie günstigen Tatbestandsvoraussetzungen darzulegen und bei Bestreiten zu beweisen.

13.4.1. Unterhalt

Das **unterhaltsberechtigte Kind** muss zu allen entscheidungserheblichen Tatsachen vortragen bezogen auf[330]

- **Bedarf**

und

- **Bedürftigkeit**

Der **auf Unterhalt in Anspruch genommene Elternteil** muss zu allen Tatsachen vortragen bezogen auf

- **Bestreiten** des vorgetragenen **Bedarfs**
- **Bestreiten** der **Bedürftigkeit**
- eingeschränkte **Leistungsfähigkeit/Leistungsunfähigkeit**[331]
- **Einwendungen**
- **Einreden**

Bedarf

Bei der Darlegung des Bedarfs ist beim Kindesunterhalt regelmäßig zum unterhaltsrechtlichen Einkommen des Unterhaltspflichtigen vorzutragen, aus dem sich der Bedarf ergibt. Das Kind trägt für den Nachweis des behaupteten unterhaltsrechtlichen Einkommens die Beweislast.[332] Hierfür stehen ihm die Auskunfts- und Beleganspruche aus § 1605 BGB zur Verfügung.

→ Siehe Auskunft, 11.

→ Siehe Darlegungs- und Beweislast bei Auskunft, 13.4.2.

Das volljährige Kind muss außerdem zum Haftungsanteil des in Anspruch genommenen Elternteils und infolgedessen zum unterhaltsrechtlichen Einkommen des anderen Elternteils vortragen.

→ Siehe Bedarf, Lebensstellung volljähriger Kinder, 4.1.2.

→ Siehe Ausbildungsunterhalt, 10.1.

Bedürftigkeit

Im Hinblick auf die Bedürftigkeit muss das unterhaltsberechtigte Kind vortragen, dass keine bzw. nur unzureichende Einkünfte sowie kein verwertbares Vermögen zur Verfügung stehen.[333]

Wendet der Unterhaltsverpflichtete ein, dass Möglichkeiten zur teilweisen oder vollständigen Bedarfsdeckung bestehen, muss der Unterhaltsberechtigte darlegen und beweisen, dass dem nicht so ist bzw. er alle Möglichkeiten erfolglos ausgeschöpft hat.

330 Vgl. BeckOK BGB/Reinken, 53. Ed. 1.2.2020, BGB § 1610 Rn. 75 und § 1602 Rn. 121.
331 BeckOK BGB/Reinken BGB, 53. Ed. 1.2.2020, BGB § 1603 Rn. 94.
332 BeckOK BGB/Reinken, 53. Ed. 1.2.2020, BGB § 1610 Rn. 75.
333 BeckOK BGB/Reinken, 53. Ed. 1.2.2020, BGB § 1602 Rn. 121.

Das volljährige, studierende Kind muss darlegen und beweisen, dass es keinen Anspruch auf BAföG-Leistungen hat.

Leistungsunfähigkeit

Der Unterhaltsverpflichtete muss, wenn er sich auf Leistungsunfähigkeit beruft, vortragen und beweisen, dass er zur Leistung des geforderten Unterhalts nicht in der Lage ist oder diesen nur zum Teil leisten kann. Hierzu können folgende Tatsachen gehören:[334]

- Einkommens- und Vermögensverhältnisse
- bei Erwerbslosigkeit und infolgedessen fehlenden Einkünften: keine Beschäftigungsmöglichkeiten
- bei einkommensmindernden Aufwendungen/Abzug von Kreditverbindlichkeiten und anderen Schuldverpflichtungen: Vortrag außerdem zum Anlass, um Abzugsfähigkeit nachzuweisen
- Vorhandensein anderer unterhaltsberechtigter Verwandter gemäß § 1603 Abs. 2 Satz 3 BGB
- bei Leistungsunfähigkeit hinsichtlich Mindestunterhalt und gesteigerter Erwerbsobliegenheit, § 1603 Abs. 2 BGB:
  - Alter, schulische und berufliche Vorbildung, vollständiger beruflicher Werdegang und bisherige Tätigkeiten einschließlich der daraus erzielten Einkünfte, um dem Gericht die Prüfung zur Erschöpfung der Erwerbsverpflichtung zu ermöglichen
  - Möglichkeit des Kindes zur Bedarfsdeckung durch Vermögen
- vorrangige oder weitere Unterhaltsansprüche

  Allein theoretisch bestehende oder nur behauptete, nicht aber bediente oder titulierte Unterhaltsansprüche mindern die Leistungsfähigkeit nicht.[335]

→ Siehe Beispielrechnung 13

13.4.2. Auskunft

→ Siehe Auskunft, 11.

Der **Auskunftsberechtigte** muss vortragen,

- dass die beantragte Auskunft für die Ermittlung des Unterhaltsanspruchs notwendig ist.[336]

Der **Anspruchsgegner** muss vortragen:

- **Einwände** gegen den Auskunftsanspruch

  Beispiel:

   *Einwand, dass die Auskunft rechtsmissbräuchlich ist oder Auskunft vor Ablauf der Zweijahresfrist verlangt wird.*

334 BeckOK BGB/Reinken, 53. Ed. 1.2.2020, BGB § 1603 Rn. 94 bis 96 mit Nachweisen.
335 BeckOK BGB/Reinken, 53. Ed. 1.2.2020, § 1609 Rn. 35.
336 BeckOK BGB/Reinken, 53. Ed. 1.2.2020, BGB § 1605 Rn. 42 mit Verweis auf BGH FamRZ 1982, 1189.

13.4.3. Abänderung

Im **Abänderungsverfahren** muss der **Antragsteller** zu den Tatsachen in Bezug auf die **Voraussetzungen** des Abänderungsanspruchs vortragen.

Dazu gehört im Rahmen der Abänderung

- nach § 238 FamFG u.a. das **Vorliegen eines Abänderungsgrundes** und dessen Nachträglichkeit bzw. **fehlende Präklusion** als Negativtatsache.[337]

  → Siehe Präklusion, 13.7.2.3.

  Die Darlegung des Abänderungsgrundes erfordert grundsätzlich Vortrag zu den tatsächlichen und rechtlichen Verhältnissen sowohl zum Zeitpunkt der Ausgangsentscheidung als auch des Abänderungsantrags.

  Beispiel:

   *Zum Zeitpunkt der Unterhaltsentscheidung arbeitet der Unterhaltspflichtige bei einem Autokonzern. Infolge der Corona-Pandemie wird Kurzarbeit angeordnet; seine Einkünfte aus Kurzarbeitergeld betragen jetzt – zum Abänderungszeitpunkt – 67,00 % seines früheren Einkommens.*

- nach § 239 FamFG in Bezug auf einen Unterhaltsvergleich u.a. die **Störung der Geschäftsgrundlage**.[338]

  Beispiel:

   *Zum Zeitpunkt des Unterhaltsvergleichs befand sich das Kind in der schulischen Ausbildung. Jetzt – zum Abänderungszeitpunkt – durchläuft das Kind eine Ausbildung und hat Einkünfte aus der Ausbildungsvergütung, die seinen Bedarf mindern.*

  → Siehe Ausbildungsunterhalt, 10.1.

  → Siehe Abänderung eines Unterhaltsvergleichs, 13.7.3.

13.5. Verfahrenskostenvorschuss und Verfahrenskostenhilfe

Ist das Kind einkommens- und vermögenslos, sind zur Finanzierung des Verfahrens Ansprüche auf Verfahrenskostenhilfe und Verfahrenskostenvorschuss zu prüfen.

---

337 Vgl. Schmitz, in: Wendl/Dose, Unterhaltsrecht, § 10 Rn. 242 bis 245. Von Negativtatsachen spricht man, wenn es um das Nichtbestehen einer Tatsache geht.

338 Siehe auch OLG Düsseldorf, Beschluss vom 2.8.2019 – II 3 WF 2/19, FamRZ 2020, 249: Der Abänderungsbegehrende trägt die Darlegungs- und Beweislast für die Tatsache, dass die Geschäftsgrundlage, auf der die frühere Vereinbarung basierte, entfallen ist.

13.5.1. Verfahrenskostenvorschuss

Der Unterhaltsanspruch kann neben den Kosten des allgemeinen Lebensbedarfs auch einen Anspruch (in entsprechender Anwendung von § 1360a Abs. 4 BGB)[339] auf einen Verfahrenskostenvorschuss umfassen. Dies gilt sowohl für den Unterhaltsanspruch minderjähriger als auch volljähriger Kinder.[340] Verfahrenskostenvorschuss ist in **Höhe der voraussichtlichen Kosten des Hauptverfahrens** zu beanspruchen. Leistet der Pflichtige den Verfahrenskostenvorschuss auf die außergerichtliche Anforderung hin nicht, ist der Verfahrenskostenvorschuss gerichtlich geltend zu machen. Für diesen Antrag muss das Kind bei Bedarf **Verfahrenskostenhilfe** beantragen; einen Verfahrenskostenvorschuss für die Antragstellung auf Verfahrenskostenvorschuss gibt es nicht. In der Praxis führt ein solches Verfahren häufig auch dazu, dass man sich im Rahmen dieses Verfahrens über den Unterhalt einigt mit der Folge, dass ein Hauptsacheverfahren entbehrlich wird.

Vorgehen im einstweiligen Anordnungsverfahren

Der Anspruch auf die Verfahrenskosten in der Hauptsache kann zur **Verfahrensbeschleunigung** auch im Rahmen eines **einstweiligen Anordnungsverfahrens** geltend gemacht werden. Dabei ist es sinnvoll, Verfahrenskostenvorschuss im Rahmen eines einstweiligen Anordnungsverfahrens **nur im Hinblick auf die angestrebte Geltendmachung von laufendem, künftigem Unterhalt** geltend zu machen. Zum einen sind Entscheidungen in Unterhaltssachen im einstweiligen Anordnungsverfahren unanfechtbar. Zum anderen kann **rückständiger Unterhalt** nicht im einstweiligen Anordnungsverfahren geltend gemacht werden.

→ Siehe Einstweiliges Anordnungsverfahren, 13.6.

Es besteht daher das Risiko, dass das Gericht das Rechtsschutzbedürfnis für einen einstweiligen Anordnungsantrag, mit dem Verfahrenskostenvorschuss für die Einforderung von Rückständen angestrebt wird, verneinen wird.[341]

Der Anspruch auf Verfahrenskostenvorschuss geht einem Anspruch auf Verfahrenskostenhilfe vor und ist aus diesem Grund **vorrangig** zu prüfen.

Im Hinblick auf die fehlende Möglichkeit der Anfechtung der einstweiligen Anordnung ist zu erwägen, ob man

- für die **Verfahrenskosten zur Geltendmachung des laufenden, künftigen Unterhalts** Verfahrenskostenvorschuss im **einstweiligen Anordnungsverfahren** beantragt, verbunden mit einem Verfahrenskostenhilfeantrag und
- die **Verfahrenskosten für die Geltendmachung von rückständigem Unterhalt** im Hauptsacheverfahren beantragt, nachdem man ein Verfahrenskostenvorschussverfahren durchgeführt hat.

339 Wendl/Dose, Unterhaltsrecht, § 6 Rn. 25.
340 BeckOK BGB/Reinken, 53. Ed. 1.2.2020, BGB § 1610 Rn. 36, 37.
341 AG Nordhorn Beschluss vom 18.7.2018 – 11 F 519/18 EARI.

13.5.2. Verfahrenskostenhilfe

Bei der staatlich gewährten Verfahrenskostenhilfe (VKH) handelt es sich um eine **subsidiäre Sozialhilfeleistung.** Sie wird nur gewährt, wenn dem Gericht gegenüber sowohl die Einkommens- und Vermögenslosigkeit als auch das Nichtbestehen von Ansprüchen auf Verfahrenskostenvorschuss nachgewiesen wird.

13.5.2.1. Titulierung vor Rechtshängigkeit

Titulierung im VKH-Prüfungsverfahren

Wenn während des VKH-Prüfungsverfahrens Kindesunterhalt tituliert wird (etwa durch eine Jugendamtsurkunde), muss das VKH-beantragende Kind seine weiteren Verfahrensschritte anpassen. Wenn ein Leistungsantrag an den Unterhaltspflichtigen noch nicht zugestellt wurde, muss nichts weiter passieren. Das Gericht wird wegen der bereits erfolgten Titulierung keine Verfahrenskostenhilfe bewilligen, weil das Rechtsschutzbedürfnis entfallen ist.

Das Kind kann im Hinblick auf die Erstattung der außergerichtlich bzw. für das VKH-Prüfungsverfahren entstandenen Aufwendungen die **Anträge im Antragsentwurf umstellen** und anstelle des ursprünglich geforderten Unterhalts **Schadensersatz wegen Verzugs** beantragen.[342]

Erfüllung vor Rechtshängigkeit

Wird vor Zustellung des Leistungsantrags der Titel errichtet und der Leistungsantrag später **rechtshängig**, kann der Antrag entweder **zurückgenommen** oder für **erledigt** erklärt werden. Bei einer **Rücknahme** sollte beantragt werden, die Verfahrenskosten wegen der verspäteten Titulierung gemäß §§ 243 FamFG, 269 Abs. 3 Satz 2 ZPO dem Antragsgegner aufzuerlegen. Dazu sollte vorgetragen und nachgewiesen werden, dass der Antragsgegner vor Antragstellung sowohl mit der Zahlung von Unterhalt als auch mit dessen kostenfrei möglicher Titulierung beim Jugendamt in Verzug gesetzt wurde.[343]

13.5.2.2. Teil-Titulierung vor Rechtshängigkeit

Wenn der Antragsgegner vor Rechtshängigkeit des Unterhaltsantrags die geforderte Leistung **nur teilweise titulieren lässt**, weil er

- **weniger** als den geforderten Unterhalt **tituliert**,
- **statischen statt** dem geforderten **dynamischen** Unterhalt tituliert,
- **nur befristet** tituliert (zum Beispiel bis zur Vollendung des 18. Lebensjahres oder bis zum Abschluss der Ausbildung),

gelten zum Verfahrensgang grundsätzlich die vorgenannten Erwägungen.

Die ursprünglichen Leistungsanträge können nicht im vollen Umfang weiterverfolgt werden, weil sich diese zum Teil mit den errichteten Unterhaltstiteln überschneiden und das Rechtsschutzbedürfnis im Hinblick auf

342 Ähnlich: Burschel, NZFam 2019, 245 ff. mit weiteren Nachweisen.
343 Ähnlich: Burschel, NZFam 2019, 245 ff. mit weiteren Nachweisen.

den titulierten Teil weggefallen ist. Das Gericht kann dieselbe Leistung nicht noch einmal titulieren.

Der Antragsteller sollte statt des ursprünglichen Leistungsantrags nunmehr Abänderung des Unterhaltstitels gemäß § 239 FamFG beantragen, ferner die Bewilligung von Verfahrenskostenhilfe für den geänderten Antrag.[344] Er muss dabei im Übrigen keine Abänderungsgründe vortragen, da der Unterhaltstitel einseitig errichtet wurde.[345]

→ Siehe Abänderung von Unterhaltstiteln, 13.7.

Ist das Verfahren noch nicht anhängig, weil es sich noch im VKH-Prüfungsverfahren befindet, sollte der Antragsteller die Anträge im Antragsentwurf entsprechend ändern.

13.6. Einstweiliges Anordnungsverfahren

Das einstweilige Anordnungsverfahren kommt in Betracht, wenn das Kind auf sofortige Unterhaltszahlungen angewiesen ist und die Beendigung eines Hauptsacheverfahrens, infolge von Beweiserhebungen, Vollstreckungsverfahren im Hinblick auf nicht erteilte Auskünfte etc., nicht abgewartet werden kann.

Es handelt sich um ein **summarisches Verfahren**, in dem keine Beweisaufnahme erfolgt. Das hat für das Kind den Vorteil, dass es mittels **eidesstattlicher Versicherungen** und der damit verbundenen Erleichterungen **zeitnah zu einem Unterhaltstitel** kommen kann. Nachteilig ist, dass Unterhaltsanträge im einstweiligen Anordnungsverfahren entsprechend komplett und vollständig gefasst werden müssen, um der Gefahr einer Abweisung aufgrund von formalen Mängeln zu entgehen.

Im einstweiligen Anordnungsverfahren besteht **kein Anwaltszwang**, sowohl Kind als auch Pflichtiger können daher ohne Anwalt tätig werden.

13.6.1. Voraussetzungen

Für eine einstweilige Anordnung auf Zahlung von Unterhalt oder auf Zahlung eines Verfahrenskostenvorschusses gilt § 246 FamFG. § 246 Abs. 1 FamFG vermittelt dem Antragsteller Vorteile im Hinblick auf die ansonsten in einstweiligen Anordnungsverfahren geltenden Regelungen in § 49 Abs. 1 FamFG:

- **Kein Anordnungsgrund** erforderlich

  Der Antragsteller muss keinen Anordnungsgrund (= dringendes Bedürfnis für das beantragte sofortige gerichtliche Tätigwerden) vortragen und auch nicht glaubhaft machen: Unterhalt ist immer eilig.

  Aber: Wenn der Unterhaltspflichtige den beantragten Unterhalt zahlt, fehlt nach wohl überwiegender Ansicht das Rechtsschutzinteresse für

---

344 So auch Burschel, NZFam 2019, 245 ff. mit weiteren Nachweisen.
345 Ähnlich: Burschel, NZFam 2019, 245 ff.

den Erlass einer einstweiligen Anordnung. Denn dann geht es nicht um die Zahlung von Unterhalt, sondern um dessen Titulierung.[346]

- **Kein Verbot der Vorwegnahme** der Hauptsache

  Der volle Unterhalt – nicht nur der Mindestunterhalt – kann zeitlich unbegrenzt geltend gemacht werden.

Das Gericht kann, **muss** aber **keinen Anhörungstermin** durchführen vor der ersten Entscheidung: Gemäß § 246 Abs. 2 FamFG soll das Gericht einen Anhörungstermin bestimmen „wenn dies zur Aufklärung des Sachverhalts oder für eine gütliche Beilegung des Verfahrens geboten erscheint". In Unterhaltssachen ist dies in der Regel der Fall, weshalb meistens terminiert wird.

Im einstweiligen Anordnungsverfahren kann **nur laufender, d.h. künftig fällig werdender Unterhalt** geltend gemacht werden. Ansprüche auf rückständigen Unterhalt und Auskunfts- und Belegvorlageansprüche können nur in einem Hauptsacheverfahren verfolgt werden. Auch Auskunfts- und Beleganordnungen nach den §§ 235, 236 FamFG können nur im Hauptsacheverfahren beantragt und erlassen werden.

Der Unterhaltsantrag muss **beziffert** sein, der **Anordnungsanspruch** – der Unterhaltsanspruch und seine Begründung – müssen **vorgetragen und glaubhaft** gemacht werden.

13.6.2. Verteidigung gegen eine einstweilige Anordnung

Gegen eine einstweilige Unterhaltsanordnung gibt es **kein Rechtsmittel**; sie ist gemäß § 57 FamFG unanfechtbar.

Um gegen eine einstweilige Anordnung vorzugehen, müssen **andere Möglichkeiten** gesucht werden:

- Hat das Gericht die einstweilige Anordnung ohne mündliche Verhandlung erlassen, kann **erneute Entscheidung über den Unterhalt** aufgrund mündlicher Verhandlung beantragt werden, § 54 Abs. 2 FamFG.
- Abänderungs- oder Aufhebungsantrag gemäß § 54 Abs. 2 FamFG

  → Siehe Abänderung einer einstweiligen Unterhaltsregelung, 13.7.4.
- Antrag auf Einleitung eines **Hauptsacheverfahrens**, § 52 Abs. 1 Satz 1 FamFG; die Hauptsacheentscheidung beendet die Wirkung einer einstweiligen Anordnung

  – **eigeninitiativ**:

    Leistungsantrag, wenn Erhöhung angestrebt wird, und **negativer Feststellungsantrag**, gerichtet auf das Nichtbestehen eines Unterhaltsanspruchs bzw. eines geringeren Unterhaltsanspruchs, wenn Aufhebung oder Herabsetzung angestrebt wird.

346 Roßmann, Familiengerichtliches Verfahren, B. Rn. 122 mit Nachweisen (Fußnote 32).

- bei **Verpflichtung des Antragstellers**:

  Antrag des Antragsgegners auf Verpflichtung des Antragstellers zur Einleitung eines Hauptsacheverfahrens gemäß § 52 Abs. 2 FamFG; kommt der Antragsteller dem nicht nach, hebt das Gericht die einstweilige Anordnung auf.

- **Abänderungsantrag** im einstweiligen Anordnungsverfahren nach § 54 Abs. 1 FamFG

  → Siehe Abänderung einer Einstweiligen Unterhaltsregelung, 13.7.4.

- **Vollstreckungsabwehrantrag**

  → Siehe Vollstreckungsabwehr zur Beseitigung von Unterhaltstiteln, 13.8.

Zahlt der Antragsgegner den im einstweiligen Anordnungsverfahren festgesetzten Unterhalt und stellt sich im Hauptsacheverfahren heraus, dass dieser zu hoch war, kann der Antragsgegner im Hauptsacheverfahren (widerantragend) die Rückzahlung des überzahlten Unterhalts beantragen. Anspruchsgrundlage ist § 812 Abs. 1 Satz 1 BGB (Zahlung ohne Rechtsgrund). Diesen Antrag kann der Antragsgegner im Wege eines (Eventual-)Widerantrags geltend machen, um die verschärfte Haftung nach § 818 Abs. 4 BGB herbeizuführen.

13.7. Abänderung von Unterhaltstiteln

Aktualisierungsbedürfnis

Ziel eines Abänderungsantrags ist die **Aktualisierung** oder **Anpassung von titulierten Unterhaltsverpflichtungen**. Abgeändert werden können nur **laufende, künftige Unterhaltsansprüche**, keine titulierten Unterhaltsrückstände.

Ein **Abänderungsbedürfnis** entsteht, wenn eine früher titulierte Verpflichtung nicht mehr den aktuellen Verhältnissen entspricht und diese daher – gemessen an den gegenwärtigen Verhältnissen – nicht in der damaligen Form entschieden, beurkundet oder vereinbart worden wäre.

13.7.1. Grundlagen

anwendbare Vorschriften

Die Abänderungsvoraussetzungen hängen von der **Art des Titels** ab.

Die Abänderung von
- **endgültigen gerichtlichen oder beurkundeten Unterhaltsregelungen** richtet sich nach §§ 238, 239 FamFG.
- **einstweiligen Regelungen** richtet sich nach § 54 FamFG.

Diese Vorschriften gehen als Sondervorschriften den Regelungen zur Abänderbarkeit wiederkehrender Leistungen in § 323 ZPO vor.

Abänderungsbedürfnis auf Seiten des Pflichtigen

Wenn eine titulierte Unterhaltsverpflichtung sich reduziert oder wegfällt, muss vor allem der Verpflichtete aktiv werden. Ohne Abänderung des Titels besteht **Vollstreckungsgefahr**, da der Gerichtsvollzieher die materielle Richtigkeit der titulierten Zahlungsverpflichtung nicht prüft. Die Tatsache, dass die titulierte Unterhaltsverpflichtung nicht länger oder nicht in der festgesetzten Höhe besteht, reicht nicht aus, um dem Titel seine Vollstreckungsfähigkeit zu nehmen.

Sofern der Pflichtige den Titel gänzlich beseitigen möchte, sollte geprüft werden, ob statt Abänderung ein **Vollstreckungsabwehrantrag** gemäß § 120 Abs. 1 FamFG i.V.m. § 767 ZPO zu stellen ist.

→ Zur Abgrenzung und zu Beispielen siehe Vollstreckungsabwehr

Abänderungsbedürfnis auf Seiten des Berechtigten

Umgekehrt gilt das Gleiche für den Unterhaltsberechtigten. Dieser ist zwar keiner Vollstreckungsgefahr ausgesetzt, er kann **ohne Abänderung höhere Ansprüche** jedoch nicht durchsetzen, insbesondere **nicht vollstrecken**.

Rechtsschutzbedürfnis

Aus der Vollstreckungsgefahr bzw. fehlenden Vollstreckbarkeit der Unterhaltsverpflichtung folgt gleichzeitig das **Rechtsschutzbedürfnis** für einen Abänderungsantrag: Das Rechtsschutzbedürfnis

- **besteht, solange der abzuändernde Titel vollstreckbar** ist („der Vollstreckung zugänglich"),[347]
- endet bzw. **entfällt bei Beendigung einer Vollstreckungsmaßnahme**.[348]

Das Rechtsschutzbedürfnis besteht daher in der Regel so lange, wie der Berechtigte über einen Titel verfügt.[349]

Hinweis:

Ein Rechtsschutzbedürfnis für einen Abänderungsantrag besteht, wenn der Berechtigte außergerichtlich zwar auf die Vollstreckung verzichtet, den Titel jedoch nicht herausgibt. Soweit er den Titel jedoch noch benötigt (etwa zur Vollstreckung von Unterhaltsansprüchen oder niedrigerer Unterhaltsverpflichtungen), genügt für das Entfallen des Rechtsschutzbedürfnisses die Erklärung, ab einem bestimmten Zeitpunkt oder im Hinblick auf einen übersteigenden Betrag nicht zu vollstrecken.[350]

13.7.2. Gerichtliche (End-)Entscheidung

Hauptsachebeschluss

§ 238 Abs. 1 Satz 1 FamFG regelt die Abänderung von **Endentscheidungen** in Unterhaltssachen (Familienstreitsache nach § 231 Abs. 1 Ziffer 1 FamFG). Endentscheidungen sind gemäß § 38 Abs. 1 FamFG **gerichtliche Beschlüsse, die einen Verfahrensgegenstand ganz oder teilweise erledigen**. Es geht also um Unterhaltsbeschlüsse, die ein Hauptsacheverfahren ganz oder teilweise abschließen.

347 In Bezug auf § 238 FamFG Eickelmann, in: Haußleiter, FamFG, § 238 Rn. 61.
348 In Bezug auf § 238 FamFG Eickelmann, in: Haußleiter, FamFG, § 238 Rn. 61.
349 In Bezug auf § 238 FamFG vgl. Eickelmann, in: Haußleiter, FamFG, § 238 Rn. 61.
350 Vgl. in Bezug auf § 238 FamFG Eickelmann, in: Haußleiter, FamFG, § 238 Rn. 61.

Beispiele:[351]

- streitiger Beschluss
- Anerkenntnisbeschluss
- Versäumnisbeschluss
- Abänderungsbeschluss

Voraussetzungen

§ 238 Abs. 1 Satz 2 FamFG setzt für die Abänderung eine **Veränderung der tatsächlichen oder rechtlichen Verhältnisse** voraus, auf denen die gerichtliche Unterhaltsentscheidung seinerzeit basierte. Für die Abänderung sind daher Tatsachen vorzutragen, aus denen eine **wesentliche Veränderung** der tatsächlichen oder rechtlichen Verhältnisse folgt (**Abänderungsgrund**). Wenn ein nicht präkludierter Abänderungsgrund vorliegt, passt das Gericht die Unterhaltsregelung gemäß § 238 Abs. 4 FamFG unter Wahrung ihrer (sonstigen) Grundlagen an.

→ Siehe Beispiel bei Abänderungsgrund, 13.7.2.1.

13.7.2.1. Abänderungsgrund

Veränderung

Voraussetzung ist eine **wesentliche Veränderung** der rechtlichen oder tatsächlichen Verhältnisse. Die Bemessungsgrundlagen der seinerzeitigen Unterhaltsregelung müssen sich also zum Vor- oder Nachteil entwickelt haben.

- Dabei muss die Änderung **entweder bereits eingetreten** sein
- oder aber sie muss **absehbar** (sicher bzw. zuverlässig vorhersehbar) sein.[352] Eine vage Aussicht, dass die Unterhaltsverpflichtung als solche künftig nicht oder in anderer Höhe besteht, reicht dabei nicht aus.

absehbare Veränderung

Beispiel:

Das Kind macht gerichtlich Unterhalt gegen den 60-jährigen Vater geltend auf Basis der von ihm vorgelegten Gehaltsabrechnungen aus angestellter Tätigkeit. Dieser beabsichtigt, in den vorzeitigen Ruhestand zu gehen. Noch im Verfahren geht ihm der Bescheid zu, dass er in fünf Monaten Ruhestandsbezüge erhält. Diese sind deutlich niedriger als sein jetziges Einkommen. Der Vater sollte im Zuge seiner Verteidigung gegen den Unterhaltsantrag die in fünf Monaten sicher absehbare Einkommensminderung vortragen mit dem Ziel, ggf. zeitabschnittsweise zu veränderten Unterhaltsansprüchen verpflichtet zu werden. Macht er das nicht und ergeht eine Unterhaltsentscheidung, kann er den Umstand der verringerten Einkünfte später nicht mehr im Rahmen eines Abänderungsverfahrens geltend machen – der Abänderungsgrund wäre präkludiert.

351 Vgl. Eickelmann, in: Haußleiter, FamFG, § 238 Rn. 4.
352 Bumiller/Harders/Schwamb, FamFG § 238 Rn. 9 und 13 mit Verweis auf Rechtsprechung.

rechtliche Verhältnisse

Beispiele für die Veränderung von **rechtlichen** Verhältnissen:

- **Veränderungen der Düsseldorfer Tabelle**, der Tabellenbeträge oder des **Kindergeldes**.[353] Die Düsseldorfer Tabelle sowie die Unterhaltsleitlinien der Oberlandesgerichte werden regelmäßig angepasst, was zu Veränderungen des Unterhaltsanspruchs führen kann.
- **Gesetzesänderung**[354]
- **Änderung der Rechtsprechung** in Bezug auf die Auslegung eines Gesetzes.[355]

tatsächliche Verhältnisse

Beispiele für die Veränderung von **tatsächlichen** Verhältnissen:

- zunehmendes Alter des Kindes und damit erhöhter Bedarf: **Erreichen der nächsten Altersstufe** der Düsseldorfer Tabelle[356]
- **veränderte persönliche und wirtschaftliche Verhältnisse, also der Lebensumstände** auf Seiten des oder der Unterhaltsverpflichteten (bei beiderseitiger Haftung für den Barunterhalt) oder des Unterhaltsberechtigten, verursacht zum Beispiel durch[357]
  - **Änderung der Einkommensverhältnisse**

    Beispiel:

     *Aufnahme einer besser/schlechter bezahlten Tätigkeit, Einstellung oder (Wieder-)Aufnahme von Berufstätigkeit, Aufnahme oder Wegfall von Verbindlichkeiten, krankheitsbedingte Erwerbsminderung oder -losigkeit, Einkommenserhöhung.*

  - **Erhöhung von Lebenshaltungskosten**

    Beispiel:

     *Entstehen von krankheitsbedingtem Mehrbedarf.*

  - **Hinzutreten weiterer Unterhaltsansprüche**, die sich auf die Einstufung in der Düsseldorfer Tabelle und die Leistungsfähigkeit des Unterhaltsverpflichteten auswirken.

    Beispiel:

     *Der Unterhaltspflichtige heiratet, trennt sich von seinem Ehepartner oder bekommt ein weiteres Kind.*

  - **Volljährigkeit**

    Wenn das unterhaltsberechtigte Kind volljährig wird und über einen Titel aus der Zeit der Minderjährigkeit verfügt, führt dies in der Regel zu einem Abänderungsgrund: Statt eines Elternteils werden

353 BeckOK BGB/Reinken, 53. Ed. 1.2.2020, BGB § 1610 Rn. 17 mit Nachweisen.
354 Vgl. Bumiller/Harders/Schwamb, FamFG § 238 Rn. 10.
355 Vgl. Bumiller/Harders/Schwamb, FamFG § 238 Rn. 10.
356 BeckOK BGB/Reinken, 53. Ed. 1.2.2020, BGB § 1610 Rn. 17.
357 Kasuistik und Hinweise zur Rechtsprechung sind aufgeführt bei Bumiller/Harders/Schwamb, FamFG § 238 Rn. 9.

beide Elternteile barunterhaltspflichtig und auch der Tabellenunterhalt ändert sich (Regelsatz oder höhere Altersstufe der Düsseldorfer Tabelle).

- **Änderungen bei der Obhut oder Betreuung** des minderjährigen Kindes
  - **Obhutswechsel**

    Beispiel:

     *Das Kind wird vom früher getrenntlebenden Elternteil betreut.*

  - **Betreuungswechsel**

    Beispiel:

     *Aufgabe des Residenzmodells und Begründung eines Wechselmodells.*

- **Prognose** des Ausgangsverfahrens **stellt sich nachträglich als unzutreffend** heraus

  Beispiel:

   *Zurechnung von fiktiven Einkünften im Ausgangsverfahren und spätere Feststellung fehlender Arbeitsmöglichkeiten, etwa infolge von nachweislich erfolglosen, ausreichenden Erwerbsbemühungen.*[358]

13.7.2.2. Wesentlichkeit

Richtwert

Die angestrebte Änderung muss wesentlich sein; sie muss also in einem gewissen Umfang von der Ausgangsentscheidung abweichen. Als Grundsatz gilt, dass der **abzuändernde Unterhalt 10 Prozent höher oder niedriger** ausfällt als der titulierte Unterhalt.[359]

Von dieser Regel gibt es **Ausnahmen**: So kann die Veränderung **bei eingeschränkten wirtschaftlichen Verhältnissen** durchaus geringer sein, um noch als wesentlich zu gelten.[360] Die 10-Prozent-Regel gilt auch dann nicht, wenn Abänderung wegen **Änderung des Mindestunterhalts oder der Bedarfssätze der Düsseldorfer Tabelle** verlangt wird.[361]

Es muss sich außerdem um eine **nachhaltige Veränderung** der Bemessungsgrundlagen handeln: Eine kurze Zeit der Arbeitslosigkeit wirkt sich

358 Vgl. Bumiller/Harders/Schwamb, FamFG § 238 Rn. 13 ff. mit Verweis auf OLG Hamm FamRZ 2008, 2216; OLG Frankfurt a.M. NJW-RR 2008, 888.

359 Bumiller/Harders/Schwamb, FamFG § 238 Rn. 9 mit Verweis auf OLG Karlsruhe BeckRS 2014, 00231 Rn. 77.

360 Bumiller/Harders/Schwamb, FamFG § 238 Rn. 9 mit Verweis auf OLG Hamm FamRZ 2012, 53 und BGH NJW 1992, 1621.

361 Bumiller/Harders/Schwamb, FamFG § 238 Rn. 9 mit Verweis auf BGH NJW 1992, 1621, BGH NJW 2005, 1279 und weitere Rechtsprechung.

zum Beispiel nicht auf die Bemessung des Unterhalts aus, ist damit nicht wesentlich und bewirkt infolgedessen auch nicht dessen Abänderung.[362]

13.7.2.3. Präklusion

nachträgliche Veränderung

Gemäß § 238 Abs. 2 FamFG müssen die Abänderungsgründe **nach Schluss der Tatsachenverhandlung** des Ausgangsverfahrens entstanden sein. Es muss sich also um eine nachträgliche Veränderung handeln. Wird hingegen ein Abänderungsgrund vorgebracht, der bereits im Ausgangsverfahren hätte eingebracht werden können, ist dessen Geltendmachung ausgeschlossen. Er ist **präkludiert**.

Der Abänderungsantrag kann daher **nicht mit Umständen begründet** werden, die **im Ausgangsverfahren** bereits

(1) **entscheidungserheblich**

(2) **eingetreten oder absehbar**

waren.[363]

→ Siehe Abänderungsgrund (mit Beispiel zur Präklusion), 13.7.2.1. und 13.7.2.3.

Zeitpunkt

Je nach Art des Titels sind folgende Zeitpunkte für den **Eintritt der Präklusion** maßgeblich:

Beruht die Unterhaltsregelung

- auf einem **erstinstanzlichen Beschluss**:

  Schluss der Tatsachenverhandlung des Ausgangsverfahrens,[364] wenn keine Beschwerde eingelegt oder eine solche zurückgenommen wurde.[365]

  Hinweis:

   *Bei einer noch nicht rechtskräftigen Entscheidung sollte alternativ zum Abänderungsantrag die Einlegung einer Beschwerde geprüft werden.[366]*

  Die Einlegung einer Beschwerde ist in den meisten Fällen vorzuziehen. Im Unterhaltsverfahren ist die zweite Instanz gleichsam Tatsacheninstanz, weshalb eine Überprüfung des gesamten Unterhaltsanspruchs stattfindet. Zwischenzeitliche Änderungen der rechtlichen und tatsächlichen Verhältnisse werden daher berücksichtigt.

362 Vgl. auch Bumiller/Harders/Schwamb, FamFG § 238 Rn. 9, der auf fehlende Abänderbarkeit bei kurzfristiger Arbeitslosigkeit hinweist.

363 Bumiller/Harders/Schwamb, FamFG § 238 Rn. 13 mit Verweis auf BGH NJW 2004, 3108.

364 Bumiller/Harders/Schwamb, FamFG § 238 Rn. 13 mit Verweis auf BGH NJW 2015, 2963 Rn. 14 f.

365 Eickelmann, in: Haußleiter, FamFG, § 238 Rn. 90; Bumiller/Harders/Schwamb, FamFG § 238 Rn. 13 mit Verweis auf BGH NJW 2012, 923 Rn. 21.

366 Näher hierzu und zum Verhältnis: Eickelmann, in: Haußleiter, FamFG, § 238 Rn. 91, 92.

- auf einem **zweitinstanzlichen Beschluss** (Beschwerdeentscheidung):

  Schluss der mündlichen Verhandlung vor dem OLG bzw. dem KG.[367]
- auf einem **Versäumnisbeschluss**: nach Ablauf der Einspruchsfrist.[368]

Keine Korrektur der Ausgangsentscheidung

In Konsequenz der Präklusionsvorschrift können **Mängel des Ausgangsverfahrens** – unzureichend dargelegte oder bewiesene Tatsachen, unsubstantiierter Vortrag etc. – im Abänderungsverfahren **nicht behoben** werden. Ein entsprechendes Vorbringen wäre präkludiert und kein zulässiger Abänderungsgrund.

13.7.2.4. Rückwirkung

Zeitgrenze

§ 238 Abs. 3 FamFG beinhaltet eine Zeitgrenze: **Grundsätzlich** kann Abänderung nur für die Zeit ab Rechtshängigkeit des Abänderungsantrags verlangt werden; also **erst ab Zustellung des Antrags beim Gegner**. Nicht maßgeblich ist der Zeitpunkt, zu dem der Abänderungsantrag oder ein auf ihn gerichtetes Verfahrenskostenhilfegesuch eingereicht wird.[369]

Von diesem Grundsatz ergeben sich zu Gunsten des Antragstellers **Abweichungen**, wenn die **Abänderung bereits zuvor außergerichtlich verlangt** wird – was daher auf Antragstellerseite stets zu empfehlen ist. Die abänderungswillige Partei sollte daher immer erst außergerichtlich vorgehen und die andere Partei mit dem Abänderungsverlangen **in Verzug setzen**, bevor sie einen Abänderungsantrag stellt.

→ Siehe zur Inverzugsetzung Auskunft, 11.4. und Bezifferung, 12.3.

13.7.2.4.1. Erhöhung

Wird höherer Unterhalt geltend gemacht, können Rückstände, die sich aus der Differenz zwischen dem titulierten, gezahlten Unterhalt und dem geforderten, höheren Unterhalt, ergeben, nicht erst ab Rechtshängigkeit, sondern gemäß § 238 Abs. 3 Satz 1 FamFG **bereits für die Zeit ab Inverzugsetzung** verlangt werden. Sinngemäß gilt für die Einforderung von Rückständen daher das Gleiche wie bei der erstmaligen gerichtlichen Geltendmachung von Unterhalt im Wege eines Leistungsantrags: Es sollte eine vorherige unterhaltsrechtliche Inverzugsetzung erfolgen.

13.7.2.4.2. Absenkung oder Wegfall

Rückwirkung

Werden Absenkung oder Wegfall einer Unterhaltsverpflichtung geltend gemacht, kann dies **rückwirkend nur ab dem Folgemonat auf die Inverzugsetzung** verlangt werden, § 238 Abs. 3 Satz 3 FamFG. Inverzugsetzung meint hier, dass beim Unterhaltsberechtigten ein Auskunfts- oder Verzichtsverlangen („negative Mahnung"[370]) des Antragstellers ein-

367 Bumiller/Harders/Schwamb, FamFG § 238 Rn. 13.

368 Vgl. Bumiller/Harders/Schwamb, FamFG § 238 Rn. 14; Eickelmann, in: Haußleiter, FamFG, § 238 Rn. 90 mit dem Hinweis, dass im Falle eines Versäumnisbeschlusses alle unterhaltsrelevanten Tatsachen mit dem Einspruch geltend zu machen sind, um eine Präklusion im erstinstanzlichen Verfahren zu verhindern.

369 Bumiller/Harders/Schwamb, FamFG § 238 Rn. 17.

370 Bumiller/Harders/Schwamb, FamFG § 238 Rn. 19.

geht: Der Unterhaltsberechtigte wird aufgefordert, teilweise oder vollständig auf den titulierten Unterhalt zu verzichten.[371]

Beispiel:

Macht der Unterhaltsschuldner im Februar 2020 die Herabsetzung des Unterhaltsanspruchs von 400,00 € auf 300,00 € im Rahmen einer negativen Mahnung geltend und reicht im Juli 2020 einen Abänderungsantrag ein, kann er Herabsetzung für die Zeit ab März 2020 fordern.

Zeitgrenze

Die rückwirkende Abänderung kann grundsätzlich nur bis zu einem Jahr vor Rechtshängigkeit (Zustellung) des Abänderungsantrags eingefordert werden, § 238 Abs. 3 Satz 4 FamFG. Gemäß Satz 5 gilt dies nur bei grober Unbilligkeit nicht.

Hinweis:

Diese Zeitgrenze ist vor allem zu beachten, wenn ein Verfahrenskostenhilfegesuch in Bezug auf eine beabsichtigte Abänderung eingereicht wird, die außergerichtliche Inverzugsetzung schon ein paar Monate zurückliegt und das Gericht sich mit der Bewilligung von Verfahrenskostenhilfe und somit mit der Zustellung des Antrags Zeit lässt. Für das obige Beispiel heißt dies, dass, wenn statt eines Abänderungsantrags zunächst ein Verfahrenskostenhilfegesuch eingereicht wird und der Abänderungsantrag infolgedessen erst im August 2021 rechtshängig würde, Herabsetzung erst ab August 2020 verlangt werden kann und nicht schon ab März 2020.

13.7.2.5. Anpassung

Bei begründeter Abänderung ist die Unterhaltsregelung gemäß § 238 Abs. 4 FamFG „unter Wahrung ihrer Grundlagen" anzupassen. Die Abänderung führt also **nicht zur Neuberechnung und -festsetzung** des Unterhaltsanspruchs, sondern nur zur Änderung der Unterhaltsentscheidung in Folge des Abänderungsgrundes.

Bindungswirkung

Vielmehr besteht eine **Bindung an die Ausgangsregelung bezogen auf** die **sonstigen, unverändert gebliebenen Verhältnisse**. Unveränderte Bemessungsgrundlagen bleiben bestehen, ebenso fehlerhafte Feststellungen oder Bewertungen der Ausgangsentscheidung.[372]

Hinweis:

Dennoch führt ein Abänderungsverfahren in der Praxis häufig dazu, dass der Unterhaltsanspruch in Gänze neu errechnet und verhandelt wird. Auf Antragsteller- oder Antragsgegnerseite kann es daher durchaus sinnvoll sein, den Unterhaltsanspruch auf Basis der aktuellen tatsächlichen und rechtlichen Verhältnisse zu ermitteln und im Verfahren einzubringen.

371 Bumiller/Harders/Schwamb, FamFG § 238 Rn. 19.
372 Vgl. Bumiller/Harders/Schwamb, FamFG § 238 Rn. 22.

Die Bindungswirkung erstreckt sich in der Regel auf die im Ausgangsverfahren festgestellten Ermittlungsgrundlagen wie[373]

- Einkommensverhältnisse
- einkommensbereinigende Aufwendungen
- fiktive Einkünfte
- Anzahl der Unterhaltsberechtigten
- (Nicht-)Bestehen eines Wohnvorteils.

Keine Bindungswirkung jedoch besteht im Hinblick auf

- Angaben in den Unterhaltsrichtlinien oder in der Düsseldorfer Tabelle
- Berechnungsweisen oder -modelle (z.B. Verteilungsschlüssel oder Berechnungsweise zur Ermittlung eines Wohnvorteils).

13.7.3. Unterhaltsvergleich und -urkunde

§ 239 FamFG regelt die Abänderung von **Vergleichen** im Sinne des § 794 Abs. 1 Ziff. 1 ZPO sowie von **vollstreckbaren Urkunden** im Sinne des § 794 Abs. 1 Ziff. 5 ZPO.

Unterhaltsvergleich

Beispiele für **Vergleiche** im Sinne des § 794 Abs. 1 Ziff. 1 ZPO:[374]

- **notarieller Unterhaltsvergleich**
- **Prozessvergleich** im Rahmen eines Hauptsacheverfahrens
- **Vergleich im VKH-Prüfverfahren** (Vergleich zur Beendigung des Verfahrens auf Verfahrenskostenhilfe, vgl. Verweis auf § 118 Abs. 1 Satz 3 ZPO)[375]
- abschließender **Prozessvergleich** im Rahmen eines **einstweiligen Anordnungsverfahrens**

  Voraussetzung ist, dass der Unterhalt erledigend, also abschließend, geregelt wird.[376]
- **nicht**: privatschriftliche Urkunden oder außergerichtliche Vergleiche[377]

vollstreckbare Urkunden

Beispiele für **vollstreckbare Urkunden** im Sinne des § § 794 Abs. 1 Ziff. 5 ZPO:

- **notarielle Unterhaltsverpflichtungserklärung**
- **Jugendamtsurkunde**

Rückwirkung

Im Hinblick auf die Abänderung von Verpflichtungen, die rückwärtige Zeiträume betreffen, sieht § 239 FamFG für abzuändernde Unterhaltsbeschlüsse (anders als § 238 Abs. 3 FamFG) keine Zeitgrenze vor.[378]

373 Viefhues, Von der Trennung bis zur Scheidung, § 22, Rn. 263, 264.
374 Vgl. Bumiller/Harders/Schwamb, FamFG § 239 Rn. 1, 2.
375 Bumiller/Harders/Schwamb, FamFG, § 239 Rn. 1.
376 Eickelmann, in: Haußleiter, FamFG, § 239 Rn. 5.
377 BeckOK FamFG/Schlünder, FamFG § 239, 33. Ed. 1.1.2020, vor Rn. 1.
378 Vgl. Eickelmann, in: Haußleiter, FamFG, § 239 Rn.

keine Tatsachenpräklusion

Es gibt für Prozessvergleiche und beurkundete Verpflichtungen darüber hinaus keine Tatsachenpräklusion.[379] § 239 FamFG enthält keine Präklusionsvorschrift wie § 238 Abs. 2 FamFG für Unterhaltsbeschlüsse.

13.7.3.1. Vergleich

Veränderung oder Wegfall der Geschäftsgrundlage

Für die Begründetheit eines Abänderungsverlangens verweist § 239 Abs. 2 FamFG auf die Vorschriften des bürgerlichen Rechts und damit auf die Vorschriften zur Anpassung von vertraglich vereinbarten Ansprüchen wegen Wegfalls oder Veränderung der Geschäftsgrundlage in § 313 BGB. § 313 BGB setzt eine **wesentliche Veränderung der Verhältnisse** voraus, die ein **Festhalten an der Vereinbarung unzumutbar** erscheinen lässt. Gleichzeitig muss die Abänderung **auch dem anderen Beteiligten, also dem Abänderungsgegner, zumutbar** sein.[380]

> **Geschäftsgrundlage** sind die **Vorstellungen** der Beteiligten über das **Vorhandensein oder Fehlen von Umständen** mit **grundlegender Bedeutung** für den Inhalt der Vereinbarung.
> **Geschäftswille** der Beteiligten ist die **Erwartung**, dass die **rechtlichen und tatsächlichen Verhältnisse fortbestehen**.

In der Folge kommt es zu **Parallelen mit den Abänderungsvoraussetzungen nach § 238 FamFG**: Die Grundlagen der Vereinbarung – die ihr zugrunde liegenden tatsächlichen oder rechtlichen Verhältnisse – müssen sich verändert haben.[381]

→ Siehe Abänderungsgrund, 13.7.2.1.

schwerwiegende Veränderung

Die Veränderung der Vergleichsgrundlagen muss **von Gewicht sein**. Ansonsten wäre dem Abänderungswilligen die Aufrechterhaltung der titulierten Vereinbarung zumutbar. Auch insoweit bestehen daher Parallelen zum Wesentlichkeitserfordernis in § 238 FamFG.

13.7.3.2. Einseitige Unterhaltsverpflichtung

keine Bindung für Berechtigten

Im Falle einer Jugendamtsurkunde oder einer notariellen Urkunde, die einseitig – also nicht einvernehmlich bzw. nach Aushandlung – errichtet wurde, kann der Unterhaltsberechtigte Abänderung der Urkunde **ohne den Nachweis veränderter Verhältnisse** verlangen. Bei einseitig eingegangenen Verpflichtungen gibt es keine gemeinsame Geschäftsgrundlage, deren Wegfall oder Störung der Antragsteller vortragen und nachweisen muss.[382] Der Unterhaltsberechtigte ist an eine einseitig errichtete Urkunde also nicht gebunden.[383] Es reicht aus, dass er vorträgt (und nachweist), dass die Unterhaltsverpflichtung höher ist als tituliert.

Veränderung auf Seiten des Pflichtigen

Der Unterhaltsverpflichtete hingegen kann Herabsetzung oder Wegfall der einseitig titulierten Unterhaltsverpflichtung nur fordern, wenn er die **spätere Veränderung der unterhaltsrelevanten rechtlichen und**

379 BeckOK FamFG/Schlünder, 33. Ed. 1.1.2020, FamFG § 239 Rn. 2d.
380 BGH NJW 2001, 3618 (3620).
381 Ähnlich Bumiller/Harders/Schwamb, FamFG § 239 Rn. 4.
382 Vgl. Bumiller/Harders/Schwamb, FamFG § 239 Rn. 10.
383 Bumiller/Harders/Schwamb, FamFG § 239 Rn. 10.

tatsächlichen Verhältnisse und die **Unzumutbarkeit am Festhalten an der titulierten Verpflichtung** nachweist.[384]

13.7.3.3. Anpassung

Eine Anpassung ist unter Wahrung des Willens der Beteiligten vorzunehmen. Wie die Abänderung nach § 238 FamFG führt auch eine Abänderung nach § 239 FamFG **grundsätzlich nicht** zur vollständigen **Neuberechnung** des Unterhaltsanspruchs. Wenn sich die Vergleichsgrundlagen jedoch grundlegend verändert haben, kann die Neuberechnung des Unterhalts auf Basis der gegenwärtigen Verhältnisse (wie bei Erstfestsetzung) die Folge sein.[385] Gleiches gilt, wenn die Vergleichsgrundlagen nicht feststellbar sind.[386]

13.7.4. Einstweilige Unterhaltsregelung

vorläufige Unterhaltsregelung

Beispiele:

- **Beschluss im einstweiligen Anordnungsverfahren**
- (den Unterhalt nicht abschließend regelnder) **Prozessvergleich im Rahmen eines einstweiligen Anordnungsverfahrens**

Voraussetzungen

Die Voraussetzungen für die Abänderung von einstweiligen Unterhaltsanordnungen hängen davon ab, ob die einstweilige Unterhaltsanordnung mit oder ohne mündliche Verhandlung ergangen ist.

> Ging der einstweiligen Anordnung **eine mündliche Verhandlung** voraus, kann gemäß **§ 54 Abs. 1 Satz 1 FamFG Abänderung** beansprucht werden.
> Ist die einstweilige Anordnung **ohne mündliche Verhandlung** ergangen, kann **außerdem** ein **Antrag auf erneute Entscheidung** aufgrund mündlicher Verhandlung gemäß **§ 54 Abs. 2 FamFG** gestellt werden.

Beide Verfahren können ohne anwaltliche Begleitung geführt werden, da es im einstweiligen Anordnungsverfahren **keinen Anwaltszwang** gibt, § 114 Abs. 4 Nr. 1 FamFG.

Neubewertung

Beide Anträge setzen **keine Änderung der Sach- und Rechtslage** voraus; anders als in den Verfahren nach §§ 238 und 239 FamFG fließen **alte und neue tatsächliche und rechtliche Grundlagen** in die Bewertung ein.[387] Das Gericht überprüft im Abänderungsverfahren die Entscheidung insgesamt.[388]

Wegen der fehlenden materiellen Rechtskraft einer einstweiligen Anordnung gibt es außerdem **keine Tatsachenpräklusion**.[389]

---

384 Bumiller/Harders/Schwamb, FamFG § 239 Rn. 10.
385 Roßmann, Familiengerichtliches Verfahren, Rn. 3110 mit Nachweisen.
386 Roßmann, Familiengerichtliches Verfahren, Rn. 3111 mit Nachweisen
387 Ähnlich Bumiller/Harders/Bumiller, FamFG § 54 Rn. 2.
388 Ähnlich BeckOK FamFG/Schlünder, 33. Ed. 1.1.2020, FamFG § 54 Rn. 3.
389 In Bezug auf § 54 Abs. 1 FamFG: BeckOK FamFG/Schlünder, 33. Ed. 1.1.2020, FamFG § 54 Rn. 3.

Begründung

Für beide Anträge besteht nach § 54 FamFG **keine Pflicht zur Begründung**. Eine Antragsbegründung ist dennoch geboten, nicht nur aus prozesstaktischen Gründen: Zum einen sollen Anträge gemäß § 23 FamFG stets begründet werden. Zum anderen treffen die Beteiligten und damit auch den Antragsteller Mitwirkungspflichten aus § 27 FamFG.[390] Vor allem aber kann **ohne Antragsbegründung das Rechtsschutzbedürfnis in Frage** stehen. Dieses fehlt im Übrigen auch, wenn die Begründung auf Gründe verweist, die das Gericht bereits im Ausgangsverfahren gewürdigt hat bzw. dort vorgetragene Gründe lediglich wiederholt.[391]

Frist und Verteidigung

Beide Anträge sind **unbefristet** möglich.

Für die Verteidigung gegen den Abänderungsbeschluss stehen **nur ein (erneuter) Abänderungsantrag** nach § 54 Abs. 1 FamFG zur Verfügung oder ein **Vorgehen im Hauptsacheverfahren**.

→ Siehe Verteidigung gegen eine einstweilige Anordnung, 13.6.2.

Verhältnis

Der **Antrag auf erneute Entscheidung** nach § 54 Abs. 2 FamFG ist gegenüber einem Antrag nach § 54 Abs. 1 FamFG in den meisten Fällen **vorzugswürdig**. Zum einen besteht nicht die Gefahr, dass das Gericht den Antrag wegen eines fehlenden Rechtsschutzbedürfnisses abweist. Zum anderen hält der Antragsteller sich die Möglichkeit offen, nach erneuter (unbefriedigender) Entscheidung Abänderung nach § 54 Abs. 2 FamFG zu beantragen.

13.8. Vollstreckungsabwehr zur Beseitigung von Unterhaltstiteln

Mit dem Vollstreckungsabwehrantrag nach § 767 ZPO kann ein Unterhaltstitel angegriffen werden, sowohl im Hinblick auf rückwärtige als auch auf künftige Zeiträume. Insoweit bestehen Parallelen zum Abänderungsantrag.

Der Vollstreckungsabwehrantrag ist gegen alle Arten von Unterhaltstiteln möglich, sofern aus ihnen Vollstreckung betrieben wird oder betrieben werden kann. Hierzu gehören zum Beispiel:[392]

- rechtskräftige Beschlüsse
- vollstreckbare Unterhaltsverpflichtungserklärungen
- gerichtliche Vergleiche

Gegenstand des Verfahrens ist ausschließlich die Vollstreckbarkeit des Titels.[393] Der Antragsteller eines Vollstreckungsabwehrverfahrens strebt an, die Vollstreckbarkeit des Titels zu beseitigen. Hierzu erhebt er **materiell-rechtliche Einwendungen oder Einreden** gegen den titulierten Anspruch.

390 Ähnlich BeckOK FamFG/Schlünder, 33. Ed. 1.1.2020, FamFG § 54 Rn. 3b.
391 Vgl. BeckOK FamFG/Schlünder, 33. Ed. 1.1.2020, FamFG § 54 Rn. 3c.
392 Roßmann, Familiengerichtliches Verfahren, Rn. 3159 mit Verweis u.a. auf Eschenbruch/Schürmann/Menne/Roßmann, 3. Kapitel Rn. 1679.
393 BGH FamRZ 2005, 1479.

Wahl zwischen Abänderung und Vollstreckungsabwehr

Ist Ziel das Vorgehen gegen eine titulierte Unterhaltsverpflichtung, muss der Pflichtige sich – wenn der gleiche Zeitraum betroffen ist – zwischen einem Antrag auf Abänderung oder Vollstreckungsabwehr entscheiden. Das Abänderungs- und das Vollstreckungsabwehrverfahren schließen sich gegenseitig aus, weil sie unterschiedliche Ziele verfolgen.[394] Ein Abänderungsantrag ist auf die Anpassung des Titels gerichtet (mit der Nebenfolge, dass aus dem abgeänderten Titel nicht mehr vollstreckt werden kann). Ein Vollstreckungsabwehrantrag ist hingegen auf die Beseitigung oder Aufhebung der Vollstreckung aus dem Titel gerichtet. In jedem Fall, in dem ein Unterhaltspflichtiger gegen einen Titel vorgehen will, ist zu ermitteln, welcher Antrag dem Rechtsschutzinteresse im konkreten Fall am ehesten gerecht wird.

In der Praxis sollte man die Möglichkeit des **Vollstreckungsabwehrantrags** dann in Betracht ziehen, wenn man den Titel **unwandelbar vermindern und/oder beseitigen** möchte. Gründe können neben der **Erfüllung der Unterhaltsverpflichtung** deren **Erlöschen** oder **Hemmung** sein. Auslöser hierfür können sein:

- Heirat des Kindes
- Beendigung der Ausbildung
- Nichtbestehen der Vaterschaft
- Verwirkung der Unterhaltsverpflichtung
- Verjährung der Unterhaltsverpflichtung
- Volljährigkeit des Kindes

Geht es um die Höhe der Unterhaltsverpflichtung, die (zum Beispiel wegen Einkommensveränderungen) anzupassen ist, und liegen keine Einwendungen oder Einreden gegen den Unterhaltsanspruch vor, spricht dies für die Wahl eines Abänderungsantrags.

→ Siehe Abänderung von Unterhaltstiteln, 13.7.

Zu beachten ist, dass im Abänderungs- und Vollstreckungsabwehrverfahren unterschiedliche Gerichte zuständig sein können. Die Zuständigkeit richtet sich nach § 232 FamFG.

→ Siehe Sachliche und örtliche Zuständigkeit, 13.1.

Für den Vollstreckungsabwehrantrag ist nach § 120 Abs. 1 FamFG, § 767 Abs. 1, § 802 ZPO grundsätzlich das Gericht des ersten Rechtszugs zuständig. § 232 FamFG geht jedoch §§ 767 Abs. 1, 802 ZPO vor.[395]

Richtet sich der Vollstreckungsantrag gegen einen Unterhaltsbeschluss, ist der Antrag bei dem Gericht einzureichen, das den Beschluss erlassen hat, sofern nicht § 232 Abs. 1 FamFG zu einer anderen Gerichtszuständigkeit führt.

394 BGH FamRZ 2005, 1479.
395 Roßmann, Familiengerichtliches Verfahren, Rn. 3157, 3162 f.

14. Beispielrechnungen

14.1. Beispielrechnung 1

Themen:
Unterhalt von minderjährigen und volljährigen Kindern, Zusammentreffen von Ansprüchen von Kindern und Ehepartnern, Bedarfsbemessung nach der Düsseldorfer Tabelle, Kindergelderhöhung beim dritten Kind, Selbstbehalt, Bedarfskontrollbetrag, Auf- und Abstufung der Einkommensgruppen der Düsseldorfer Tabelle, Mangelfallberechnung, Rangfolge im Mangelfall

Ausgangsfall:

M ist geschieden und hat drei Kinder: K3 ist 19 Jahre alt und stammt aus der ersten Ehe mit F2. Aus der zweiten Ehe mit F1 stammen die Kinder K1, 7 Jahre alt, und K2, 14 Jahre alt. F1 und F2 machen keinen Unterhalt geltend.

M hat ein bereinigtes Einkommen von	**2.200,00 €**
F2 (Mutter von K3) hat ein bereinigtes Einkommen von	**1.000,00 €**
K1 und K2 haben keine Einkünfte	
K3 macht eine Ausbildung und hat eine bereinigte Ausbildungsvergütung von	**300,00 €**

Schritt 1

Unterhaltsansprüche von **K1 und K2**: Mit dem Einkommen von 2.200,00 € ist M in die **zweite Einkommensgruppe der Düsseldorfer Tabelle** einzuordnen.

An K1 und K2 wären danach zu zahlen (jeweils um das anteilige Kindergeld bereinigte Beträge (Zahlbeträge))

K1, 7	**344,00 €**
K2, 14	**420,00 €**

Anmerkung zum Unterhaltsanspruch des drittgeborenen Kindes K1

Kindergeld, das wegen der Berücksichtigung eines nicht gemeinschaftlichen Kindes erhöht ist, wird im Umfang der Erhöhung nicht bedarfsmindernd angerechnet (vgl. Klinkhammer, in: Wendl/Dose, Unterhaltsrecht, § 2 Rn. 732). Im vorliegenden Fall bekommen weder F1 noch F 2 höheres Kindergeld. Selbst wenn F1 oder F2 weitere, nicht von M stammende Kinder hätten, würde sich das erhöhte Kindergeld nicht auf die Unterhaltspflichten von M auswirken.

Unterhaltsanspruch von **K3:**

Der Unterhaltsbedarf richtet sich grundsätzlich nach den Einkünften beider Eltern. Das Einkommen der F2 in Höhe von 1.000,00 € liegt jedoch unterhalb des gegenüber K3 geltenden Selbstbehalts von 1.400,00 €. Sie ist nicht leistungsfähig und M in der Folge allein barunterhaltspflichtig auch für K3. Dies hat zur Folge, dass für den Bedarf des K3 allein das Einkommen von M maßgeblich ist.

Nach der **seinem Einkommen entsprechenden zweiten Einkommensgruppe** folgt ein Zahlbetrag

abzüglich der Einkünfte des K3	353,00 €
	–300,00 €
	53,00 €

Zusammengefasst hätte M zu zahlen:

K1, 7	344,00 €
K2, 14	420,00 €
K3, 19	53,00 €
	817,00 €

Bei Abzug verbleibt von seinem Einkommen	2.200,00 €
	–817,00 €
	1.383,00 €

Der **Bedarfskontrollbetrag** nach der zweiten Einkommensgruppe der Düsseldorfer Tabelle von 1.400,00 € wäre **nicht gewahrt.** Schon aus diesem Grund ist eine Einstufung in eine niedrigere Einkommensgruppe mit geringeren Unterhaltsbeträgen vorzunehmen.

Schritt 2

Die **Abstufung** und damit verbundene Einordnung des M in die **erste Einkommensgruppe** führt zu folgenden Unterhaltsansprüchen:

K1, 7	**322,00 €**
K2, 14	**395,00 €**
K3, 19	326,00 €
	–300,00 €
	26,00 €

Der **insgesamt zu zahlende Unterhalt** beträgt danach	**743,00 €**
Diesen Betrag kann M zahlen: Ihm bleiben	2.200,00 €
	–743,00 €
	1.457,00 €

Dieser Betrag liegt sowohl über dem Selbstbehalt gegenüber den minderjährigen Kindern K1 und K2 (1.160,00 Euro) als auch gegenüber dem volljährigen Kind K3 (1.400,00 €).

Eine **Mangelfallberechnung findet nicht statt**, weshalb es auf Vor- und Nachrangigkeit der Unterhaltsansprüche nach § 1609 BGB nicht ankommt.

Abwandlung 1:

K3 hat eine Ausbildungsvergütung von 220,00 €

Die Zahlbeträge gemäß der **ersten Einkommensgruppe** führen zu folgenden Unterhaltsansprüchen:

K1, 7	**322,00 €**
K2, 14	**395,00 €**
K3, 19	326,00 €
	–220,00 €
	106,00 €

Der **insgesamt zu zahlende Unterhalt** beträgt danach **823,00 €**

Bei Zahlung dieses Betrags verbleiben M	2.200,00 €
	–823,00 €
	1.377,00 €

Diesen Betrag kann M nicht ohne Unterschreitung des Selbstbehalts zahlen: Dieser Betrag liegt jedenfalls gegenüber K3 unter dem Selbstbehalt von 1.400,00 €. M kann daher sich gegenüber K3 auf eingeschränkte Leistungsunfähigkeit berufen; es liegt ein **Mangelfall** vor.

Nun wird die **Rangfolge der Unterhaltsansprüche aus § 1609 BGB** relevant. Der Selbstbehalt gegenüber dem Kind K3 (das in den vierten Rang gemäß § 1609 Ziff. 4 BGB fällt) beträgt 1.400,00 €. An K3 ist nur der den Selbstbehalt übersteigende Betrag von 83,00 € zu zahlen. Während die Unterhaltsansprüche der minderjährigen Kinder K1 und K2 voll befriedigt werden, wird der Bedarf des K3 nur anteilig gedeckt. Gegenüber K3 kann sich M auf **eingeschränkte Leistungsfähigkeit** berufen.

Gemäß § 1609 Ziff. 1 BGB stehen die minderjährigen Kinder im ersten Rang. M muss daher **vorrangig** den **Unterhalt der minderjährigen Kinder K1 und K2** erfüllen.

Ihre Ansprüche betragen insgesamt	322,00 €
	395,00 €
	717,00 €

Nach Abzug der vorrangigen Unterhaltsansprüche verbleibt vom Einkommen des M ein Betrag von	2.200,00 €
	–717,00 €
	1.483,00 €

Der Selbstbehalt gegenüber K3 beträgt 1.400,00 €. Für die Berechnung des Unterhalts für **K3** ist eine **Mangelfallberechnung** vorzunehmen, weil **K3 nachrangig** ist.

Nach Abzug des Selbstbehalts ist M gegenüber K3 leistungsfähig in Höhe eines Unterhaltsbetrags von	1.483,00 €
	–1.400,00 €
	83,00 €

K3 hat Anspruch auf Unterhalt nur in dieser Höhe; M ist K3 gegenüber **eingeschränkt leistungsfähig.**

Abwandlung 2:

Wie **Abwandlung 1**, allerdings ist M darüber hinaus **F1 (Mutter von K1 und K2) zum Unterhalt verpflichtet** in Höhe von **100,00 €**

M muss gemäß § 1609 Ziff. 1 BGB **vorrangig den Unterhalt für K1 und K2** erfüllen.

Danach muss er den **Unterhaltsanspruch von F1** erfüllen; dieser ist **gegenüber dem von K3 vorrangig** gemäß § 1609 Ziff. 2 BGB. Nach Abzug des Unterhalts an F1 bleiben M

	1.483,00 €
	–100,00 €
	1.383,00 €

Sein **Selbstbehalt gegenüber F** in Höhe von 1.280,00 € wird gewahrt.

Der verbleibende Betrag liegt jedoch **unter dem Selbstbehalt gegenüber K3** in Höhe von 1.400,00 €. K3 hat keinen Unterhaltsanspruch; es liegt ein **absoluter Mangelfall** und **Leistungsunfähigkeit** vor.

Abwandlung 3:

Wie **Abwandlung 2**, allerdings hat

M ein bereinigtes Einkommen von	**4.100,00 €**
F1 (Mutter von K1 und K2) einen Unterhaltsanspruch von	**500,00 €**
K3 hat wie im Ausgangsfall eine bereinigte Ausbildungsvergütung von	**300,00 €**

Das Einkommen von 4.100,00 € führt zur Eingruppierung in die **siebte Einkommensgruppe**.

Danach betragen die Zahlbeträge für

K1, 7	**475,00 €**
K2, 14	**574,00 €**
K3, 19	517,00 €
	–300,00 €
	217,00 €
Die Ansprüche betragen insgesamt	**1.266,00 €**
M bleiben von seinem Einkommen	4.100,00 €
nach Abzug der Kindesunterhaltsansprüche	–1.266,00 €
und des Unterhaltsanspruchs der F1	–500,00 €
	2.334,00 €

Der **Bedarfskontrollbetrag** der Düsseldorfer Tabelle der siebten Einkommensgruppe beträgt 1.900,00 € und **wird gewahrt**. Auch der gegenüber der F1 geltende Selbstbehalt von 1.280,00 € wird gewahrt.

Im Ergebnis **kann M alle Unterhaltsansprüche erfüllen.**

Anmerkung

Die Düsseldorfer Tabelle weist gemäß Anm. 1 den monatlichen Unterhaltsbedarf bezogen auf zwei Unterhaltsberechtigte aus; bei einer größeren oder geringeren Anzahl kann eine Einstufung in niedrigere bzw. höhere Einkommensgruppen erfolgen. Ob eine Einstufung in eine andere Einkommensgruppe geboten ist, richtet sich nach dem Einzelfall.
Im vorliegenden Fall ist ***keine Abstufung in eine niedrigere Stufe*** *vorzunehmen, auch wenn es mehr als zwei Berechtigte gibt. Sinn der Abstufung ist, dass möglichst viele Berechtigte befriedigt und die Verhältnisse des Pflichtigen und der Berechtigten mit Rücksicht aufeinander und die gesamte Unterhaltssituation angepasst werden – was hier gewahrt wird.*
Es wäre aber auch vertretbar, im Hinblick auf die Anmerkung 1 die Kindesunterhaltsansprüche nach einer niedrigeren Einkommensgruppe der Düsseldorfer Tabelle zu bemessen. Dies käme vor allem dann in Betracht, wenn besondere Umstände hinzukommen, wie zum Beispiel hohe, bei der Einkommensermittlung oder beim Selbstbehalt nicht berücksichtigte Umgangskosten.

Abwandlung 4

Wie Abwandlung 3, allerdings gibt es ein **weiteres Kind K 4**, das zwei Jahre alt ist. Mutter von K4 ist F3.

Hier gibt es vier unterhaltsberechtigte Kinder sowie einen unterhaltsberechtigten Ehepartner, insgesamt also **fünf Unterhaltsberechtigte.** Die Tabellenbeträge der Düsseldorfer Tabelle gehen gemäß **Anm. 1 demgegenüber nur von zwei Unterhaltsberechtigten** aus. Aber auch hier muss nicht voreilig eine Abstufung vorgenommen werden (zu den Gründen vgl. Abwandlung 3).

Das Einkommen von 4.100,00 € führt zur Eingruppierung in die **siebte Einkommensgruppe**.

Danach betragen die Zahlbeträge für

K1, 7	**475,00 €**
K2, 14	**574,00 €**
K3, 19	517,00 €
	–300,00 €
	217,00 €
K4, 2	**400,00 €**
insgesamt	1.666,00 €

Nach Abzug der Unterhaltsansprüche von K1 bis K4 und von F1 verbleibt	4.100,00 €
	–1.666,00 €
	–500,00 €
	1.934,00 €

Der Bedarfskontrollbetrag der **siebten Einkommensgruppe** der Düsseldorfer Tabelle wird gewahrt.

Abwandlung 5:

Wie Abwandlung 4, allerdings ist K3 ausgezogen und studiert

K3 hat einen zuvor ermittelten ungedeckten Bedarf von	**800,00 €**

Von seinem Einkommen verbleibt M nach Abzug aller Unterhaltsbeträge ein Betrag, der **unterhalb des Bedarfskontrollbetrags der siebten Einkommensgruppe von 1.900,00 €** liegt:

Einkommen des M	4.100,00 €
abzüglich der Unterhaltszahlbeträge für	
K1, 7	–475,00 €
K2, 14	–574,00 €
K3, 19	–800,00 €
K4, 2	–400,00 €
F1	–500,00 €
	1.351,00 €

Die Unterhaltsansprüche der Kinder sind daher **so lange nach der niedrigeren Einkommensgruppe zu bemessen, bis der Bedarfskontrollbetrag gewahrt** bleibt.

Es folgt also eine Berechnung der Unterhaltsbeträge nach der **sechsten Einkommensgruppe und des dann verbleibenden Einkommens**:

Einkommen des M	4.100,00 €
abzüglich der Unterhaltszahlbeträge für	
K1, 7	–441,00 €
K2, 14	–535,00 €
K3, 19	–800,00 €
K4, 2	–371,00 €
F1	–500,00 €
	1.453,00 €

Auch der **Bedarfskontrollbetrag der sechsten Einkommensgruppe** in Höhe von 1.800,00 € wird **unterschritten**.

Auch der **Bedarfskontrollbetrag der fünften Einkommensgruppe von 1.700,00 €** wird **nicht gewahrt**:

Einkommen des M	4.100,00 €
abzüglich der Unterhaltszahlbeträge für	
K1, 7	–407,00 €
K2, 14	–495,00 €
K3, 19	–800,00 €
K4, 2	–341,00 €
F1	–500,00 €
	1.557,00 €

Erst der **Bedarfskontrollbetrag der vierten Einkommensgruppe von 1.600,00 €** wird **gewahrt**:

Einkommen des M	4.100,00 €
abzüglich der Unterhaltszahlbeträge für	
K1, 7	–386,00 €
K2, 14	–470,00 €
K3, 19	–800,00 €
K4, 2	–323,00 €
F1	–500,00 €
	1.621,00 €

Im Ergebnis ist der **Kindesunterhalt nach der vierten Einkommensgruppe** zu bemessen; es erfolgt also eine **Herabstufung um drei Stufen.** Diese Korrektur erfolgt auch zum Schutz des Unterhaltsberechtigten im letzten Rang, hier des studierenden Kindes K3. K3 würde ohne die Herabstufung im Rahmen der Mangelfallberechnung nur einen Teil seines Bedarfs zugesprochen bekommen, während seine (Halb-)Geschwister den Unterhalt nach den höheren Tabellensätzen erhielten.

In den Abwandlungen 3 und 4 erhalten alle Berechtigten Unterhalt und M verbleibt der nach der Düsseldorfer Tabelle vorgesehene Bedarfskontrollbetrag. Daher wäre eine Herabstufung nicht ohne weiteres gerechtfertigt. Allerdings könnte im Einzelfall Anlass bestehen, dennoch eine Herabstufung vorzunehmen. Dies wären zum Beispiel erhöhte Umgangskosten oder Sonderbedarf.

14.2. Beispielrechnung 2

Themen:
Einkommensunterschiede, Barunterhaltspflicht des betreuenden Elternteils, Umgangskosten, Mangelfallberechnung, gesteigerte Unterhaltspflicht

Ausgangsfall

M und F sind geschieden. Sie haben drei Kinder K1, K2 und K3 im Alter von 14, 8 und 6 Jahren. Die Kinder leben bei F.

M hat ein bereinigtes Einkommen von	1.800,00 €
F hat ein bereinigtes Einkommen von	5.700,00 €

K1, 14

K2, 8

K3, 6

Vorüberlegung:

M hat ein Einkommen von 1.800,00 €. Er ist erkennbar nicht in der Lage, den Mindestunterhalt für drei Kinder zu erbringen. In Frage kommt daher zunächst eine **Mangelfallberechnung**.

Schritt 1: Feststellung der Verteilungsmasse

Einkommen des M	1.800,00 €
abzüglich des Selbstbehalts	–1.160,00 €
verbleiben	**640,00 €**

Schritt 2: Bedarf der Kinder abzüglich (anteiliges) Kindergeld

K1, 14	395,00 €
K2, 8	322,00 €
K3, 6	319,00 €
gesamt	**1.036,00 €**

Anmerkung

Für K3 wird als drittes gemeinschaftliches Kind von M und F erhöhtes Kindergeld bezogen. Für K3 gilt daher der Zahlbetrag der Düsseldorfer Tabelle für das dritte Kind.

Schritt 3: Verteilung (und Feststellung der Unterhaltsansprüche)

Verhältnis Verteilungsmasse – Gesamtbedarf (Verteilungsquotient)	0,6178
multipliziert mit Bedarf und gerundet	
K1, 14	244,00 €
K2, 8	199,00 €
K3, 6	197,00 €
gesamt	**gerundet: 640,00 €**

M ist in Höhe der vorstehenden Beträge leistungsfähig, da ihm bei deren Erfüllung der Selbstbehalt verbleibt. Jedoch wird der **Mindestbedarf der Kinder nicht gedeckt**.

Prüfung der gesteigerten Unterhaltsverpflichtung gemäß § 1603 Abs. 2 BGB

Unter Hinweis auf die damit verbundene gesteigerte Erwerbsobliegenheit könnte M verpflichtet sein, sich eine Arbeit mit höherem Einkommen zu suchen und sich entsprechend zu bewerben oder einen Nebenjob mit zusätzlichen Einkünften aufzunehmen, um die Zahlung von Mindestunterhalt zu gewährleisten. Bestehen solche Pflichten und geht M diesen nicht nach, wäre ihm fiktives Einkommen zuzurechnen.

M unterliegt der gesteigerten Unterhaltsverpflichtung gemäß § 1603 Abs. 2 BGB jedoch nur, wenn nicht F als betreuender Elternteil ausnahmsweise dazu verpflichtet sein könnte, außer für den Betreuungsunterhalt auch für den Barunterhalt aufzukommen. Dies ist dann zu bejahen, wenn ihr Einkommen das Einkommen von M um das Mehrfache überschreitet.

Vorliegend hat F ein mehr als dreimal so hohes Einkommen. Sie kann daher ohne Weiteres für den restlichen Unterhaltsbedarf aufkommen. M kann sich daher auf eingeschränkte Leistungsfähigkeit berufen; ihn treffen keine gesteigerten Unterhaltspflichten. Ihm kann daher auch kein fiktives Einkommen wegen eines fehlenden Nebenjobs o. Ä. zugerechnet werden.

Abwandlung

M hat jetzt ein bereinigtes Einkommen von	2.700,00 €

F zieht mit den Kindern nach Berlin, während M in München bleibt. Der Umgang wird regelmäßig ausgeübt, indem M alle zwei Wochen nach Berlin kommt.

Für Ferienwohnung und Fahrtkosten gibt M monatlich aus	900,00 €

Mit dem Einkommen des M richten sich die Unterhaltsansprüche der Kinder nach der **dritten Einkommensgruppe:**

K1, 14	445,00 €
K2, 8	365,00 €
K3, 6	362,00 €
gesamt	1.172,00 €

Bei Zahlung von Unterhalt in dieser Höhe verbleiben M von seinem Einkommen	2.700,00 €
	–1.172,00 €
	1.528,00 €

Es verbleibt zwar der Bedarfskontrollbetrag von 1.500,00 €; bei Zahlung der Umgangskosten wäre aber sowohl dieser als auch der Selbstbehalt unterschritten. Zur Wahrnehmung des Umgangs, zu dem M sowohl berechtigt als auch verpflichtet ist (vgl. § 1684 Abs. 1 BGB), wäre M bei Zahlung von Unterhalt in dieser Höhe nicht in der Lage.

Sein Einkommen ist daher **um die notwendigen Umgangskosten zu bereinigen.**

Einkommen M	2.700,00 €
abzüglich der Umgangskosten	–900,00 €
verbleiben	1.800,00 €

Danach ist die **erste Einkommensgruppe** der Düsseldorfer Tabelle maßgeblich. Das Einkommen von M reicht jedoch nicht zur Deckung des Mindestunterhalts aus; der Selbstbehalt würde unterschritten. Wie im Ausgangsfall ist daher eine **Mangelfallberechnung** durchzuführen.

Alternativ hätte man den **Selbstbehalt um die Umgangskosten erhöhen** können. Dies würde vorliegend zum gleichen Ergebnis – eingeschränkte Leistungsfähigkeit und Mangelfallberechnung – führen.

14.3. Beispielrechnung 3

Themen:
Weiterbildung auf Seiten des Unterhaltsverpflichteten, weiterbildungsbedingte Einkommensminderung, Mangelfallberechnung, eingeschränkte Leistungsfähigkeit, Verbindlichkeiten

Ausgangsfall:

Mutter M und Vater V sind unverheiratet und leben seit kurzem getrennt. Sie haben Zwillinge, B und S, die acht Jahre alt sind und **bei V leben**. M arbeitet als Steuerfachangestellte.

M hat ein bereinigtes Einkommen von	**1.900,00 €**

Dementsprechend zahlt sie gemäß der ersten Einkommensgruppe der Düsseldorfer Tabelle Unterhalt wie folgt:

B, 8	322,00 €
S, 8	322,00 €

Noch vor der Trennung plante M – unterstützt von V – Steuerberaterin zu werden. Sie beginnt wie geplant einen Fernlehrgang zur Vorbereitung auf die Steuerberaterprüfung. Während dieser Zeit **reduziert sie ihre Tätigkeit**.

Das bereinigte Einkommen von M beträgt jetzt	**1.500,00 €**
Sie besteht auch die Steuerberaterprüfung.	
Als **angestellte Steuerberaterin** beträgt ihr bereinigtes Einkommen	**3.200,00 €**
Für die Finanzierung des Fernlehrgangs hat M ein **Darlehen** aufgenommen in Höhe von insgesamt	10.000,00 €
Dieses zahlt sie in den nächsten vier Jahren ab mit **monatlichen Raten** von	**250,00 €**

Unterhaltsberechnung:

Unterhalt während des Fernlehrgangs

Die Einkommensminderung durch die Weiterbildung ist zu akzeptieren, auch wenn sie zur eingeschränkten Leistungsfähigkeit führt. Der zu zahlende Unterhalt ist im Rahmen einer **Mangelfallberechnung** zu ermitteln.

Zum einen waren die Weiterbildung und die damit verbundenen finanziellen Einschränkungen bereits während des Zusammenlebens geplant; wenn die Familie zusammengeblieben wäre, hätten die Kinder ebenso an den verschlechterten finanziellen Verhältnissen teilgenommen. Zum anderen ist der Zeitraum der Einschränkung überschaubar. Außerdem werden die Kinder wegen der durch die Weiterbildung verbesserten Einkünfte der Mutter auf Dauer profitieren.

Einkommen der M während des Fernlehrgangs	1.500,00 €
abzüglich des Selbstbehalts	–1.160,00 €
verbleiben für Unterhaltszwecke	**340,00 €**
Unterhaltsanspruch von B und S jeweils	**170,00 €**

Unterhalt während der Tätigkeit als angestellte Steuerberaterin

Einkommen	3.200,00 €
abzüglich Darlehensrate	–250,00 €
verbleiben	**2.950,00 €**

Nach ihrem unterhaltsrechtlich relevanten Einkommen schuldet sie Unterhalt gemäß der **vierten Einkommensgruppe** und damit für jedes Kind (Zahlbetrag) **386,00 €**

Nach Abzahlung des Darlehens wird der Unterhalt nach der fünften Einkommensgruppe zu bemessen sein und entsprechend höher ausfallen.

14.4. Beispielrechnungen 4 zum Wechselmodell

Themen:
paritätisches Wechselmodell, Berechnung des Ausgleichsbetrags, Gesamtbedarf, Kindergeldverrechnung, Anrechnung von Leistungen der Eltern

Ausgangsfall 1:

F und M betreuen ihr Kind im **paritätischen Wechselmodell**.

Der **Gesamtbedarf** (Tabellenbetrag (gemäß der Einkommensgruppe unter Zugrundelegung der summierten Einkommen) zuzüglich Mehrbedarf, hier u.a. Kosten für Reiten und Tennis) beträgt **1.200,00 €**

F hat ein bereinigtes Einkommen von **4.000,00 €**

M hat ein bereinigtes Einkommen von **3.000,00 €**

Berechnung des Ausgleichsbetrags/der Unterhaltsspitze

1. Feststellung des Gesamtbedarfs

Gesamtbedarf	1.200,00 €

2. Aufteilung

Vergleichseinkommen F	4.000,00 €
abzüglich des angemessenen Selbstbehalts	–1.400,00 €
	2.600,00 €
Vergleichseinkommen M	3.000,00 €
abzüglich des angemessenen Selbstbehalts	–1.400,00 €
	1.600,00 €
Anteil F am Gesamtbedarf	
Gesamtbedarf	1.200,00 €
davon	62,00 %
	744,00 €
Anteil M am Gesamtbedarf	
Gesamtbedarf	1.200,00 €
davon	38,00 %
	456,00 €
Die **Differenz** beträgt	744,00 €
	–456,00 €
	288,00 €
davon hat F die Hälfte an M auszugleichen, somit	144,00 €

3. Aufteilung und Anrechnung des Kindergeldes:

F bekommt das Kindergeld von	204,00 €
abzüglich von jeweils 1/4 (insgesamt 1/2)	–102,00 €
	102,00 €
Anteil des M daran	38,00 %
und damit	38,76 €
zuzüglich 1/4 des Kindergeldes	51,00 €
	89,76 €

4. Berechnung der Ausgleichszahlung:

Ausgleichszahlung F an M:	144,00 €
zuzüglich des Anteils des M am Kindergeld	89,76 €
	233,76 €

Abwandlung 1:

F zahlt einen Teil des Mehrbedarfs des Kindes, nämlich die Kosten für Reitunterricht, Tennisclub und -unterricht in Höhe von monatlich	300,00 €
M übernimmt die Fahrtkosten, die durch das Wechselmodell erforderlich werden, in Höhe von	120,00 €

Die **erbrachten Leistungen** sind bei den Haftungsanteilen der Eltern **in Abzug** zu bringen:

Anteil F am Gesamtbedarf	744,00 €
abzüglich	–300,00 €
verbleiben	444,00 €
Anteil M am Gesamtbedarf	456,00 €
abzüglich	–120,00 €
verbleiben	336,00 €
Die **Differenz** beträgt	444,00 €
	–336,00 €
	108,00 €
davon hat F die Hälfte an M auszugleichen, somit	54,00 €
zuzüglich des anteiligen Kindergeldes (siehe Ausgangsfall, 3.)	89,76 €
insgesamt	143,76 €

Abwandlung 2:

Wie Abwandlung 1, aber F übernimmt auch die Fahrtkosten in Höhe von	120,00 €
Dies hat wiederum Auswirkungen auf ihren Haftungsanteil:	
Anteil F am Gesamtbedarf	744,00 €
abzüglich	–120,00 €
	–300,00 €
verbleiben	324,00 €
Der Haftungsanteil des M bleibt (siehe Ausgangsfall)	456,00 €

Nun hat M den höheren Haftungsanteil.

Die **Differenz** beträgt	456,00 €
	–324,00 €
	132,00 €
davon hat M die Hälfte an F auszugleichen, somit	66,00 €
Der Ausgleich des M gegenüber F ist mit dem Ausgleich der F gegenüber M in Bezug auf das **Kindergeld zu verrechnen** (siehe Ausgangsfall, 3.)	–89,76 €
	–23,76 €

Es folgt ein **Fehlbetrag auf Seiten von M**, den F wiederum an ihn ausgleichen muss.

Damit besteht eine **Ausgleichsverpflichtung der F** gegenüber M in Höhe von	23,76 €

Abwandlung 3:

Wie im Ausgangsfall, aber M und F ändern den Bezug des Kindergeldes. Das **Kindergeld** wird nun **von M** bezogen.

Das hat zur Folge, dass M an F 1/4 des Kindergeldes	51,00 €
zuzüglich ihres Anteils von der Hälfte des Kindergeldes ausgleichen muss.	
Der Anteil der F am Kindergeld	102,00 €
beträgt	62,00 %
	63,24 €
M muss an F damit Kindergeld ausgleichen in Höhe von	51,00 €
zuzüglich	63,24 €
	114,24 €

Daraus folgt:

F muss an M ihren Haftungsanteil am Bedarf ausgleichen	144,00 €
M muss an F Kindergeld ausgleichen	114,24 €
F **gleicht** an M daher die **Differenz aus** in Höhe von	29,76 €
gerundet	**30,00 €**

Ausgangsfall 2

F und M betreuen ein Kind im paritätischen Wechselmodell.

F verfügt über ein bereinigtes Einkommen von	**1.300,00 €**
und **bezieht das Kindergeld**	
M verfügt über ein bereinigtes Einkommen von	**4.500,00 €**
Der **Gesamtbedarf** des Kindes beträgt	**900,00 €**

Das Einkommen der F liegt unter dem angemessenen Selbstbehalt. Sie ist **leistungsunfähig**. M haftet daher alleine für die Bedarfsdeckung. In solchen Fällen muss der **leistungsfähige** Elternteil **im Ergebnis immer die Hälfte ausgleichen**:

Die **Differenz** zwischen dem Haftungsanteil des M	900,00 €
und dem der F	0,00 €
beträgt	900,00 €
davon hat M die Hälfte an F auszugleichen, somit	**450,00 €**

Aufteilung und Anrechnung des Kindergeldes:

F bekommt das Kindergeld von	204,00 €
Die eine Hälfte des Kindergeldes wird zwischen den Eltern hälftig aufgeteilt, so dass M und F jeweils 1/4 zusteht, also	51,00 €
Die andere Hälfte des Kindergeldes wird nach dem Verhältnis der Haftungsanteile aufgeteilt. Hier haftet M für den Bedarf des Kindes voll. Er kann daher auch die restliche Hälfte beanspruchen von	102,00 €
Der **Anteil von M** am Kindergeld beträgt danach **insgesamt**	**153,00 €**
M kann auf seinen Haftungsanteil	450,00 €
seinen Anteil am Kindergeld anrechnen (den F vereinnahmt)	–153,00 €
	297,00 €
Die Ausgleichsverpflichtung von M gegenüber F beträgt damit	**297,00 €**

Abwandlung 1

M zahlt	
für die Privatschule	120,00 €
für den Tennisunterricht und Clubbeiträge	65,00 €
Mobiltelefon	35,00 €
	220,00 €
Nach Abzug seiner Kosten vom Gesamtbedarf verbleiben	900,00 €
	–220,00 €
	680,00 €
Davon ist er in Höhe der **Differenz ausgleichsverpflichtet** und damit in Höhe von	340,00 €
Weiter erfolgt eine **Verrechnung mit seinem Anteil am Kindergeld** (siehe Ausgangsfall) in Höhe von	–153,00 €
	187,00 €
Die Ausgleichsverpflichtung des M gegenüber F beträgt jetzt	**187,00 €**

14.5. Beispielrechnung 5

Themen:
Einkommensermittlung, Wohnvorteil, angemessener/subjektiver und objektiver Wohnwert, Abzugsfähigkeit von Verbindlichkeiten, Vermögensbildung zu Lasten der unterhaltsberechtigten Kinder, Abzugsfähigkeit von Kreditverbindlichkeiten für ein Auto

Ausgangsfall:

M und F sind verheiratet und leben getrennt. Bei F leben die beiden gemeinsamen minderjährigen Kinder K1, 14 Jahre alt und K2, 8 Jahre alt. F macht keinen Ehegattenunterhalt geltend.

Das **bereinigte Einkommen von M** beträgt	**2.700,00 €**
Das **bereinigte Einkommen von F** beträgt	**1.200,00 €**

Die Eheleute haben eine gemeinsame Eigentumswohnung, in der F und die Kinder seit der Trennung leben. M ist ausgezogen. Beim Kauf der Wohnung haben die Eheleute ein Darlehen aufgenommen.

Auf die Kreditverbindlichkeiten zahlt M monatliche Raten (Zinsen und Tilgung) von	**550,00 €**

M bedient **weitere Verbindlichkeiten** und zahlt auf diese monatlich

Verbraucherdarlehen	**120,00 €**
Darlehen zur Finanzierung seines Autos	**180,00 €**
Darlehen zur Finanzierung des Autos von F	**60,00 €**

Unterhaltsberechnung:

Schritt 1: Ermittlung des unterhaltsrechtlich relevanten Einkommens von M

Einkommen	2.700,00 €
abzüglich abzugsfähiger Verbindlichkeiten	
Darlehen für die ehemals gemeinsam und jetzt von F und den Kindern genutzte Wohnung (Zinsen und Tilgung; abzugsfähig, weil die Verbindlichkeiten bereits bei Zusammenleben bestanden und die familiären Verhältnisse prägten und weil F und die Kinder in der Ehewohnung weiter wohnen).	–550,00 €
Verbraucherdarlehen (eheprägend, weil die Verbindlichkeiten bereits bei Zusammenleben bestanden und die verfügbaren finanziellen Mittel von M schmälerten; die Lebensstellung der Kinder war also auch während des Zusammenlebens von dem insoweit geminderten Einkommen beeinflusst).	–120,00 €
Darlehen zur Finanzierung des Autos von F (abzugsfähig, weil M keine eigene Vermögensbildung betreibt und Verbindlichkeiten der Ehefrau bedient, die bereits bei Zusammenleben vorhanden waren und die familiären Verhältnisse prägten).	–60,00 €
	1.970,00 €

Anmerkung

Bei der Abzugsfähigkeit von ***Darlehen zur Finanzierung eines Autos kommt es auf*** *die Prüfung im Einzelfall an; die Unterhaltsleitlinien sind stets heranzuziehen.*
Wird das ***Auto privat genutzt****, wird durch die Abzahlung des Darlehens Vermögensbildung betrieben, was das Kind grundsätzlich nicht zu seinen Lasten hinnehmen muss – und keinesfalls, wenn die Zahlung des Mindestunterhalts nicht gewährleistet ist (vgl. § 1603 Abs. 2 BGB).*
Wird das ***Auto beruflich genutzt****, werden die Kosten beim (späteren) Abzug berufsbedingter Aufwendungen berücksichtigt. Dies kann entweder durch Geltendmachung konkreter Fahrtkosten (unter Hinzuziehung der in den Unterhaltsleitlinien genannten Kilometerpauschalen (0,30 € bzw. 0,20 €/Kilometer), die die Kosten für Verbrauch, Versicherung, Steuern, Wartung und eben auch für die Anschaffung inkludieren) geschehen oder im Rahmen eines pauschalen Abzugs von 5 % des Nettoeinkommens. Manche Leitlinien, wie etwa die des OLG Oldenburg, sehen allerdings vor, dass im Ausnahmefall zusätzlich Finanzierungsraten eines beruflich benutzten PKW neben einer pauschalen Berücksichtigung von 0,20 €/Kilometer berücksichtigt werden.*

Schritt 2: Ermittlung des Unterhaltsbedarfs

Der Bedarf der Kinder richtet sich nach den Einkommensverhältnissen des M und demzufolge nach der **zweiten Einkommensgruppe** der Düsseldorfer Tabelle. Die Zahlbeträge betragen für

K1, 14	442,00 €
K2, 8	344,00 €
	786,00 €

M verbleiben bei Abzug des Gesamtbetrags von seinem unterhaltsrechtlich relevanten Einkommen jedoch nur	1.970,00 €
	–786,00 €
	1.184,00 €

Der **Bedarfskontrollbetrag** der zweiten Einkommensgruppe in Höhe von 1.400,00 € würde dann jedoch **unterschritten**.

Infolgedessen erfolgt eine Bedarfsberechnung nach der nächst niedrigeren, hier der **ersten Einkommensgruppe**. Nach dieser betragen die Zahlbeträge für

K1, 14	**395,00 €**
K2, 8	**322,00 €**
	717,00 €

Schritt 3: Leistungsfähigkeit

Zu prüfen ist, ob der Selbstbehalt des M bei Zahlung der Unterhaltsbeträge unterschritten würde.

M verbleiben bei Abzug des Gesamtbetrags von seinem unterhaltsrechtlich relevanten Einkommen	1.970,00 €
	–717,00 €
	1.253,00 €

Der **Selbstbehalt** von 1.160,00 € **wird gewahrt.** M schuldet damit Unterhalt gemäß der **ersten Einkommensgruppe**.

Abwandlung 1:

Das Fahrzeug von M hat einen Motorschaden und muss verschrottet werden. Die Darlehensraten muss M weiter bedienen.

Die Darlehensraten sind in diesem Fall abzugsfähig: Das Darlehen dient jetzt nicht mehr der Vermögensbildung, sondern dem Abzug von Verbindlichkeiten. Diese sind zu berücksichtigen, weil ihr Auslöser (der Kreditvertrag) bereits in Zeiten des familiären Zusammenlebens vorhanden war.

Das unterhaltsrechtlich relevante Einkommen von M reduziert sich entsprechend und beträgt	1.970,00 €
	–180,00 €
	1.790,00 €
Von seinem Einkommen verbleiben M bei Abzug der Mindestunterhaltsbeträge	1.790,00 €
	–717,00 €
	1.073,00 €

Der **Selbstbehalt** von M wird **unterschritten**. Die Unterhaltsansprüche der Kinder sind im Rahmen einer **Mangelfallberechnung** festzustellen.

Das für Unterhaltszwecke zur Verfügung stehende Einkommen (**Verteilungsmasse**) beträgt	1.790,00 €
	–1.160,00 €
	630,00 €
Der **Bedarf** von K1 und K2 **beträgt insgesamt**	717,00 €
Das führt zu einem **Quotienten** von	0,8787

Die Unterhaltsansprüche betragen danach für

K1, 14	395,00 €
multipliziert mit dem Quotienten	0,8787
	347,00 €
K2, 8	322,00 €
multipliziert mit dem Quotienten	0,8787
	283,00 €

Abwandlung 2:

Wie im Ausgangsfall, allerdings ist **F mit den Kindern ausgezogen und M wohnt in der Eigentumswohnung.**

Unmittelbar nach der Trennung ist ein **angemessener, subjektiver Wohnwert** (Wohnwert nach den Bedürfnissen von M) anzusetzen. Anhaltspunkt können die Wohnkostenanteile der Selbstbehaltssätze sein. Im weiteren Verlauf (Getrenntleben nach einem Jahr oder ab Vermögensauseinandersetzung der Eheleute) ein **objektiver Wohnwert** (marktübliche bzw. erzielbare Kaltmiete).

Das Einkommen von M ist (vorläufig) um einen **angemessenen Wohnwert** zu erhöhen. Gemäß seinen Bedürfnissen (Wohnraum für eine Person, für Mietkosten verfügbares Einkommen) würde M eine Wohnung anmieten mit einer Kaltmiete von **350,00 €**

Das unterhaltsrelevante Einkommen beträgt nunmehr	1.970,00 €
zuzüglich angemessener Wohnwert	350,00 €
	2.320,00 €

Anmerkung

> ***Grundsätzlich*** *sind* ***Kreditverbindlichkeiten nur bis zur Höhe des Wohnwerts abzugsfähig****. Hier übersteigen die auf die Immobilie bezogenen Kreditverbindlichkeiten den Wohnwert. Allerdings befinden sich F und M in der* ***Trennungsphase****, in der* ***auch höhere Verbindlichkeiten zu berücksichtigen*** *sind. Die den Wohnwert übersteigenden Verbindlichkeiten sind daher abzugsfähig.*

Der Bedarf richtet sich nun nach der **dritten Einkommensgruppe**. Die Zahlbeträge betragen für

K1, 14	**445,00 €**
K2, 8	**365,00 €**
	810,00 €

Bei Abzug dieser Beträge vom unterhaltsrechtlich relevanten Einkommen wird der Bedarfskontrollbetrag von 1.500,00 € gewahrt. M schuldet demnach Unterhalt gemäß der dritten Einkommensgruppe.

Abwandlung 3:

Wie Abwandlung 2, allerdings sind die F und M mittlerweile geschieden. **M hat die Wohnung im Rahmen der Vermögensauseinandersetzung übernommen und ist nun Alleineigentümer**.

Bei Vermietung der Eigentumswohnung wäre eine **Kaltmiete** erzielbar von	**1.000,00 €**
Das unterhaltsrechtlich relevante Einkommen **erhöht sich um den objektiven Wohnwert** und beträgt nunmehr	1.970,00 €
	1.000,00 €
	2.970,00 €

Der Unterhaltsbedarf richtet sich nach der **vierten Einkommensgruppe**. Die Zahlbeträge betragen für

K1, 14	**470,00 €**
K2, 8	**386,00 €**
	856,00 €

Auch hier wird bei Zahlung der Bedarfskontrollbetrag gewahrt.

Abwandlung 4:

Wie im Ausgangsfall, jedoch sind M und F mittlerweile **geschieden**. Die **Eigentumswohnung wurde veräußert**. Vom Verkaufserlös haben sie die beiden **Darlehen für die Autos abgezahlt.**

M zahlt nur noch für das Verbraucherdarlehen von	**120,00 €**
M hat eine Eigentumswohnung gekauft und dafür Finanzierungsdarlehen in Anspruch genommen. Bei Vermietung wäre eine **Kaltmiete erzielbar** von	**550,00 €**
Er zahlt das Darlehen mit monatlichen Raten ab.	
Der Zinsanteil beträgt	**70,00 €**
Der Tilgungsanteil beträgt	**480,00 €**
	550,00 €

Das **unterhaltsrechtliche Einkommen** von M beträgt jetzt	2.700,00 €
abzüglich	
Verbraucherdarlehen	–120,00 €
zuzüglich	
objektiver Wohnwert	550,00 €
abzüglich	
Rückführung des Finanzierungsdarlehens	
Zinsanteil	–70,00 €
Tilgungsanteil	–480,00 €
	2.580,00 €

Anmerkung

> *Solange die Zahlung von Mindestunterhalt gewährleistet wird, ist der Abzug von Zinsen und Tilgung (bis zur Höhe des Wohnwertes) zulässig.*

Die Zahlbeträge richten sich nach der **dritten Einkommensgruppe** und betragen für

K1, 14	**445,00 €**
K2, 8	**365,00 €**
	810,00 €

Bei Zahlung wird der Bedarfskontrollbetrag gewahrt.

Abwandlung 5:

Wie Abwandlung 4, M zahlt weiterhin den Finanzierungskredit ab. Die monatlichen Raten teilen sich jetzt jedoch wie folgt auf:

Der Zinsanteil beträgt	**200,00 €**
Der Tilgungsanteil beträgt	**650,00 €**
	850,00 €
Der objektive Wohnwert beträgt weiterhin	**550,00 €**
Zins und Tilgung **übersteigen den Wohnwert**:	550,00 €
	–850,00 €
	-300,00 €
Das **unterhaltsrechtliche Einkommen** von M beträgt jetzt	2.700,00 €
abzüglich	
Verbraucherdarlehen	–120,00 €
zuzüglich	
objektiver Wohnwert	550,00 €
abzüglich	
Rückführung des Finanzierungsdarlehens, jedoch nur höchstens in Höhe des Wohnwertes	–550,00 €
	2.580,00 €

Die Unterhaltsansprüche entsprechen im Ergebnis denen wie in Abwandlung 4.

Abwandlung 6:

Wie Abwandlung 5, allerdings ist M selbstständig. Das bereinigte Nettoeinkommen von 2.700,00 € folgt aus einem monatlichen Bruttoeinkommen von 5.000,00 € (bereinigt um Steuern und Krankenversicherungsbeiträge). Er betreibt **keine Altersvorsorge** in der Art, dass er Rentenversicherungsbeiträge oder Beiträge zu einer Lebensversicherung zahlt etc.

Zu prüfen ist, ob M den **Tilgungsanteil, der den Wohnwert übersteigt**, als **Altersvorsorgebeitrag** einkommensmindernd geltend machen kann.

Gemäß den Unterhaltsleitlinien kann M wie ein abhängig Beschäftigter mindestens den gesetzlichen Beitrag (derzeit 18,6 %) für **primäre Altersvorsorge** abziehen und zusätzlich 4 % für **sekundäre Altersvorsorge, jeweils gerechnet von seinem** Bruttoeinkommen.

Bei einem Bruttoeinkommen von	5.000,00 €
beträgt die Grenze für die primäre Altersvorsorge	18,60%
Abzugsfähig sind demzufolge	**930,00 €**

Hier überschreitet die Tilgung den für primäre Altersvorsorge zulässigen Abzugsbetrag nicht. Die Finanzierungskosten sind damit in voller Höhe abzugsfähig.

Das **unterhaltsrechtliche Einkommen** von M beträgt jetzt	2.700,00 €
abzüglich	
Verbraucherdarlehen	–120,00 €
zuzüglich	
objektiver Wohnwert	550,00 €
abzüglich	
Rückführung des Finanzierungsdarlehens	
Zinsanteil	–200,00 €
Tilgungsanteil (Vermögensbildung als Altersvorsorge)	–650,00 €
	2.280,00 €

Die Zahlbeträge richten sich nach der **zweiten Einkommensgruppe** und betragen für

K1, 14	**420,00 €**
K2, 8	**344,00 €**
	764,00 €

Bei Zahlung wird der Bedarfskontrollbetrag gewahrt.

14.6. Beispielrechnung 6

Themen:
Weiterbildung auf Seiten des Unterhaltspflichtigen, eingeschränkte Leistungsfähigkeit, Verbindlichkeiten, gesteigerte Erwerbsobliegenheit

Ausgangsfall:

V hat zwei Kinder, 7 und 8 Jahre alt. Er ist Kfz-Mechaniker.

Sein **bereinigtes Einkommen** beträgt	**1.900,00 €**
Er bildet sich zum Meister weiter und muss hierfür an jedem zweiten Wochenende zu Lehrgängen. Für die **Weiterbildung** musste er ein Darlehen in Höhe von 5.000,00 € aufnehmen, das mit Beginn des Lehrgangs abzuzahlen war.	
Die **Darlehensrate** beträgt monatlich	**150,00 €**
Für die Wochenend-Unterrichtsstunden fallen **zusätzliche Fahrtkosten** von monatlich 150,00 € an.	**150,00 €**
V zahlte bis zum Beginn der Meisterschule an seine zwei Kinder Mindestunterhalt.	
Ab Beginn der Meisterschule **reduziert sich das Einkommen** des V auf	1.900,00 €
	–150,00 €
	–150,00 €
	1.600,00 €
unterhaltsrechtlich relevantes Einkommen von V ab Beginn der Meisterschule	1.600,00 €
abzüglich des Selbstbehalts	–1.160,00 €
verbleiben für Unterhaltszwecke	440,00 €
Davon kann er den Bedarf für jedes Kind decken in Höhe von nur	**220,00 €**

Der Mindestunterhalt wird nicht gedeckt. Dennoch kann sich V auf **eingeschränkte Leistungsfähigkeit** berufen. Der Besuch einer Meisterschule ist berufstypisch in Handwerksberufen und meist bereits bei der Berufswahl mit eingeplant.

Außerdem wird V nach erfolgreicher Meisterprüfung und Abzahlung der Raten 2.700,00 € verdienen und dann Unterhalt gemäß der dritten Einkommensgruppe zahlen können. Die Dauer der Weiterbildung ist überschaubar und den Kindern daher zuzumuten.

Anmerkung

Sowohl im Fall des Fachlehrgangs zur Steuerberaterin (siehe oben, 1.3 Beispielrechnung 3) als auch im Fall der Meisterschule berufen sich die barunterhaltspflichtigen Eltern auf ***eingeschränkte Leistungsfähigkeit.***
Im vorliegenden Beispiel werden die Weiterbildungsmaßnahmen, die die eingeschränkte Leistungsfähigkeit in beiden Fällen ausgelöst haben, unterhaltsrechtlich akzeptiert.

Unter dem Gesichtspunkt der gesteigerten Unterhaltsobliegenheit aus § 1603 Abs. 2 BGB kann dies jedoch auch anders gesehen bzw. entschieden werden, weil die Sicherung des Existenzminimums der Kinder in Frage steht: Wenn Mindestbedarf nicht geleistet wird, kann mit guten Gründen die Abzugsfähigkeit der Kosten der Weiterbildungen verneint werden. Auch wenn die Kinder an verbesserten wirtschaftlichen Verhältnissen in zwei Jahren teilnehmen – sie bedürfen der Versorgung bereits heute. Ein Verweis auf eine künftig verbesserte Versorgung verliert dann an Relevanz.

Bei der Entscheidung über die Abzugsfähigkeit von Kosten bzw. die Berücksichtigung von Einkommenseinbußen kommt es daher immer auf die Umstände des Einzelfalls an. Zu diesen können auch eine gemeinsame Planung der Eltern vor der Trennung oder der Ausgleich von ehebedingten Nachteilen gehören (z.B. Fortsetzung des Studiums nach der Trennung, wenn dieses während der Ehe unterbrochen wurde).

14.7. Beispielrechnung 7

Themen:
Ausbildung und Ausbildungsvergütung auf Seiten des unterhaltsberechtigten Kindes, Anrechnung von Einkünften minderjähriger und volljähriger Kinder, Bereinigung der Ausbildungsvergütung, Mangelfallberechnung, Volljährigenunterhalt, anteilige Haftung der Eltern, Angemessenheitsprüfung bei beiderseitiger Haftung der Eltern, Zusammentreffen von minderjährigen und volljährigen Kindern, Rangfolge, eingeschränkte und volle Leistungsfähigkeit, Bedarfsbemessung bei volljährigen Kindern, Bedarfskontrollbetrag

Vorüberlegungen, wenn das Unterhalt fordernde Kind eine Ausbildung macht:

Bedarf

*Bei der Bedarfsbemessung volljähriger, in Ausbildung befindlicher Kinder ist zu unterscheiden, ob das **Kind einen eigenen Haushalt hat oder bei den Eltern** oder einem Elternteil wohnt.*

Bedürftigkeit

*Wenn das Kind eine Ausbildungsvergütung erhält, wird diese in der Regel um eine Pauschale für die **ausbildungsbedingten Aufwendungen bereinigt** (hierzu enthalten viele Unterhaltsleitlinien bestimmte Regelungen).*

Von der um die ausbildungsbedingten Aufwendungen bereinigten Ausbildungsvergütung ist, sofern vorhanden, weiterer Aufwand wie Fahrtkosten in Abzug zu bringen (Monatskarte, Kilometerpauschale).

Die endgültig bereinigte Ausbildungsvergütung ist bei den volljährigen Kindern in voller Höhe auf den Bedarf anzurechnen und bei den minderjährigen Kindern zur Hälfte.

Ausgangsfall:

Der Vater M hat ein bereinigtes Einkommen von	**2.000,00 €**

Er hat zwei Kinder K1 und K2, 17 und 19 Jahre alt, die beide bei der Mutter F leben. Beide Kinder befinden sich in einer Ausbildung und erhalten eine **Ausbildungsvergütung**. Diese beträgt **bereinigt** bei

K1, 17	**400,00 €**
K2, 19	**500,00 €**

M hat keine weiteren Unterhaltsberechtigten.

Die Mutter von K1 und K2, F hat ein bereinigtes Einkommen von	**1.250,00 €**

Unterhaltsansprüche von K 1 und K2:

Schritt 1: Ermittlung der Unterhaltspflichtigen

F schuldet keinen Barunterhalt:

K1 ist minderjährig und wird von F betreut, sodass M allein barunterhaltspflichtig ist.

K2 hat als volljähriges Kind in der Ausbildung grundsätzlich einen Anspruch gegen beide Eltern. Das Einkommen der F liegt aber unter dem Selbstbehalt gegenüber volljährigen Kindern (1.400,00 €). Sie ist daher **leistungsunfähig**.

Damit ist M in Bezug auf beide Kinder allein barunterhaltspflichtig.

Schritt 2: Ermittlung des Bedarfs

Der Bedarf sowohl von K1 als auch von K2 (vgl. hierzu die Anmerkung zur Beispielrechnung 1 bezogen auf die Barunterhaltspflicht gegenüber K3) richtet sich nach dem Einkommen von M. Entsprechend der danach maßgeblichen zweiten Einkommensgruppe betragen die bereinigten Zahlbeträge (nach hälftiger Kindergeldanrechnung bezogen auf das minderjährige Kind K1 bzw. nach voller Kindergeldanrechnung bezogen auf das volljährige Kind K2)

K1, 17	420,00 €
K2, 19	353,00 €

Schritt 3: Bedürftigkeit

Bei beiden Kindern werden auf den Bedarf die bereinigten Ausbildungsvergütungen angerechnet; der ungedeckte Bedarf beträgt damit für

K1, 17 (Anrechnung nur zur Hälfte)	420,00 €
	–200,00 €
	220,00 €
K2, 19 (volle Anrechnung)	353,00 €
	–500,00 €
	–147,00 €

Das Einkommen von K2 übersteigt den Bedarf. K2 hat daher **keinen Unterhaltsanspruch.**

Schritt 4: Anpassung

Der Bedarf von K1 wurde (vgl. Schritt 2) nach der zweiten Einkommensgruppe bestimmt; allerdings gehen die Tabellenbeträge gemäß Anm. 1 der Düsseldorfer Tabelle von zwei Unterhaltsberechtigten aus. Da K2 keinen Anspruch hat, gibt es vorliegend nur einen Unterhaltsberechtigten. Zu erwägen ist daher, den Bedarf von K1 nach der nächsthöheren, also der dritten Einkommensgruppe, zu berechnen.

Danach beträgt der Unterhaltsanspruch von K1, 17	445,00 €
abzüglich anrechenbaren Einkommens	–200,00 €
	245,00 €

M verbleibt von seinem Einkommen nach Abzug des Unterhaltsbetrags von K1	2.000,00 €
	–245,00 €
	1.755,00 €

Der Bedarfskontrollbetrag der dritten Einkommensgruppe in Höhe von 1.500,00 € wird gewahrt. Auch unter diesem Gesichtspunkt erscheint die Heranziehung des höheren Bedarfs angemessen.

Abwandlung 1:

M hat ein bereinigtes Einkommen von	5.000,00 €

Die Höhe der Kindesunterhaltsansprüche richtet sich nunmehr nach der **neunten Einkommensgruppe.** Die Zahlbeträge betragen nunmehr für

K1, 17	654,00 €
K2, 19	602,00 €

Nach Abzug eigener Einkünfte beträgt der ungedeckte Bedarf für

K1	654,00 €
	–200,00 €
	454,00 €
K2	602,00 €
	–500,00 €
	102,00 €

Beide Kinder haben daher einen Unterhaltsanspruch.

Abwandlung 2:

Das bereinigte Einkommen von M beträgt jetzt	**4.000,00 €**
Das bereinigte Einkommen von F beträgt jetzt	**1.500,00 €**

M ist jetzt **beiden Kinder**n zum Unterhalt verpflichtet.

F schuldet nur K2 (anteilig, vgl. § 1606 Abs. 3 Satz 1 BGB) Unterhalt. Da K2 bei ihr wohnt, kann sie ihr Bestimmungsrecht aus § 1612 Abs. 2 Satz 1 BGB ausüben und zahlt im Ergebnis an K2 keinen Unterhaltsbetrag.
K1 ist minderjährig und wird von ihr betreut; durch die Betreuung erfüllt sie ihre Unterhaltsverpflichtung.

Unterhalt von K1:

Der Bedarf von K 1 richtet sich nach dem Einkommen des allein barunterhaltspflichtigen M und demzufolge nach der **siebten Einkommensgruppe**. Daraus folgt ein Unterhaltsanspruch für

K1, 17	574,00 €
	–200,00 €
	374,00 €

Unterhalt von K2:

Der Bedarf von K 2 richtet sich nach der Summe der Einkünfte beider Eltern.

Einkommen M	4.000,00 €
Einkommen F	1.500,00 €
	5.500,00 €

Der Bedarf richtet sich damit nach der **zehnten Einkommensgruppe.** Der Zahlbetrag beträgt danach	644,00 €
abzüglich eigener Einkünfte von	–500,00 €
beträgt der ungedeckte Bedarf damit	144,00 €

Ermittlung der Haftungsanteile (Haftungsquote) der Eltern

Einkommen	4.000,00 €
abzüglich des (vorrangigen) Unterhaltsanspruchs von K1	–374,00 €
abzüglich des Selbstbehalts gegenüber einem volljährigen Kind	–1.400,00 €
	2.226,00 €

F

Einkommen	1.500,00 €
abzüglich des Selbstbehalts gegenüber einem volljährigen Kind	–1.400,00 €
	100,00 €

Das Verhältnis der Vergleichseinkommen (2.226,00 € zu 100,00 €) beträgt 96 % zu 4 %.

M haftet für	144,00 €
in Höhe von	96,00 %
	138,24 €

F haftet für	144,00 €
in Höhe von	4,00 %
	5,76 €

Angemessenheitsprüfung:

M darf durch die Mithaftung der F und der damit verbundenen Bedarfsmessung nach den gemeinsamen Einkünften nicht schlechter stehen als bei alleiniger Barunterhaltsverpflichtung.

Im Rahmen einer Angemessenheitsprüfung ist daher die Unterhaltshöhe des M bei (unterstellter) alleiniger Barunterhaltspflicht festzustellen.

Das Einkommen von 4.000,00 € gehört, wie oben ermittelt, in die siebte Einkommensgruppe der Düsseldorfer Tabelle. Der Zahlbetrag von K2 beträgt danach	517,00 €
abzüglich eigener Einkünfte	–500,00 €
	17,00 €

Der Unterhaltsbetrag wäre **bei alleiniger Barunterhaltspflicht deutlich geringer**.

Die Unterhaltsberechnung ist daher **anzupassen und der Unterhaltsanspruch von K2 gegen M auf diesen Betrag zu begrenzen.**

Auch auf Seiten von F ist zu prüfen, ob bei (unterstellter) alleiniger Barunterhaltsverpflichtung der Unterhaltsanspruch geringer ausfallen würde.

Der Zahlbetrag richtet sich in Bezug auf das Einkommend der F nach der ersten Einkommensgruppe und beträgt	326,00 €

Die **eigenen Einkünfte des K2 decken** diesen Bedarf **vollständig**.

Bei alleiniger Barunterhaltspflicht der F würde daher kein Unterhaltsanspruch bestehen.

F schuldet im Ergebnis daher keinen Unterhalt.

Ergebnis:

M ist zur Unterhaltszahlung wie folgt verpflichtet:

K1	**374,00 €**
K2	**17,00 €**
insgesamt	391,00 €

14.8. Beispielrechnung 8

Themen:
Ausbildung auf Seiten des unterhaltspflichtigen Elternteils, Haftung Großeltern, Rangverhältnisse, Leistungsunfähigkeit beider Eltern, Mangelfall

Vorüberlegungen:

Ausbildungsvergütung:
*Bei einer Ausbildungsvergütung handelt es sich um **unterhaltsrechtlich relevantes Einkommen**.*
*In der Regel ist die Ausbildungsvergütung gering und liegt unter dem Selbstbehalt, sodass der Unterhaltspflichtige nicht für den Unterhalt aufkommen kann. Sofern es sich um die **Erstausbildung** handelt bzw. um eine notwendige Maßnahme zur bisherigen Ausbildung oder ein auf die Ausbildung angeschlossenes Studium im Rahmen eines ersten Ausbildungsweges, ist dem Unterhaltspflichtigen eine Berufung auf Leistungsunfähigkeit grundsätzlich nicht vorzuwerfen. Aus § 1610 Abs. 2 BGB folgt, dass eine (Erst-)Ausbildung zum Lebensbedarf gehört – hierauf kann sich auch der Unterhaltspflichtige berufen.*

Leistungsunfähigkeit eines Elternteils oder beider Eltern:
*Bei **Leistungsunfähigkeit des Unterhaltspflichtigen** sollte geprüft werden, ob **andere Verwandte für den Kindesunterhalt** aufkommen können. Vor Inanspruchnahme der Großeltern ist vorrangig die Leistungsfähigkeit des anderen (ggf. betreuenden) Elternteils zu prüfen. Nur wenn auch der andere Elternteil (eingeschränkt) leistungsfähig ist, kommt eine Inanspruchnahme der Großeltern in Betracht. Die Großeltern haften anteilig; die Berechnung ähnelt daher der Berechnung bei einem volljährigen Kind.*
*Bei der **Inanspruchnahme der Großeltern** ist weiter zu beachten, dass das Kind seinen **Bedarf von den (leistungsunfähigen) Eltern ableitet** und nicht von den eventuell besserverdienenden Großeltern. Die Einkommensverhältnisse der Großeltern sind bei der Bedarfsbemessung nicht maßgeblich. Sind die Eltern nicht leistungsfähig, beläuft sich der Anspruch des Kindes auf den **Mindestbedarf**. Die Einkommensverhältnisse der Großeltern werden bei der Bemessung des Haftungsanteils und der Leistungsfähigkeit relevant.*
*Nimmt das Kind **Leistungen gemäß dem UVG (Unterhaltsvorschussgesetz) oder SGB II** in Anspruch, ist zu beachten, dass ein **möglicher Unterhaltsanspruch gegen die Großeltern nicht auf den Leistungsträger übergeht**. Das Kind kann damit uneingeschränkt seine Unterhaltsansprüche gegen die Großeltern verfolgen. Bei rückwärtigen Ansprüchen ist zu prüfen, ob die vom Sozialträger erbrachten Leistungen bedarfsdeckend anzurechnen sind.*[396]
*Anders verhält es sich bei den Leistungen nach **SGB II**. Bezieht das Kind Leistungen nach SGB II, **geht** sein Unterhaltsanspruch gegen die anderen Verwandten **auf den Leistungsträger über unter der Voraussetzung**, dass das **Kind seinen Unterhaltsanspruch** gegen die anderen Verwandten **verfolgt**. In diesem Fall ist auf Seiten des Kindes bei rückwärtigen Ansprüchen zu beachten, dass es nicht berechtigt ist, rückständigen Unterhalt in Höhe der erbrachten SGB II-Leistungen zu verlangen. Im Übrigen aber bleibt der Anspruch in voller Höhe beste-*

396 Schürmann, Sozialrecht, Rn. 265, Seite 410.

hen; im Gegensatz zum Bezug von UVG-Leistungen mindert der Bezug von SGB II-Leistungen den Bedarf nicht.[397]
Verfolgt das Kind seine Unterhaltsansprüche nicht, kann der Leistungsträger den Anspruch nicht geltend machen.

Ausgangsfall:

M und F studieren Rechtswissenschaften in Oldenburg, wohnen nicht zusammen und haben ein Kind K im Alter von 3 Jahren. K wohnt bei F.

F erhält BAföG

M verfügt über Einkünfte aus Unterhaltsleistungen von Seiten seines Vaters in Höhe von	800,00 €
Die **Eltern des M** sind geschieden.	
Seine Mutter MM hat ein bereinigtes Einkommen von	1.300,00 €
Sein Vater MV hat ein bereinigtes Einkommen von	4.000,00 €
abzüglich der Unterhaltszahlung an M	–800,00 €
Die **Eltern der F** leben zusammen.	
Ihre Mutter FM hat ein bereinigtes Einkommen von	800,00 €
Ihr Vater FV hat ein bereinigtes Einkommen von	2.200,00 €

Unterhaltsansprüche von K:

Der **Bedarf des Kindes richtet sich nach den Einkommensverhältnissen der Eltern**. Beide leben von Zahlungen Dritter, die auf Sicherung ihres Lebensunterhalts gerichtet sind. Der Bedarf des Kindes entspricht daher dem Mindest(zahl)betrag von	267,00 €

Der an sich allein barunterhaltspflichtige M ist leistungsunfähig. Er lebt von den Unterhaltsleistungen seines Vaters. Diese liegen sowohl unter dem Selbstbehalt eines Erwerbstätigen als auch eines Erwerbslosen.

Anmerkung

Die Frage, welcher Selbstbehalt einem Studierenden zusteht, stellt sich in der Praxis selten. Entweder verfügen Studierende über Einkünfte aus BAföG oder aus Unterhaltsleistungen ihrer Eltern; in beiden Fällen decken diese Leistungen das Existenzminimum bzw. den Lebensbedarf ab. Ferner handelt es sich bei beiden Leistungen um zweckbezogene Zuwendungen – nämlich gerichtet auf die Deckung des Lebensbedarfs des Studierenden.
Bei einem Studierenden mit Vermögen kommt es auf die Frage der Höhe des Selbstbehalts ebenfalls nicht an. Denn dieser wäre leistungsfähig im Hinblick auf die Zahlung von Mindestunterhalt, da er im Rahmen von § 1603 Abs. 2 BGB zu dessen Verwertung verpflichtet wäre, bevor er sich auf Leistungsunfähigkeit beruft.

397 Schürmann, Sozialrecht, Rn. 1190, 1191, S. 382.

Hat ein Studierender Einkünfte (zum Beispiel aus einem Job), wird er als Erwerbstätiger betrachtet. Sein Selbstbehalt entspricht dann dem eines Erwerbstätigen.
Ein Studierender, der sich nur seinem Studium widmet, kann sich entweder auf den Selbstbehalt eines Erwerbslosen oder aber auf die Höhe des Existenzminimums eines Studierenden berufen, das gemäß Anm. A. 7. der Düsseldorfer Tabelle 2020 derzeit 860,00 € (zuzüglich Krankenversicherungsbeiträge und Studiengebühren) beträgt.

Der andere Elternteil, die betreuende F, ist ebenfalls leistungsunfähig. Sie bekommt BAföG-Leistungen, die unter dem Selbstbehalt liegen.

Weil sich sowohl M als auch F in einer Erstausbildung befinden, kann von ihnen eine Erwerbstätigkeit nicht verlangt werden.

Da **weder M noch F leistungsfähig** sind, kommt die **Haftung der Großeltern** in Betracht.

Der angemessene Selbstbehalt gegenüber den Enkelkindern beträgt 2.000,00 € als Selbstbehalt gegenüber den „anderen Verwandten". Er stellt einen **Sockelbetrag dar, der nach den Leitlinien bei Bedarf erhöht** werden kann. Nach den Leitlinien des OLG Oldenburg, in dessen Bezirk das Kind wohnt, erhöht sich der Sockelbetrag um die Hälfte des über dem Sockelbetrag liegenden Einkommens (Anm. 21.3 der Leitlinien).

Die Einkommen der Eltern von F liegen unter dem angemessenen Selbstbehalt von gemeinsam 3.600,00 € (Selbstbehalt von FV = 2.000,00 € und Selbstbehalt von FM = 1.600,00 € als Selbstbehalt des Ehepartners gemäß Anm. D I. der Düsseldorfer Tabelle):

FM	800,00 €
FV	2.200,00 €
	3.000,00 €

Die Mutter von M **MM i**st mit ihrem Einkommen von 1.300,00 € nicht leistungsfähig,

Leistungsfähigkeit seines Vaters **MV**:

Einkommen	4.000,00 €
abzüglich des Sockelbetrags	–2.000,00 €
verbleiben	2.000,00 €
abzüglich der Erhöhung des Sockelbetrags in Höhe der Hälfte des verbleibenden Betrags (entsprechende Erhöhung des Selbstbehalts)	–1.000,00 €
verbleiben	1.000,00 €
nach Abzug des (vorrangigen) Unterhaltsanspruchs gegenüber dem eigenen Kind M	–800,00 €
verbleiben	**200,00 €**

MV ist gegenüber K nur in Höhe des verbleibenden Betrags und damit **eingeschränkt leistungsfähig**.

Abwandlung 1

M ist mittlerweile im Referendariat und bekommt eine Vergütung von bereinigt	**900,00 €**

M ist immer noch **nicht leistungsfähig.**

Leistungsfähigkeit des MV:

MV ist nicht mehr zur Zahlung des Unterhalts an M verpflichtet.

Er hat damit nur noch K als einzigen Unterhaltsberechtigten und ist nunmehr leistungsfähig.

Abwandlung 2

Im letzten Jahr des Referendariats ist M in der Rechtsanwaltsstation. **Er erhält eine zusätzliche Vergütung von 400,00 € von der Kanzlei**.

Sein bereinigtes Einkommen beträgt nunmehr	900,00 €
	400,00 €
	1.300,00 €

Unterhaltsverpflichtung des M

Einkommen	1.300,00 €
abzüglich des Selbstbehalts	–1.160,00 €
verbleibt ein für Unterhaltszwecke einzusetzender Betrag von	**140,00 €**

M schuldet K damit Unterhalt in dieser Höhe.

Unterhaltsverpflichtung des MV

Der ungedeckte Bedarf von K beträgt	267,00 €
davon erfüllt M	–140,00 €
verbleiben	**127,00 €**

Der insoweit leistungsfähige MV schuldet K Unterhalt in dieser Höhe.

Abwandlung 3

Wie im Ausgangsfall, die Eltern des M haben nunmehr folgende bereinigte Einkommen und zahlen beiderseitig Unterhalt an M

MM	3.000,00 €
abzüglich Unterhaltszahlung an M	–200,00 €
	2.800,00 €
MV	4.000,00 €
abzüglich Unterhaltszahlung an M	–600,00 €
	3.400,00 €

Die Großeltern haften gegenüber K anteilig.

Leistungsfähigkeit/Haftungsanteil bestimmendes Einkommen der MM

Einkommen	3.000,00 €
abzüglich des Sockelbetrags	–2.000,00 €
verbleiben	1.000,00 €
abzüglich der Erhöhung des Sockelbetrags (und damit des Selbstbehalts) um die Hälfte des verbleibenden Betrags	–500,00 €
verbleiben	500,00 €
abzüglich Unterhaltszahlung an M	–200,00 €
über dem Selbstbehalt liegender Betrag damit	**300,00 €**

Leistungsfähigkeit/Haftungsanteil bestimmendes Einkommen des MV

Einkommen	4.000,00 €
abzüglich des Sockelbetrags	–2.000,00 €
verbleiben	2.000,00 €
abzüglich der Erhöhung des Sockelbetrags (und damit des Selbstbehalts) um die Hälfte des verbleibenden Betrags	–1.000,00 €
verbleiben	1.000,00 €
abzüglich Unterhaltszahlung an M	–600,00 €
über dem Selbstbehalt liegender Betrag damit	**400,00 €**

Bestimmung der Haftungsanteile

Vergleichseinkommen MM	300,00 €
Vergleichseinkommen MV	400,00 €
Haftungsquote MM	42,86 %
Haftungsquote MV	57,14 %
Ungedeckter Bedarf des K	267,00 €
Haftungsanteil MM (i.H.v. 42,86 %) davon (und entsprechende Unterhaltsverpflichtung)	**114,43 €**
Haftungsanteil MV (i.H.v. 57,14 %) davon (und entsprechende Unterhaltsverpflichtung)	**152,57 €**

14.9. Beispielrechnung 9

Themen:
Anpassung des Selbstbehalts wegen Zusammenlebens, eingeschränkte Leistungsfähigkeit, Mangelfallberechnung

Anmerkung

Bei der Prüfung der Leistungsfähigkeit ist die Angemessenheit des Selbstbehalts zu prüfen. Eine (nach vielen Unterhaltsleitlinien regelhafte) Anpassung kommt insbesondere beim Zusammenleben des Pflichtigen mit einem (selbst leistungsfähigen) Partner in Betracht (vgl. z.B. Unterhaltsleitlinien des OLG Oldenburg, 21.5). Dies beruht auf der Annahme, dass beim Zusammenwohnen sich in der Regel Lebenshaltungs-, Wohn-, Energie- und Nebenkosten reduzieren. Dies kann zu einer Reduzierung des Selbstbehalts um bis zu 10 % führen (wie vor).
Wenn der Unterhaltspflichtige sich gegen die Kürzung wehren will, muss er vortragen und nachweisen, dass die angenommenen Synergieeffekte und Ersparnisse in seinem Fall nicht vorliegen.

Ausgangsfall

V hat eine 12-jährige Tochter K1. Sie leben (nicht zusammen) in Oldenburg.

V hat ein bereinigtes Einkommen von **1.400,00 €**

Der Mindestbedarf von K1 beträgt 395,00 €

Diesen kann V nicht zahlen, ohne dass der ihm zustehende Selbstbehalt unterschritten würde. Er ist daher **eingeschränkt leistungsfähig**.

Er zahlt daher Kindesunterhalt nur in Höhe der **Differenz zwischen Einkommen und Selbstbehalt** und damit

	1.400,00 €
	–1.160,00 €
	240,00 €

Abwandlung 1:

V zieht mit seiner Lebensgefährtin P zusammen.

P hat ein bereinigtes Einkommen von 1.300,00 €

Nach den Unterhaltleitlinien des OLG Oldenburg (siehe Anmerkung oben) ist wegen der gemeinsamen Haushaltsführung eine **Kürzung des Selbstbehalts um bis zu 10 %** vorzunehmen.

Der dem V zustehende Selbstbehalt beträgt daher	
abzüglich 10 %	1.160,00 €
	–116,00 €
	1.044,00 €

Das für Unterhaltszwecke verfügbare Einkommen beträgt jetzt	1.400,00 €
	–1.044,00 €
	356,00 €

V zahlt damit zwar immer noch nicht den vollen Mindestunterhalt, aber zumindest etwas mehr als im Ausgangsfall.

Abwandlung 2:

V und P **bekommen ein Kind, K2**.

P bezieht im ersten Lebensjahr des Kindes Elterngeld in Höhe von 1.000,00 €. Im zweiten und dritten Lebensjahr von K2 hat sie keine Einkünfte. Nach Vollendung des dritten Lebensjahres arbeitet P teilzeitig und hat ein bereinigtes Einkommen von 1.000,00 €

Unterhalt von K1 während des ersten Lebensjahres von K2:

Wie in Abwandlung 1 beträgt das für Unterhaltszwecke verfügbare Einkommen (**Verteilungsmasse**) **356,00 €**

Der **Selbstbehalt ist weiterhin zu kürzen**.

Anders als in der Abwandlung 1 ist die Verteilungsmasse jedoch zwischen K1 und K2 im Rahmen einer **Mangelfallberechnung** aufzuteilen.

Dabei ist die Verteilungsmasse nach dem Verhältnis des Bedarfs beider Kinder aufzuteilen. Dieser beträgt für

K1, 12	395,00 €
K2, 0	267,00 €
	662,00 €

Der Verteilungsquotient beträgt	0,5378

Daraus folgt ein Unterhaltsanspruch für

K1, 12 in Höhe von	**212,43 €**
und **entfällt auf**	
K2, 0 ein Betrag von	143,59 €
	356,02 €

Unterhalt von K1 während des zweiten und dritten Lebensjahres von K2:

Aufgrund des Wegfalls des Elterngeldes von P kann V gegen die Kürzung des Selbstbehalts einwenden, dass keine Ersparnisse wegen gemeinsamer Haushaltsführung vorliegen; P ist zur Selbstversorgung wegen des weggefallenen Elterngeldes außerstande und muss das Kind betreuen. Es gilt daher der (ungekürzte) Selbstbehalt von	1.160,00 €
Für Unterhaltszwecke stehen daher – wie im Ausgangsfall – zur Verfügung	240,00 €
Die Verteilungsmasse ist nach dem Verhältnis des Bedarfs beider Kinder aufzuteilen. Dieser beträgt für	
K1, 12	395,00 €
K2, 0	267,00 €
	662,00 €
Der Verteilungsquotient (Verhältnis der Verteilungsmasse zum Gesamtbedarf) beträgt	0,3625
Daraus folgt ein Unterhaltsanspruch für	
K1, 12 in Höhe von (gerundet)	**143,00 €**
und **entfällt auf**	
K2, 0 ein Betrag von	97,00 €
	240,00 €

Unterhalt von K1 während des vierten Lebensjahres von K2:

Der Unterhaltsanspruch von K1 entspricht dem Anspruch wie im ersten Lebensjahr von K2 – der Selbstbehalt wird gekürzt, da P Einkünfte hat.

Abwandlung 3:

V und P heiraten während des vierten Lebensjahres von K2. V erhält durch die Inanspruchnahme der Steuerklasse 3 nunmehr Einkünfte in Höhe von	1.800,00 €
Die **Differenz zwischen Einkommen und (wegen Zusammenlebens/häuslicher Ersparnisse gekürztem, siehe oben) Selbstbehalt** beträgt jetzt	1.800,00 €
	–1.044,00 €
	756,00 €
Der Gesamtbedarf der beiden Kinder (vgl. Abwandlung 2) kann damit erfüllt werden.	662,00 €

K1 hat daher **Anspruch auf Zahlung des Mindestunterhalts**.

14.10. Beispielrechnung 10

Themen:
Einkommensermittlung, unterschiedlich hohe Einkünfte in Vergangenheit und Zukunft, Mangelfallberechnung, fiktive Einkünfte bei Erwerbsminderung, Bedarfskontrollbetrag

Ausgangsfall

K1 ist 14 Jahre alt (geb. 1.9.2005). Nach zweijähriger außergerichtlicher Korrespondenz stellt K1 im Dezember 2019 einen Antrag auf Zahlung des rückständigen und laufenden Unterhalts für die Zeit ab Oktober 2017 gegen seinen Vater V.

V und M (Mutter von K1) trennten sich im September 2017 und sind seit 2018 geschieden. V hat keine Verbindlichkeiten und wohnt in einer Mietwohnung.

In **2017** hatte V Einkünfte aus Erwerbstätigkeit und Steuerklasse 3. Sein bereinigtes Einkommen betrug in diesem Jahr

im Oktober	**3.300,00 €**
im November	**3.200,00 €**
im Dezember	**3.100,00 €**

Die getrenntlebende und später geschiedene Ehefrau hat keinen Trennungsunterhaltsanspruch geltend gemacht. Sie hat keinen Anspruch auf nachehelichen Unterhalt.

In **2018** hatte V Steuerklasse 1. Bis **einschließlich April 2018** hatte er **Einkünfte aus Erwerbstätigkeit**. Seine Einkünfte betrugen

im Januar	**2.250,00 €**
im Februar	**2.200,00 €**
im März	**2.150,00 €**
und im April	**2.000,00 €**

Von **Mai 2018 bis Oktober 2019** bezog V **Krankengeld** in Höhe von monatlich **1.760,00 €**

Im **November und im Dezember 2019** befand sich V in einer Reha-Klinik. Er bezog in dieser Zeit Übergangsgeld in Höhe von **1.440,00 €**

Er wurde aus der Klinik mit der Feststellung, **arbeitsunfähig** zu sein, entlassen.

Seit Januar 2020 bezieht V eine Erwerbsminderungsrente in Höhe von **1.450,00 €**

Einem Gutachten zufolge kann V **vier bis sechs Stunden täglich arbeiten**.

Geltendmachung des Unterhaltsrückstands:

Bei der Einkommensermittlung ist das in der Vergangenheit tatsächlich erzielte Einkommen maßgeblich. Dieses ist ggf. zeitabschnittsweise zu ermitteln, da eine Durchschnittsbildung bei wechselhaften Einkünften grundsätzlich unzulässig ist.

2017

Wegen der gleichen Einkommensart und vergleichsweise ähnlichen Einkommenshöhe ist hier eine Durchschnittsbildung zulässig.

Das durchschnittliche Einkommen betrug in dieser Zeit

Oktober	3.300,00 €
November	3.200,00 €
Dezember	3.100,00 €
gesamt	9.600,00 €
geteilt durch drei	3.200,00 €

Dies entsprach der **sechsten Einkommensgruppe** nach der Düsseldorfer Tabelle für 2017.

Da V nur einem Unterhaltsberechtigten zum Unterhalt verpflichtet war, ist im vorliegenden Fall eine **Einstufung in die höhere, siebte Einkommensgruppe** angebracht (vgl. Anm. 1 der Düsseldorfer Tabelle 2017).

K1, damals 12, hatte demzufolge einen Unterhaltsanspruch (Zahlbetrag) von **530,00 €**

K1 hat demzufolge einen Anspruch auf Zahlung von Unterhaltsrückstand für die Zeit von Oktober bis Dezember 2017 (drei Monate) in Höhe von **1.590,00 €**

2018

In diesem Jahr hatte V unterschiedlich hohe Einkünfte aus Erwerbstätigkeit und Bezug von Krankengeld. Eine Jahresdurchschnittsbildung ist deshalb unzulässig. Das für Bedarf und Leistungsfähigkeit maßgebliche Einkommen von V ist zeitabschnittsweise zu ermitteln.

1. Zeitabschnitt: Januar bis April

In diesem Zeitraum ist wegen der vergleichsweise ähnlichen Einkünfte eine Durchschnittsbildung zulässig.

Das **monatsdurchschnittliche Einkommen** betrug

Januar	2.250,00 €
Februar	2.200,00 €
März	2.150,00 €
April	2.000,00 €
	8.600,00 €
geteilt durch vier Monate	**2.150,00 €**

Dies entsprach der zweiten Einkommensgruppe nach der Düsseldorfer Tabelle für 2018.

Nach Eingruppierung in die höhere, **dritte Einkommensgruppe** (da nur eine Unterhaltsverpflichtung gegenüber einer Person bestand) betrug der Unterhaltsanspruch von K1 (Zahlbetrag) **417,00 €**

2. Zeitabschnitt: Mai bis Dezember

In dieser Zeit verfügte V über monatliche Einkünfte von 1.760,00 €, was der ersten Einkommensgruppe der Düsseldorfer Tabelle für 2018 entsprach. Nach Eingruppierung in die höhere, **zweite Einkommensgruppe** betrug der Unterhaltsanspruch von K1 (Zahlbetrag)	**394,00 €**
Der **Unterhaltsrückstand** beträgt	
1. Zeitabschnitt (vier Monate)	1.668,00 €
2. Zeitabschnitt (acht Monate)	3.152,00 €
insgesamt demzufolge	**4.820,00 €**

2019

Auch in diesem Jahr ist eine Jahresdurchschnittsbildung wegen der unterschiedlich hohen Einkünfte unzulässig. Das für Bedarf und Leistungsfähigkeit maßgebliche Einkommen von V ist zeitabschnittsweise zu ermitteln.

1. Zeitabschnitt: Januar bis Oktober

In dieser Zeit verfügte V über monatliche Einkünfte von 1.760,00 €, was der ersten Einkommensgruppe der Düsseldorfer Tabelle für 2019 entsprach. Nach Eingruppierung in die höhere, **zweite Einkommensgruppe** betrug der Unterhaltsanspruch von K1 (Zahlbetrag)

von Januar bis Juni	**403,00 €**
von Juli bis Oktober (Kindergelderhöhung zum 1.7.2019)	**398,00 €**

2. Zeitabschnitt: November und Dezember

In dieser Zeit betrug das monatliche Einkommen von V	1.440,00 €

Dies entsprach der ersten Einkommensgruppe der Düsseldorfer Tabelle für 2019.

Diese Einkommensgruppe ist maßgeblich, denn bei Eingruppierung von V in die höhere, zweite Einkommensgruppe (wie in den vorherigen Fallvarianten gibt es nur einen Unterhaltsberechtigten) würde bei Zahlung des dann geltenden Unterhaltsbetrags (siehe vorstehend) der damalige Bedarfskontrollbetrag von 1.300,00 € nicht gewahrt.

Nach der ersten Einkommensgruppe betrug der Unterhaltsanspruch (Zahlbetrag) von K1 in dieser Zeit	**374,00 €**
Auch der Selbstbehalt ist gewahrt: Dieser betrug für Nichterwerbstätige nach der Düsseldorfer Tabelle für 2019	880,00 €
Bei Abzug des Unterhalts vom Einkommen des V verbleiben	1.440,00 €
	–374,00 €
	1.066,00 €

Dieser Betrag liegt über dem Selbstbehalt; V ist damit leistungsfähig.

Der **Unterhaltsrückstand** beträgt

1. Zeitabschnitt:

Januar bis Juni (sechs Monate)	2.418,00 €
Juli bis Oktober (vier Monate)	1.592,00 €
2. Zeitabschnitt (zwei Monate)	748,00 €
insgesamt demzufolge	**4.758,00 €**

Geltendmachung des künftigen, laufenden Unterhalts

Das Einkommen des V beträgt ab Januar 2020 **1.450,00 €**

Es entspricht der ersten Einkommensgruppe der Düsseldorfer Tabelle für 2020.

K1 hat daher einen **Anspruch auf Mindestunterhalt** (Zahlbetrag) von **395,00 €**

V ist leistungsfähig; bei Zahlung wird der Selbstbehalt eines Nichterwerbstätigen in Höhe von 880,00 € nicht unterschritten.

Zusammenfassung:

K1 beantragt

Unterhaltsrückstand in Höhe von

2017	1.590,00 €
2018	4.820,00 €
2019	4.758,00 €
	11.168,00 €
und laufenden Unterhalt für die Zeit ab Januar 2020 in Höhe von	**395,00 €**

Abwandlung 1:

K1 hat eine Schwester S. Sie ist am 1.8.2012 geboren. Beide verlangen Unterhalt von V.

2017

Das Einkommen entsprach der **sechsten Einkommensgruppe** der Düsseldorfer Tabelle für 2017.

Danach beliefen sich die Ansprüche auf Kindesunterhalt (Zahlbetrag) für

K1, damals 12	493,00 €
S, damals 5	342,00 €
	835,00 €

2018

1. Zeitabschnitt: Januar bis April

Das Einkommen entsprach der **zweiten Einkommensgruppe** der Düsseldorfer Tabelle für 2018.

Danach beliefen sich die Ansprüche auf Kindesunterhalt (Zahlbetrag) für

K1	394,00 €
S, 5	269,00 €
	663,00 €

2. Zeitabschnitt: Mai bis Dezember

Das Einkommen entsprach der **ersten Einkommensgruppe** der Düsseldorfer Tabelle für 2018.

Danach beliefen sich die Ansprüche auf Kindesunterhalt (Zahlbetrag) für

K1	370,00 €
S, 5 (bis Juli)	251,00 €
	621,00 €

K1	370,00 €
S, 6 (ab August (da S in diesem Monat das sechste Lebensjahr vollendet und in die zweite Altersstufe aufrückt))	302,00 €
	672,00 €

2019

1. Zeitabschnitt: Januar bis Oktober

Das Einkommen entsprach der **ersten Einkommensgruppe** der Düsseldorfer Tabelle für 2019.

Danach betrugen die Ansprüche auf Kindesunterhalt (Zahlbetrag) bis Juni 2019 für

K1	379,00 €
S	309,00 €
	688,00 €

und ab Juli für

K1	374,00 €
S	304,00 €
	678,00 €

3. Zeitabschnitt: November und Dezember

Hier reicht das Einkommen des V nicht zur Deckung der vorstehenden Mindestunterhaltsansprüche beider Kinder aus.

V würde bei Zahlung des Unterhalts von seinem Einkommen nur ein Betrag verbleiben von

	1.440,00 €
	–678,00 €
	762,00 €

Der in 2019 geltende Selbstbehalt eines Nichterwerbstätigen in Höhe von 880,00 € würde unterschritten.

Der Unterhalt ist damit im Rahmen einer Mangelfallberechnung zu ermitteln:

Die Verteilungsmasse beträgt	1.440,00 €
	–880,00 €
	560,00 €

Der Verteilungsquotient (Verhältnis der Verteilungsmasse zum Gesamtbedarf) bezogen auf die Mindestunterhaltsbeträge (siehe oben) beträgt	0,8260

Danach betragen die Unterhaltsansprüche für

K1	**309,00 €**
S	**251,00 €**
	560,00 €

2020

Nach seinem Einkommen in Höhe von 1.450,00 € schuldet V Unterhalt nach der ersten Einkommensgruppe.

Danach betragen die Ansprüche auf Kindesunterhalt (Zahlbetrag)

K1	395,00 €
S	322,00 €
	717,00 €

Von seinem Einkommen verbleiben V nach Zahlung des Unterhalts	1.450,00 €
	–717,00 €
	733,00 €

Das verbleibende Einkommen unterschreitet den Selbstbehalt. Dennoch kann V sich nicht auf einen Mangelfall berufen. Laut Gutachten kann er – trotz Erwerbsminderung – zwischen vier und sechs Stunden täglich arbeiten.

Bereits bei Ausübung eines Minijobs von 450,00 € würde sich das Einkommen von V erhöhen auf

	1.450,00 €
	450,00 €
	1.900,00 €

Bei Abzug des Unterhalts würde V ein Einkommen verbleiben von	1.900,00 €
	–717,00 €
	1.183,00 €

Das verbleibende Einkommen liegt über dem Selbstbehalt eines Erwerbstätigen von 1.160,00 €.

Da keine Einwände ersichtlich sind, weshalb V den ihm zumutbaren Minijob nicht ausüben könnte, muss er sich die **erzielbaren Einkünfte fiktiv zurechnen** lassen.

Im Ergebnis schuldet er beiden Kindern Unterhalt nach **der ersten Einkommensgruppe**.

Zusammengefasst können K1 und S Unterhalt verlangen:

Oktober bis Dezember 2017 nach der sechsten Einkommensgruppe,

Januar bis April 2018 nach der zweiten Einkommensgruppe,

Mai 2018 bis Oktober 2019 nach der ersten Einkommensgruppe,

November und Dezember 2019 309,00 € bzw. 251,00 €

und ab Januar 2020 nach der ersten Einkommensgruppe.

Abwandlung 2:

Nach Feststellung der Erwerbsminderung wird das Arbeitsverhältnis zu dem bisherigen Arbeitgeber aufgelöst.

V bekommt im **Januar 2020** seine restlichen Lohnansprüche als Urlaubsentgelt ausgezahlt in Höhe von netto	3.600,00 €
Außerdem erhält er zeitgleich eine Steuererstattung ausgezahlt für 2018 in Höhe von	1.500,00 €
und für 2019 in Höhe von	2.100,00 €
	7.200,00 €

Die Zuflüsse wirken **einkommenserhöhend im Jahr der Zahlung (In-Prinzip[398])**, hier also – ausschließlich – in 2020.

Aus dem Gesamtbetrag der Zahlungen	7.200,00 €
folgt ein anteiliger monatlicher Betrag (1/12) von	600,00 €

Das **unterhaltsrechtlich relevante Einkommen** von M **erhöht** sich somit auf	1.450,00 €
	600,00 €
	2.050,00 €

398 Steuererstattungen und -nachzahlungen sowie sonstige Zu- und Abflüsse werden grundsätzlich in dem Jahr berücksichtigt, in dem sie erfolgen.

Sein Einkommen entspricht der **zweiten Einkommensgruppe.** Nach dieser betragen die Unterhaltsansprüche für

K1	420,00 €
S	344,00 €
	764,00 €

Von seinem Einkommen verbleiben V nach Zahlung des Unterhalts	2.050,00 €
	–764,00 €
	1.286,00 €

Der **Bedarfskontrollbetrag** dieser Gruppe in Höhe von 1.400,00 € wird **nicht gewahrt**.

Damit ist die nächstniedrigere Einkommensgruppe, hier die erste Einkommensgruppe, auszuwählen. Danach schuldet M **Mindestunterhalt für beide Kinder**.

14.11. Beispielrechnung 11

Themen:
Erwerbsminderungsrente, Anpassung des Selbstbehalts wegen krankheitsbedingtem Mehrbedarf, fiktive Zurechnung bei Erwerbsminderungsrente und ALG I, Selbstbehalt bei Erwerbsminderungsrente und geringfügiger Tätigkeit, gesteigerte Unterhaltspflicht

Anmerkung

*Eine Rente wegen verminderter Erwerbsfähigkeit (**Erwerbsminderungsrente**) steht dem Bezugsberechtigten gemäß § 43 SGB VI zu bei **ganzer oder teilweiser Erwerbsminderung**. Die Rente wird wegen des Ausfalls des Erwerbseinkommens bis zum Erreichen der Regelaltersgrenze gezahlt (vgl. Schürmann, Sozialrecht, Rn. 284 ff.).*
Bezieht der Unterhaltspflichtige eine Erwerbsminderungsrente, folgt daraus aber nicht, dass er kein Erwerbseinkommen erzielen kann (vgl. OLG Köln, Beschluss vom 28.3.2019 – 10 UF 228/18, FamRZ 2019, 1786 f.). Bei voller Erwerbsminderung kann gemäß § 43 Abs. 1 und 2 SGB VI weniger als drei Stunden am Tag gearbeitet werden. Teilweise erwerbsgemindert ist bereits, wer außer Stande ist, mindestens sechs Stunden zu arbeiten.
Daraus folgt, dass selbst ein voll erwerbsgeminderter Unterhaltspflichtiger in der Lage sein kann, bis zu 3 Stunden zu arbeiten und ein teilweise erwerbsgeminderter Unterhaltspflichtiger 3 bis 6 Stunden arbeiten könnte. Genaue Angaben zum Umfang einer möglichen Arbeitszeit sind den Unterlagen (Gutachten, ärztliche Stellungnahmen), die zur Entscheidung über die Erwerbsminderungsrente geführt haben, zu entnehmen.
*Einem erwerbslosen Unterhaltspflichtigen, der Erwerbsminderungsrente bezieht, kann daher **fiktiv ein Einkommen hinzugerechnet** werden, wenn er sich aufgrund der Erwerbsminderung auf (eingeschränkte) Leistungsunfähigkeit beruft.*

*Eine **Behinderung** des Unterhaltsverpflichteten kann zur **Erhöhung des Selbstbehalts** um die Höhe des **Mehrbedarfs** führen. Denkbar ist auch, den krankheitsbedingten Mehrbedarf bei der Ermittlung des unterhaltsrechtlich relevanten Einkommens als **Abzugsposten** zu behandeln.*
***Entsprechende Erwägungen** sind beim **Bezug von ALG I** anzustellen. Hier ist gemäß § 138 Abs. 3 SGB III Berufstätigkeit im Umfang von bis zu 15 Stunden in der Woche zulässig. Der Verdienst bleibt gemäß § 155 Abs. 1 SGB III bis zu einem bestimmten Betrag anrechnungsfrei (derzeit 165,00 €).*

Ausgangsfall:

V hat ein unterhaltsberechtigtes 14-jähriges Kind K1.

Er bezieht eine **Erwerbsminderungsrente** von	**1.180,00 €**
Nach seiner Darstellung ist er **eingeschränkt leistungsfähig**, weil ihm von seinem Einkommen nach Abzug des notwendigen Selbstbehalts eines Nichterwerbstätigen ein Betrag verbleibt von	1.180,00 €
	–960,00 €
	220,00 €
Gemäß § 1603 Abs. 2 BGB ist im Rahmen der **gesteigerten Unterhaltspflicht die Zurechnung von fiktiven Einkünften** zu prüfen, um die Zahlung von Mindestunterhalt zu erreichen:	
Bei drei Stunden Erwerbstätigkeit/Tag wäre V in der Lage, ein Einkommen zu erzielen in Höhe von mindestens	450,00 €
Bei Hinzurechnung dieses erzielbaren, fiktiven Einkommens erhöht sich das unterhaltsrechtlich relevante Einkommen des V auf	1.180,00 €
	450,00 €
	1.630,00 €
Die Berechnung des Selbstbehalts bei einem teilweise Erwerbstätigen ist hier nicht erforderlich, da selbst unter Zugrundelegung des Selbstbehalts für Erwerbstätige für die Zahlung von Unterhalt ein Betrag verbleibt von	1.630,00 €
	–1.160,00 €
	470,00 €
Damit ist V leistungsfähig im Hinblick auf den Mindestunterhaltsanspruch von K1 in Höhe von	**395,00 €**

Abwandlung:

V ist behindert und hat dadurch **zusätzliche Kosten**, die nicht von der Krankenkasse übernommen werden. Seine **monatlichen Ausgaben** betragen für

Inkontinenzeinlagen	160,00 €
Nahrungsergänzungsmittel	50,00 €
	210,00 €

V hat für die **Berücksichtigung des krankheitsbedingten Mehraufwands** zwei Möglichkeiten:

Entweder wird der Selbstbehalt um den Mehrbedarf erhöht.

Oder das unterhaltsrechtliche Einkommen verringert sich um den Mehrbedarf.

Ob man den **Selbstbehalt erhöht oder das Einkommen reduziert**, spielt hier im Ergebnis keine Rolle: Das für Unterhaltszwecke verfügbare Einkommen reduziert sich um 210,00 €.

Von seinem unterhaltsrechtlichen Einkommen verbleiben	1.180,00 €
	450,00 €
	1.630,00 €
abzüglich des krankheitsbedingen Mehrbedarfs	–210,00 €
	1.420,00 €

Im Rahmen der Prüfung der **Leistungsfähigkeit** ist zu erwägen, nicht den Selbstbehalt eines Erwerbstätigen anzusetzen, sondern einen Wert zwischen diesem (1.160,00 €) und dem Selbstbehalt eines Nichterwerbstätigen (960,00 €). Ansonsten würde V bei nur wenigen Arbeitsstunden von einer Selbstbehaltserhöhung um 200,00 € profitieren und behandelt werden wie ein voll erwerbstätiger Unterhaltspflichtiger (BGH, Urteil vom 9.1.2008, FamRZ 2008, 594).

Denkbar und vertretbar ist auch, den Anteil der Erwerbstätigkeit im Verhältnis der Einkünfte oder an der Stundenzahl im Verhältnis zu einer vollschichtigen Tätigkeit zu bemessen (vgl. OLG Köln, Beschluss vom 28.3.2019 – 10 UF 228/18, FamRZ 2019, 1786 f.).

Im vorliegenden Fall führt dies zur **Erhöhung des Selbstbehalts eines Nichterwerbstätigen**	960,00 €
um 30 % (30 % entspricht dem Verhältnis einer dreistündigen Tätigkeit/Tag zu einer vollschichtigen Tätigkeit) der Differenz von 200,00 € (1.160,00 € – 960,00 €)	60,00 €
auf	**1.020,00 €**
V verbleiben nun von seinem Einkommen	1.420,00 €
abzüglich des (angepassten) Selbstbehalts	–1.020,00 €
	400,00 €

V kann sich nicht auf eingeschränkte Leistungsfähigkeit berufen. K hat damit einen Anspruch auf **Mindestunterhalt** von derzeit	**395,00 €**

14.12. Beispielrechnung 12

Themen:
Wohnvorteil, Abzugsfähigkeit von Verbindlichkeiten und Schulden, Mangelfall, eingeschränkte Leistungsfähigkeit, gesteigerte Unterhaltspflicht

Ausgangsfall 1:

M und F hatten eine kurze Beziehung, aus der die Zwillinge K1 und K2 hervorgegangen sind, die zwei Jahre alt sind und bei F wohnen. M und F haben nie zusammengewohnt.

M ist vollzeitig erwerbstätig. Er hat ein bereinigtes Einkommen von	**1.800,00 €**
Aus einer früheren selbstständigen Tätigkeit hat M **Schulden** in Höhe von 5.000,00 €. Das Darlehen zahlt er ab mit **monatlichen Raten** von	–300,00 €
Das **verbleibende Einkommen** beträgt	**1.500,00 €**
Nach Abzug des Selbstbehalts verbleiben M	1.500,00 €
	–1.160,00 €
	340,00 €

Er beruft sich auf einen Mangelfall; er könne aus dem verbleibenden Einkommen nicht den Mindestunterhalt für beide Kinder zahlen.

Zu prüfen ist hier, ob die von M geltend gemachten **Verbindlichkeiten abzugsfähig** sind vor dem Hintergrund, dass dann kein **Mindestunterhalt** gezahlt werden kann.

Für die Beurteilung ist zum einen von Bedeutung, ob diese in **Kenntnis der Unterhaltspflichten** aufgenommen wurden und der Schuldner die **Gefährdung der Zahlung des Mindestunterhalts** in Kauf nahm. Hier stammen die Schulden aus der Zeit vor der Geburt der Kinder.

Zum anderen ist die **Dauer der Ratenzahlung** beachtlich. Vorliegend ist der Zeitraum, in dem M (und damit auch die Kinder) durch die Ratenzahlung belastet werden, überschaubar: Die Verbindlichkeiten werden in circa 1,5 Jahren abgezahlt und M die Zahlung von Mindestunterhalt möglich sein. Andererseits gilt gemäß § 1603 Abs. 2 BGB eine **gesteigerte Unterhaltspflicht bei der Berufung auf Leistungsunfähigkeit,** wenn die Zahlung des Mindestunterhalts gefährdet ist. Infolgedessen ist zu prüfen, ob M eine Umfinanzierung mit dem Ziel geringerer und dafür längerer Ratenzahlung zumutbar ist.

Abwandlung 1:

Die Schulden betragen 40.000,00 Euro.

Hier sind die Schulden so hoch, dass erkennbar ist, dass M **mehr als zehn Jahre zur Abzahlung** benötigen wird. Infolge von § 1603 Abs. 2 BGB ist M gehalten, ein **Privatinsolvenzverfahren** einzuleiten, um über diesen Weg die Leistung von Mindestunterhalt zu ermöglichen.

M ist demnach verpflichtet, für jedes Kind Mindestunterhalt (Zahlbetrag) zu zahlen in Höhe von 267,00 €

Abwandlung 2:

Wie Abwandlung 1, jedoch gehen die **Schulden auf eine Straftat (Körperverletzung) zurück**, die M vor Geburt der Kinder begangen hat. Er zahlt nunmehr Schadensersatz an die Krankenkasse und Rentenversicherung des Opfers. Die Kosten des Strafverfahrens sind bereits abbezahlt.

In diesem Fall kann M nicht auf die Möglichkeit der Einleitung eines Privatinsolvenzverfahrens verwiesen werden. Das **Verfahren würde nicht zur Herstellung der Leistungsfähigkeit** führen, denn Verbindlichkeiten aus einem Delikt fallen nicht unter die Restschuldbefreiung.

Die Entstehung der Verbindlichkeit ist M – jedenfalls in unterhaltsrechtlicher Hinsicht – nicht vorwerfbar. Zum Zeitpunkt der Anspruchsentstehung war M seine spätere Vaterschaft nicht bewusst.

Im Ergebnis ist die Ratenzahlung einkommensmindernd zu berücksichtigen; M muss sich allerdings infolge von § 1603 Abs. 2 BGB um eine Rückzahlung mit niedrigeren Raten bemühen.

Er kann sich daher wie im Ausgangsfall auf **eingeschränkte Leistungsfähigkeit** berufen.

Abwandlung 3:

Wie Abwandlung 1, allerdings machen K1 und K2 den **Mindestunterhalt gerichtlich** geltend.

Mangels Erfolgsaussichten wird M jedoch keine Verfahrenskostenhilfe gewährt; das Gericht weist ihn auf die Verpflichtung zur Einleitung eines Privatinsolvenzverfahrens hin. M unterliegt im Verfahren und muss nun außerdem die **Kosten des Verfahrens** an die Staatskasse in **monatlichen Raten** zurückzahlen. Diese betragen **50,00 €**

Darüber hinaus muss er seine **anwaltlichen Gebühren** tragen. Die **monatlichen Raten** für diese betragen **75,00 €**

125,00 €

Diese Verpflichtungen können **nicht einkommensmindernd berücksichtigt** werden. M trägt für diese zum einen die Verantwortung, weil er sich auf ein Verfahren ohne Erfolgsaussichten eingelassen und dabei Kosten verursacht hat. Zum anderen würde M bei Berücksichtigung so in unzulässiger Weise und zu Lasten der Kinder die Verteidigung im Unterhaltsverfahren finanzieren.

Abwandlung 4:

Wie im Ausgangsfall, allerdings führt M einen **Rechtsstreit gegen seine Versicherung**. Diese hatte einen Schadensfall nicht reguliert, was zur Aufgabe seiner selbstständigen Tätigkeit und Verschuldung führte. M wird **Prozesskostenhilfe bewilligt** und ein Rechtsanwalt beigeordnet. Weil sein Hauptzeuge in der Zwischenzeit verstirbt, unterliegt M im Rechtsstreit und muss nunmehr die **Kosten der Gegenseite** tragen.

Dafür nimmt er ein **Privatdarlehen** auf. Er zahlt dieses in 24 Monaten ratenweise ab. Die monatlichen Raten betragen **50,00 €**

Diese Verbindlichkeiten sind **berücksichtigungsfähig**. Sie sind zum einen **nicht leichtfertig verursacht** (die Klage hatte anfänglich Erfolgsaussichten). Zum anderen waren sie **auf die Wiederherstellung der Leistungsfähigkeit gerichtet**, nämlich auf den Wegfall der Schulden. Ferner lag der den Rechtsstreit auslösende **Schadensfall vor der Geburt der Kinder**. Weiter ist die **Höhe der Raten angemessen** und vermindert die Leistungsfähigkeit in verhältnismäßig geringem Umfang.

Abwandlung 5:

Wie Abwandlung 3 – das Gericht verweist M auf die nötige Einleitung eines Privatinsolvenzverfahrens. M zahlt in der Folge Mindestunterhalt, leitet aber kein Privatinsolvenzverfahren ein. Er gibt den Traum von erneuter Selbstständigkeit nicht auf und **zieht,** um über die Runden zu kommen, **in sein ehemaliges Kinderzimmer bei seinen Eltern**. Dort beteiligt er sich an den **Wohnkosten nur in Höhe anteiliger Betriebskosten** von 50,00 €

Zu prüfen ist, ob dem Einkommen des M aus Erwerbstätigkeit ein **Wohnvorteil** hinzugerechnet werden kann, da M über die Betriebskosten hinaus keine Wohnkosten hat.

Das Einkommen ist im vorliegenden Fall jedoch **nicht um ersparte Wohnkosten zu erhöhen**, weil die Eltern M gerade deshalb kostenlos in ihrem Haus wohnen lassen, **um ihn finanziell zu entlasten** und nicht um seine Leistungsfähigkeit zu erhöhen. **Geldwerte Leistungen von Dritten** (hier: Zurverfügungstellung kostenlosen Wohnraums) sind **nur dann anrechenbar, wenn der von ihnen verfolgte Zweck der Leistung die Verbesserung der Leistungsfähigkeit** des Unterhaltsverpflichteten ist.

Abwandlung 6:

Wie Abwandlung 5, allerdings **überlassen die Eltern M kostenfrei eine Zwei-Zimmer-Wohnung**, die sie früher vermietet haben.

Es bleibt beim Ergebnis wie in Abwandlung 5: Auch wenn M nunmehr eine ganze Wohnung kostenfrei zur Verfügung steht, bleibt dieser geldwerte, von den Eltern gewährte Vorteil anrechnungsfrei. Es kommt auf den **Willen der Zuwendenden**, hier der Eltern, an. Diese wollen **nur ihren Sohn unterstützen**.

Abwandlung 7:

Wie Abwandlung 6, allerdings wohnt M jetzt **kostenfrei in der Anliegerwohnung der Eltern von F**, zu denen er ein sehr gutes Verhältnis hat.

Hier ist dem Einkommen des M ein **Wohnvorteil hinzuzurechnen**. Den Eltern von F kommt es darauf an, dass M für seine Kinder, die bei ihrer Tochter leben, aufkommen kann.

Ausgangsfall 2:

Wie Ausgangsfall 1, allerdings sind **M und F** verheiratet. Sie lebten in einer Eigentumswohnung, aus der F mit den Zwillingen ausgezogen ist.

M bleibt in der Drei-Zimmer-Wohnung. Für diese wäre auf dem Mietmarkt eine Kaltmiete erzielbar in Höhe von 650,00 €

Zu prüfen ist, um welchen Betrag sich das **unterhaltsrechtliche Einkommen um einen Wohnvorteil erhöht**.

Anmerkung

*Die **Höhe des Wohnvorteils** hängt von **verschiedenen Faktoren** ab. Er ist außerdem **zeitabschnittsweise** zu ermitteln.*

Angemessener Wohnwert:

Im **ersten Jahr nach der Trennung** ist grundsätzlich nur ein **angemessener Wohnwert** anzusetzen.

Er richtet sich nach den **subjektiven, d.h. persönlichen Bedürfnissen** des Unterhaltspflichtigen sowie nach dem Unterhaltsberechtigten.

Der angemessene Wohnwert **fängt in der Regel bei 380,00 €** an. Bei diesem Betrag handelt es sich um den **Kaltmietanteil im notwendigen Selbstbehalt** (die Düsseldorfer Tabelle weist einen Warmmietanteil in Höhe von 430,00 € aus, sodass ein Kaltmietanteil von 380,00 € vertretbar ist).

Wird der Kindesunterhalt nach der **ersten Einkommensgruppe oder als Mangelfall** berechnet, ist der Ansatz eines Wohnvorteils in Höhe des vorstehenden Wohnkostenanteils angemessen.

Geht es um Unterhaltszahlungen **ab der zweiten Einkommensgruppe**, kann sich der Wohnwert an den Grundlagen des **angemessenen Selbstbehalts** orientieren – dort sind Wohnkosten von 550,00 € inklusive Betriebskosten vorgesehen (Anm. 5 der Düsseldorfer Tabelle). Dann wären mindestens **450,00 €** als Kaltmiete und somit als Wohnwert denkbar.

In Betracht kommt weiter, die ortsüblichen Beträge bzw. Bedarfssätze für eine bescheidene Wohnung heranzuziehen.

Insgesamt ist bei der Bemessung des Wohnwerts die Praxis der jeweiligen Familiengerichte zu berücksichtigen.

Objektiver Wohnwert:

Frühestens nach Ablauf des Trennungsjahres (Scheitern der Ehe) oder ab Vermögensauseinandersetzung (z.B. Zuordnung der Eigentumswohnung an einen der Ehepartner) ist in der Regel der **objektive Wohnwert** anzusetzen.

Das bedeutet, dass dem unterhaltsrechtlichen Einkommen ein **Wohnwert in Höhe der ersparten (Kalt-)Miete für die betroffene Immobilie** zugerechnet wird.

Der Wohnwert ist nach Ablauf des Trennungsjahres oder nach der Vermögensauseinandersetzung aber **nicht zwangsläufig** zu erhöhen. Es kommt auf die **Umstände des Einzelfalles** an.

So kann es geboten sein, es, trotz Ablaufs des Trennungsjahres, beim Ansatz eines subjektiven Wohnwerts zu belassen. Dies kann zum Beispiel der Fall sein, wenn die Immobilie zum Verkauf steht und der Elternteil diese nur aus Schadensminderungsgründen bis zum Verkauf bewohnt. Auch wenn die Eheleute sich über den Umgang mit der Ehewohnung nicht einigen können, kann der fortgesetzte Ansatz eines subjektiven Wohnwertes geboten sein (vgl. OLG Hamm Beschluss vom 20.10.2017 – 11 OF 64/17 – FamRZ 2018, 678). Auch wären Ereignisse, die einen geplanten Auszug verzögern bzw. notwendig machen, zu berücksichtigen.

Für den vorliegenden Fall bedeuten diese Grundsätze:

Im Jahr nach der Trennung ist M ein **angemessener Wohnwert** zuzurechnen in Höhe von 380,00 €

Nach Ablauf des Trennungsjahres und wenn M sich zum dauerhaften Verbleib in der Wohnung entscheidet, ist ein **objektiver Wohnwert** zuzurechnen in Höhe einer erzielbaren Kaltmiete für diese, hier also in Höhe von 650,00 €

Gleiches gilt, wenn M die Wohnung im Wege der Vermögensauseinandersetzung unter den Eheleuten zu seinem Alleineigentum übernimmt.

Ausgangsfall 3:

Wie im Ausgangsfall, allerdings **entscheiden sich die Eheleute nach Ablauf des Trennungsjahres für den Verkauf der Immobilie**. Ein Makler wird beauftragt, die Verkaufsbemühungen laufen. Bis zum Verkauf besteht **Einigkeit, dass die Immobilie nicht leer stehen soll und M dort weiterhin wohnt**.

In diesem Fall ist es angebracht, weiterhin den niedrigeren, **angemessenen Wohnwert** anzusetzen. Eine Vermietung der Wohnung wäre für beide Eheleute nachteilig (Leerstand und fehlende Pflege führen zu schlechteren Verkaufsaussichten). Entsprechend kann auch kein Wohnwert angesetzt werden, dessen Basis die unterlassene Vermietung der Wohnung ist.

Ausgangsfall 4

Wie im Ausgangsfall, jedoch sind sich die E**heleute nicht einig, was mit der Immobilie geschehen** soll. M will auf keinen Fall vermieten, F auf keinen Fall verkaufen.

Mangels Einigung der Eheleute ist auch nach Ablauf des Trennungsjahres nur ein **subjektiver Wohnwert** anzusetzen.

Ausgangsfall 5

Nach der Trennung **wohnt F mit den Kindern** in der den Eheleuten gehörenden Doppelhaushälfte. Im Rahmen des Trennungsunterhalts wurde ihr während des Trennungsjahres als subjektiver Wohnwert von 380,00 € als Einkommen zugerechnet. Kurz vor Ablauf des Trennungsjahres kommt es zum **Obhutswechsel**. Die Kinder ziehen zu M, der jetzt für die Kinder Unterhalt von F fordert.

F bewohnt nun nach Ablauf des Trennungsjahres eine Immobilie, die für sie alleine zu groß ist. Sie ist auf der Suche nach einer für sie geeigneten Wohnung. Für diese Zeit darf F nicht der objektive Wert zugerechnet werden, wenn sie für sich allein das große Haus nicht beansprucht hätte. **Aufgrund des Umzugs der Kinder** ist ihr eine **angemessene Zeit zu belassen**, in der sie eine ihren Bedürfnissen entsprechende Wohnung findet.

14.13. Beispielrechnung 13

Themen:
Berücksichtigung anderweitiger Unterhaltsverpflichtungen, titulierte und nicht titulierte Unterhaltsansprüche anderer Berechtigter, Zusammentreffen von Kindes- und Ehegattenunterhalt, Rangverhältnisse, Auswahl der Einkommensgruppe

Anmerkung

Sind weitere unterhaltsberechtigte Personen vorhanden, machen aber den ihnen zustehenden Unterhalt nicht geltend bzw. sind anderweitige Unterhaltsverpflichtungen nicht tituliert, berühren die (vermeintlichen) Ansprüche die Leistungsfähigkeit des Unterhaltspflichtigen nicht (OLG Koblenz, Beschluss vom 16.5.2018 – 13 UF 90/18, FamRZ 1584).

Ausgangsfall:

M ist verheiratet und lebt getrennt. Er hat ein uneheliches Kind **K1 (16 Jahre alt**).

Seine getrenntlebende Ehefrau F hat ein Einkommen von 1.000,00 € — 1.000,00 €

Sie macht **Trennungs- und Kindesunterhalt für sich und die gemeinsamen Kinder K 2 (17 Jahre) und K 3 (14 Jahre)** geltend.

M hat ein bereinigtes Einkommen von — **2.600,00 €**

Für K1 besteht ein **Titel über den Mindestunterhalt**. Danach schuldet M (Zahlbetrag) — **395,00 €**

Die Unterhaltsansprüche von K2 und K3 richten sich gemäß dem Einkommen des M nach der dritten Einkommensgruppe der Düsseldorfer Tabelle. Wegen der Anzahl von drei unterhaltsberechtigten Kindern und einer trennungsunterhaltsberechtigten Ehefrau ist die Eingruppierung in die **erste Einkommensgruppe** angebracht (vgl. Anm. 1 der Düsseldorfer Tabelle).

Danach betragen die **Unterhaltsansprüche** (Zahlbeträge) für

K2, 17	**395,00 €**
K3, 14	**395,00 €**
K1, 16 (unverändert)	**395,00 €**
	1.185,00 €

Bei Zahlung des Mindestunterhalts für alle Kinder verbleiben M von seinem Einkommen	2.600,00 €
	–1.185,00 €
	1.415,00 €
Der **Unterhaltsanspruch der F** beträgt 3/7 der Differenz der Einkünfte und somit	1.415,00 €
	–1.000,00 €
	415,00 €
davon 3/7	177,86 €
gerundet	**178,00 €**

Abwandlung 1:

K1 macht **keinen Kindesunterhalt** geltend. Es gibt weder einen Unterhaltstitel noch wird Kindesunterhalt gezahlt.

K1 realisiert den ihm (mutmaßlich) zustehenden Anspruch nicht. Der **Unterhaltsanspruch besteht nur fiktiv.** Weder darf man unterstellen, dass K1 einen Anspruch tatsächlich hat noch (zeitnah) geltend machen wird. Sollte K1 dies nach Titulierung der Unterhaltsansprüche der anderen Beteiligten machen, kann M im Wege der Abänderung deren Herabsetzung durch veränderte wirtschaftliche Verhältnisse – das Hinzutreten eines weiteren Unterhaltsberechtigten – geltend machen.

Danach betragen die **Unterhaltsansprüche** (Zahlbeträge) für

K2, 17	**420,00 €**
K3, 14	**420,00 €**
	840,00 €
Bei Zahlung des Mindestunterhalts für alle Kinder verbleiben M von seinem Einkommen	2.600,00 €
	–840,00 €
	1.760,00 €
Der **Unterhaltsanspruch der F** beträgt 3/7 der Differenz der Einkünfte und somit	1.760,00 €
	–1.000,00 €
	760,00 €
davon 3/7	325,71 €
gerundet	**326,00 €**

Durch die Nichtberücksichtigung des (nur fiktiv bestehenden) Unterhaltsanspruchs von K1 erhalten die anderen Unterhaltsberechtigten im Ergebnis jeweils höheren Unterhalt. Die Berücksichtigung eines Unterhaltsgläubigers, der seinen Anspruch nicht geltend macht, würde zu einer unzulässigen Benachteiligung der anderen Unterhaltsgläubiger und zu einer Begünstigung des Unterhaltsschuldners führen.

Abwandlung 2:

Für K1 besteht ein **Titel über den Unterhalt gemäß der zehnten Einkommensgruppe**. Danach schuldet M (Zahlbetrag) **691,00 €**

Die titulierte Verpflichtung entspricht nicht den Einkommensverhältnissen des M – gemäß seinem Einkommen wäre maximal die dritte Einkommensgruppe maßgeblich.

M ist gehalten, gegenüber K1 Herabsetzung der Unterhaltsverpflichtung im Rahmen eines Abänderungsverfahrens zu fordern.

Bei der Berechnung der Unterhaltsansprüche der anderen Berechtigten ist in der Folge nur die **tatsächlich bestehende Unterhaltsverpflichtung gegenüber K1 zu berücksichtigen**, auch wenn M kein Abänderungsverfahren durchführt.

Diese richtet sich – wie die der anderen unterhaltsberechtigten Kinder K2 und K3 – nach der **ersten Einkommensgruppe**.

In der Folge haben K2, K3 und F die gleichen Ansprüche wie im Ausgangsfall.

Abwandlung 3:

M hat gegenüber K1 vor zwölf Jahren einen **Unterhaltstitel** errichtet über	190,00 €
Er zahlt diesen Betrag monatlich an K1.	

Der titulierte Unterhalt ist **erkennbar zu niedrig**; er liegt unter dem Mindestunterhalt. Dennoch wird der Unterhalt von K1 nur in dieser Höhe berücksichtigt.

Danach betragen die **Unterhaltsansprüche** (Zahlbeträge) für	
K2, 17	**395,00 €**
K3, 14	**395,00 €**
K1, 16 (tituliert und gezahlt)	**190,00 €**
	980,00 €
Bei Zahlung des Mindestunterhalts für alle Kinder verbleiben M von seinem Einkommen	2.600,00 €
	–980,00 €
	1.620,00 €
Der **Unterhaltsanspruch der F** beträgt danach	1.620,00 €
	–1.000,00 €
	620,00 €
davon 3/7	265,71 €
gerundet	**266,00 €**

Abwandlung 4:

Wie in Abwandlung 3, allerdings **zahlt** M den **titulierten Betrag von 190,00 € nicht**.

Es bleibt bei den in der Abwandlung 3 festgestellten Unterhaltsansprüchen. Der Unterhaltsanspruch von K1 ist in Höhe des titulierten Betrags zu berücksichtigen, weil K1 den **titulierten Unterhalt jederzeit vollstrecken** kann und M der Geltendmachung ausgesetzt ist.

Abwandlung 5:

K1 hat einen **Titel über den Mindestunterhalt**, auf den M auch zahlt. Es ist allerdings **bekannt,** dass **K1 eigene Einkünfte** hat.

M zahlt demnach **überhöhten Unterhalt** an K1; dessen tatsächlicher Unterhaltsanspruch dürfte infolge von bedarfsdeckenden, eigenen Einkünften niedriger ausfallen oder sogar entfallen.

M ist gehalten, den (zu hoch titulierten) Unterhalt von K1 abändern zu lassen, und zwar unter Berücksichtigung von dessen bedarfsdeckenden Einkünften. Gegenüber den anderen Unterhaltsberechtigten hat M eine Obliegenheit, die **Unterhaltsverpflichtung K1 gegenüber auf das angemessene Maß zu reduzieren**, wenn sich dies vorteilhaft auf deren Ansprüche auswirkt.

14.14. Beispielrechnung 14

Themen:
Einkommensermittlung, Berücksichtigung einer Abfindung, ALG I, unterschiedlich hohes Einkommen in der Vergangenheit, Einkommensermittlung für rückwärtigen Unterhalt, Bedarfskontrollbetrag

Anmerkung

Bei einer Abfindung handelt es sich um eine in der Regel ***einmalige Zahlung des Arbeitgebers an den Arbeitnehmer für den Verlust des Arbeitsplatzes****. Die Zahlung erfolgt gemäß bzw. in entsprechender Anwendung der §§ 9, 10 KSchG.*
Die Zahlung der Abfindung kann sich auf das unterhaltsrechtlich relevante Einkommen auswirken: Bei reduzierten Einkünften nach dem Verlust des Arbeitsplatzes wird die Abfindung entsprechend ihrer Zweckbestimmung zur ***Aufstockung*** *der geringeren Einkünfte verwendet. Im Ergebnis verändert sich das unterhaltsrechtliche Einkommen durch den Verlust des Arbeitsplatzes und des damit verbundenen geringeren Einkommens vorerst nicht – das frühere Einkommen wird fiktiv fortgeschrieben.*
Vom Unterhaltspflichtigen kann nicht erwartet werden, dass er die Abfindung allein zur Unterhaltsaufstockung verwendet. Er muss auch andere Ausgaben davon tätigen können. Denn Sinn der Abfindung ist die ***Kompensation des Verlustes des Arbeitsplatzes****. Dem Gekündigten soll eine Fortführung des bisherigen Lebensstandards ermöglicht werden. Hierzu gehört nicht nur die Möglichkeit, Kindesunterhalt im bisherigen Umfang zu zahlen. Solange der Schuldner*

ohne Abfindung den Mindestunterhalt zahlen kann, kann er die Abfindung einsetzen, um sowohl den Kindesunterhalt nach den bisherigen Verhältnissen zu zahlen (zweite, dritte, oder noch höhere Stufe) als auch seinen eigenen bisherigen Lebensstandard zu erhalten.
Ist aber erkennbar, dass ***ohne den Einsatz der Abfindung der Mindestunterhalt gefährdet*** *wird, sind die Anforderungen an den Unterhaltsschuldner und seine bisherigen Gewohnheiten strenger. Dies kann bis zu der Verpflichtung gehen, die gesamte Abfindung für den Unterhalt einzusetzen.*
Steht fest, dass aus dem Einkommen aus ALG I der Mindestunterhalt nicht gesichert werden kann, darf der Pflichtige die Abfindung grundsätzlich nicht für eigene (Konsum-)Bedürfnisse verwenden.
Wenn der Unterhaltspflichtige aber zum Beispiel eine Wohnung mit hohen Mietkosten hatte und diese gekündigt hat, darf er die Mehrkosten bis zum Umzug in eine günstigere Wohnung von der Abfindung bestreiten. Dies betrifft auch die Raten für einen zuvor beruflich benötigten PKW.
Ist absehbar, dass die Arbeitslosigkeit von langer Dauer ist (Massenkündigungen, Schließung der Betriebe), wird erwartet, dass der Pflichtige sich darauf vorbereitet und keine unnötigen Ausgaben tätigt.

Ausgangsfall 1:

M hat zwei Kinder K1 (13 Jahre alt) und K2 (5 Jahre alt), die bei ihrer Mutter F leben.

M hat aus seiner Tätigkeit bei Arbeitgeber A ein bereinigtes Einkommen von **2.400,00 €**

Er zahlt für seine beiden Kinder dementsprechend Kindesunterhalt gemäß der **dritten Einkommensgruppe** der Düsseldorfer Tabelle und somit für

K1, 13 **445,00 €**

K2, 5 **304,00 €**

Abwandlung 1:

M wird **betriebsbedingt gekündigt**.

Er erhält eine **Abfindung** in Höhe von netto **5.000,00 €**

M ist nach der Kündigung **arbeitslos und bezieht Arbeitslosengeld I** in Höhe von **1.700,00 €**

Nach diesem Einkommen würden sich die Unterhaltsansprüche grundsätzlich nach der ersten Einkommensgruppe der Düsseldorfer Tabelle richten. Da M jedoch eine Abfindung für den Verlust des Arbeitsplatzes (und zum Ausgleich der künftig reduzierten Einkünfte) bekommen hat, ist die Abfindung zum Ausgleich der Einkommenseinbußen einzusetzen.

Im Ergebnis schuldet M **Unterhalt wie im Ausgangsfall. Zur zeitlichen Begrenzung siehe die folgende Anmerkung.**

Anmerkung

Unterhaltsrechtlich wird die Abfindung zum Ausgleich der Differenz zwischen dem früheren und dem durch den Wegfall des Arbeitsplatzes reduzierten Einkommen eingesetzt – allerdings nur so lange, bis die Abfindungssumme dafür aufgebraucht ist.

Hier beträgt die Differenz zwischen früherem und reduziertem Einkommen	2.400,00 €
	–1.700,00 €
	700,00 €

Abfindung	5.000,00 €
geteilt durch monatlichen Aufstockungsbetrag von	700,00 €
ergibt eine Dauer von (Monaten)	7,14

Die Abfindung kann damit die **Einkommensdifferenzen für mehr als sieben Monate ausgleichen.** So lange wird M unterhaltsrechtlich behandelt, als ob er sein früheres Einkommen weiterhin hätte.

Wenn M nach sieben Monaten weiterhin im ALG I-Bezug ist und ausreichende Bemühungen zur Aufnahme einer Erwerbstätigkeit nachweisen kann, kann er sich auf verschlechterte Einkommensverhältnisse berufen. Er schuldet gemäß seinem dann unterhaltsrechtlich relevanten Einkommen in Höhe des Arbeitslosengeldes I nur noch Kindesunterhalt gemäß der ersten Einkommensgruppe der Düsseldorfer Tabelle.

Abwandlung 2:

Wie im Ausgangsfall, allerdings hat M eine neue Arbeit gefunden. Er verdient jedoch (bereinigt) nur noch	**1.900,00 €**

Wie in Abwandlung 1 muss M die Abfindung zum Ausgleich der Einkommenseinbußen einsetzen.

Jetzt beträgt die Differenz zwischen früherem und reduziertem Einkommen	2.400,00 €
	–1.900,00 €
	500,00 €

Abfindung	5.000,00 €
geteilt durch monatlichen Aufstockungsbetrag von	500,00 €
ergibt eine Dauer von (Monaten)	10,00

Die Abfindung reicht demzufolge für die **Einkommenseinbußen der kommenden zehn Monate**. Für diese Zeit bestehen die Unterhaltsansprüche der Kinder wie im Ausgangsfall errechnet fort.

Erst nach dem Verbrauch der Abfindung kommt eine Reduzierung der Unterhaltsansprüche in Betracht (vgl. Abwandlung 1).

Abwandlung 3:

Wie Abwandlung 2, allerdings hat M gegen die Kündigung eine **Kündigungsschutzklage** vor dem Arbeitsgericht erhoben. M erhält die Abfindung im Rahmen des verfahrensabschließenden Vergleichs. Seine **Kosten für die anwaltliche Vertretung** betragen **1.000,00 €**

Die Abfindung reduziert sich daher auf	5.000,00 €
	–1.000,00 €
	4.000,00 €

Abfindung	4.000,00 €
geteilt durch monatlichen Aufstockungsbetrag von	500,00 €
ergibt eine Dauer von (Monaten)	8,00

Die Abfindung reicht zum Ausgleich der Einkommenseinbußen in den folgenden **acht Monaten.** Für diese Zeit bestehen die Unterhaltsansprüche der Kinder wie im Ausgangsfall dargestellt fort. Danach kann M – entsprechende Bemühungen um den Erwerb einer besser dotierten Tätigkeit vorausgesetzt – die Herabsetzung der Unterhaltsverpflichtungen fordern.

Fall 2:

M erzielte aus einer **früheren angestellten Tätigkeit** ein bereinigtes Einkommen in Höhe von	**2.400,00 €**
Er wird **zum 31.1.2019 gekündigt.**	
M erhält eine Abfindung in Höhe von (bereinigt)	**5.000,00 €**
Vom **1.2.2019 bis zum 20.4.2019** ist er arbeitslos und erhält **Arbeitslosengeld** in Höhe von	**1.700,00 €**
Seit dem 1.5.2019 ist er **wieder erwerbstätig** und hat ein bereinigtes Einkommen in Höhe von	**1.900,00 €**
Im **Januar 2020** gibt er seine Einkommensteuererklärung ab und erhält infolgedessen im Februar 2020 eine ungewöhnlich hohe **Steuererstattung** in Höhe von	**2.700,00 €**
Die Steuererstattung geht zum einen auf die für die Abfindung gezahlten Steuern und zum anderen auf die zwischenzeitliche Arbeitslosigkeit zurück.	
Ab Dezember 2020 verdient M nach einer Gehaltserhöhung bereinigt	2.100,00 €

M hat zwei Kinder K1 (13 Jahre alt) und K2 (3 Jahre alt), um deren rückwärtige und laufende sowie künftige Unterhaltsansprüche es geht.

Anmerkung

Wegen der wechselhaften Einkünfte von M in der Vergangenheit sind Bedarf und Leistungsfähigkeit zeitabschnittsweise zu ermitteln.

1. Zeitabschnitt: Januar 2019, Unterhaltsrückstand

In dieser Zeit verfügte er über ein Einkommen in Höhe von	2.400,00 €
Danach schuldet er Unterhalt gemäß der **dritten Einkommensgruppe** der Düsseldorfer Tabelle für 2019 und zahlt für	
K1, 13	**427,00 €**
K2, 3	**293,00 €**
	720,00 €

2. Zeitabschnitt: Februar bis April 2019, Unterhaltsrückstand

In dieser Zeit bezog M Arbeitslosengeld in Höhe von	1.700,00 €
Die Differenz zwischen früherem und reduziertem Einkommen beträgt	2.400,00 €
	–1.700,00 €
	700,00 €

Mit der Abfindung kann M die **Einkommensdifferenz im Vergleich zu seinem früheren Einkommen ausgleichen.**

Die im 1. Zeitabschnitt ermittelten Unterhaltsansprüche gelten daher weiter fort.

Von der Abfindung bleiben nach Ausgleich der Einkommensdifferenz in dieser Zeit (drei Monate)	5.000,00 €
	–2.100,00 €
	2.900,00 €

3. Zeitabschnitt: Mai bis November 2019, Unterhaltsrückstand

In dieser Zeit hat M ein Einkommen in Höhe von	1.900,00 €
Die Differenz zwischen früherem und reduziertem Einkommen beträgt	2.400,00 €
	–1.900,00 €
	500,00 €
(Verbleibende) Abfindung	2.900,00 €
geteilt durch monatlichen Aufstockungsbetrag von	500,00 €
ergibt eine Dauer von (Monaten)	5,80

Mit der verbleibenden Abfindung kann M die Einkommensdifferenzen für weitere fünf Monate ausgleichen.

M schuldet damit weitere fünf Monate – also bis einschließlich Oktober 2019 – Unterhalt nach der **dritten Einkommensgruppe** der Düsseldorfer Tabelle für 2019.

Anmerkung

Ab dem 1.7.2019 gelten geringfügig veränderte Zahlbeträge infolge einer Kindergelderhöhung.

Von der verbliebenen Abfindung bleiben nach Ausgleich der Einkommensdifferenz in dieser Zeit (fünf Monate)	2.900,00 €
	–2.500,00 €
	400,00 €
Die Einkommenseinbußen in November 2019 kann M mit der verbliebenen Abfindung auffüllen. Sein unterhaltsrechtlich relevantes Einkommen beträgt danach	1.900,00 €
	400,00 €
	2.300,00 €

Er schuldet damit auch im November 2019 Unterhalt nach der **dritten Einkommensgruppe.**

4. Zeitabschnitt: Dezember 2019, Unterhaltsrückstand

Im **Dezember 2019** belaufen sich seine Einkünfte auf	1.900,00 €
Die Abfindung ist vollständig verbraucht.	
Nach seinem Einkommen schuldet er Unterhalt gemäß der **ersten Einkommensgruppe** der Düsseldorfer Tabelle und zahlt für	
K1, 13	**374,00 €**
K2, 3	**252,00 €**
	626,00 €

5. Zeitabschnitt: Januar bis Dezember 2020, laufender und künftiger Unterhalt

In diesem Jahr erhält er eine Steuererstattung in Höhe von	2.700,00 €
Die Steuererstattung erhöht das unterhaltsrechtlich relevante Einkommen in diesem Jahr (In-Prinzip, siehe oben) um monatlich anteilig (1/12)	**225,00 €**
Das unterhaltsrechtlich relevante Einkommen erhöht sich im Zeitraum **Januar bis November 2020** auf	1.900,00 €
Dazu kommt die anteilige Erhöhung aus der Steuererstattung	225,00 €
	2.125,00 €
In diesem Zeitraum schuldet er Unterhalt gemäß der **zweiten Einkommensgruppe** der Düsseldorfer Tabelle für 2020 und zahlt für	
K1, 13	**420,00 €**
K2, 3	**286,00 €**
	706,00 €
Im **Dezember 2020** erhöht sich das Einkommen auf	2.100,00 €
Dazu kommt die anteilige Erhöhung aus der Steuererstattung	225,00 €
	2.325,00 €

M schuldet damit Unterhalt gemäß der **dritten Einkommensgruppe** der Düsseldorfer Tabelle für 2020 und zahlt für

K1, 13	**445,00 €**
K2, 3	**304,00 €**
	749,00 €

6. Zeitabschnitt: ab Januar 2021, künftiger Unterhalt

Für 2021 ist keine Steuererstattung in vergleichbarer Höhe zu erwarten (diese hing mit der Abfindung und der Arbeitslosigkeit zusammen). Für die Zukunft ist daher nicht mit erhöhten Einkünften zu rechnen. Das Einkommen beträgt 2.100,00 €

Es entspricht der **zweiten Einkommensgruppe** der Düsseldorfer Tabelle für 2020, wonach Unterhalt zu zahlen wäre für

K1, 13	**420,00 €**
K2, 3	**286,00 €**
	706,00 €

Von seinem Einkommen verbleiben M dann jedoch nur	2.100,00 €
	–706,00 €
	1.394,00 €

Das verbleibende Einkommen **unterschreitet den Bedarfskontrollbetrag** dieser Gruppe (1.400,00 €).

Infolgedessen ist eine Einordnung in die erste Einkommensgruppe vorzunehmen.

Nach der **ersten Einkommensgruppe** der Düsseldorfer Tabelle für 2020 beträgt der zu zahlende Unterhalt für

K1, 13	**395,00 €**
K2, 3	**267,00 €**
	662,00 €

Bedarfskontrollbetrag dieser Gruppe und Selbstbehalt werden gewahrt.

Anmerkung

*Vertretbar ist im vorliegenden Fall die **Beibehaltung** der zweiten Einkommensgruppe im Jahr 2021. Zum einen wird der **Bedarfskontrollbetrag nur geringfügig unterschritten**, zum anderen ist zu bedenken, dass das Einkommen bereits bei einer minimalen Steuererstattung in 2021 steigen würde und der Bedarfskontrollbetrag dann nicht unterschritten wäre.*
*Für die hier vorgestellte Lösung – die **Einordnung in die niedrigere Einkommensgruppe** – spricht hingegen, dass die Tabellenbeträge in der Regel steigen. Ferner wird K2 demnächst die nächste Altersstufe erreichen und demzufolge einen höheren Bedarf und Unterhaltsanspruch haben.*

14.15. Beispielrechnung 15

Themen:
Arbeitslosigkeit, Karenzzeit bei der Arbeitssuche, ALG I, ALG II, Selbstbehalt, Zurechnung fiktiver Einkünfte, Mangelfallberechnung, Bedarfskontrollbetrag

Anmerkung

*Das **Arbeitslosengeld I** ist im SGB III geregelt. Es handelt sich um eine Leistung der Bundesagentur für Arbeit an einen zuvor sozialversicherungspflichtig Beschäftigten für die Zeit der Arbeitslosigkeit. Der Anspruch ist zeitlich beschränkt und beträgt in der Regel maximal ein Jahr.*
*Das Arbeitslosengeld I stellt unterhaltsrechtlich relevantes Einkommen dar. Zu beachten sind bei Arbeitslosigkeit die Berücksichtigung des (reduzierten) **Selbstbehalts eines Nichterwerbstätigen, Karenzzeiten** während der Arbeitssuche, eventuelle **Abfindungszahlungen** und die **Zurechnung fiktiver Einkünfte** während der Arbeitslosigkeit.*

Ausgangsfall:

M hat ein **bereinigtes Erwerbseinkommen** von	**1.750,00 €**
Dementsprechend zahlt er Unterhalt für seinen **dreijährigen Sohn K1** nach der ersten Einkommensgruppe und damit **Mindestunterhalt** in Höhe von derzeit	267,00 €
M wird **arbeitslos** und bezieht von der Bundesagentur für Arbeit **ALG II** in Höhe von monatlich	**1.250,00 €**
Bei Zahlung des Mindestunterhalts verbleiben ihm von seinem Einkommen	1.250,00 €
	–267,00 €
	983,00 €

Die Leistungsfähigkeit des M ist nach wie vor gegeben, weil der **Selbstbehalt eines Nichterwerbstätigen 960,00 €** beträgt und sein Einkommen es zulässt, den Mindestunterhalt zu zahlen.

Abwandlung 1:

Wie in Abwandlung 2, M hat allerdings zwei Kinder, K1 (3 Jahre alt) und K2 (7 Jahre alt).

Die Ansprüche auf **Mindestunterhalt** betragen für

K1, 3	**267,00 €**
K2, 7	**322,00 €**
	589,00 €

Solange M **erwerbstätig** ist, **verbleiben** vom Einkommen nach Zahlung des Unterhalts	1.750,00 €
	–589,00 €
	1.161,00 €

Der notwendige Selbstbehalt von 1.160,00 € wird nicht unterschritten; M ist somit leistungsfähig.

Ab Bezug von ALG I reicht das Einkommen hingegen nicht mehr zur Deckung des Mindestbedarfs aus.

M verbleiben von seinem Einkommen lediglich	1.250,00 €
	–960,00 €
	290,00 €

Davon kann M den Mindestbedarf beider Kinder nicht decken.

Die Unterhaltsansprüche sind daher im Rahmen der **Mangelfallberechnung** zu ermitteln.

Der **Verteilungsquotient** beträgt (290 : 589)	0,4924

Daraus folgen **Unterhaltsansprüche** für

K1	267,00 €
multipliziert mit dem Verteilungsquotienten	0,4924
	131,47 €
gerundet	**132 €**
K2	322,00 €
multipliziert mit dem Verteilungsquotienten	0,4924
	158,55 €
gerundet	**159 €**

Abwandlung 2:

Nach einer **Karenzzeit von drei Monaten**, in der das **Arbeitslosengeld I als unterhaltsrechtlich relevantes Einkommen** behandelt wird, kann M nicht nachweisen, dass er sich genügend um eine neue Arbeitsstelle bemüht.

Bei M sind **fiktive Einkünfte,** ausgehend vom Einkommen der letzten Arbeitsstelle, zu veranschlagen.

Obwohl er tatsächlich nur ALG I bezieht, schuldet er den Kindern daher weiterhin den Mindestunterhalt.

Abwandlung 3:

Wie Abwandlung 2, allerdings ist M nach Ablauf des Bewilligungszeitraums des ALG I immer noch arbeitslos und bezieht nunmehr ALG II (Leistungen nach dem SGB II) in Höhe von 900,00 €

Es bleibt bei der **Zurechnung fiktiver Einkünfte in Höhe seines früheren Erwerbseinkommens**.

M schuldet **Mindestunterhalt**; er ist gemäß § 1603 Abs. 2 BGB gesteigert unterhaltspflichtig. Er muss sich um die Aufnahme einer Erwerbstätigkeit bemühen, bei der er sein früheres Einkommen erzielt.

Abwandlung 4:

Wie im Ausgangfall und in Abwandlung 1, allerdings hat M selbst gekündigt. Die Agentur für Arbeit hat daraufhin eine **Sperrzeit von drei Monaten** verhängt. In dieser Zeit erhält M kein ALG II und hat damit **überhaupt kein Einkommen.**

Hier wird M sein **früheres Einkommen von Anfang an fiktiv zugerechnet**, weil er seine **Leistungsunfähigkeit selbst herbeigeführt** hat.

Er wird daher so behandelt, als würde er weiterhin 1.750,00 € erzielen.

Nach diesem (fiktiven) Einkommen schuldet er **Mindestunterhalt** und gilt auch als **leistungsfähig** (vgl. Ausgangsfall).

Stichwörter

F

G

H

I

J

K

L

M

N

O

P

R

S

T

U

V

W

Z